铁轨上的德国

著名德国铁路史专家
讲述德国铁路史与工业革命

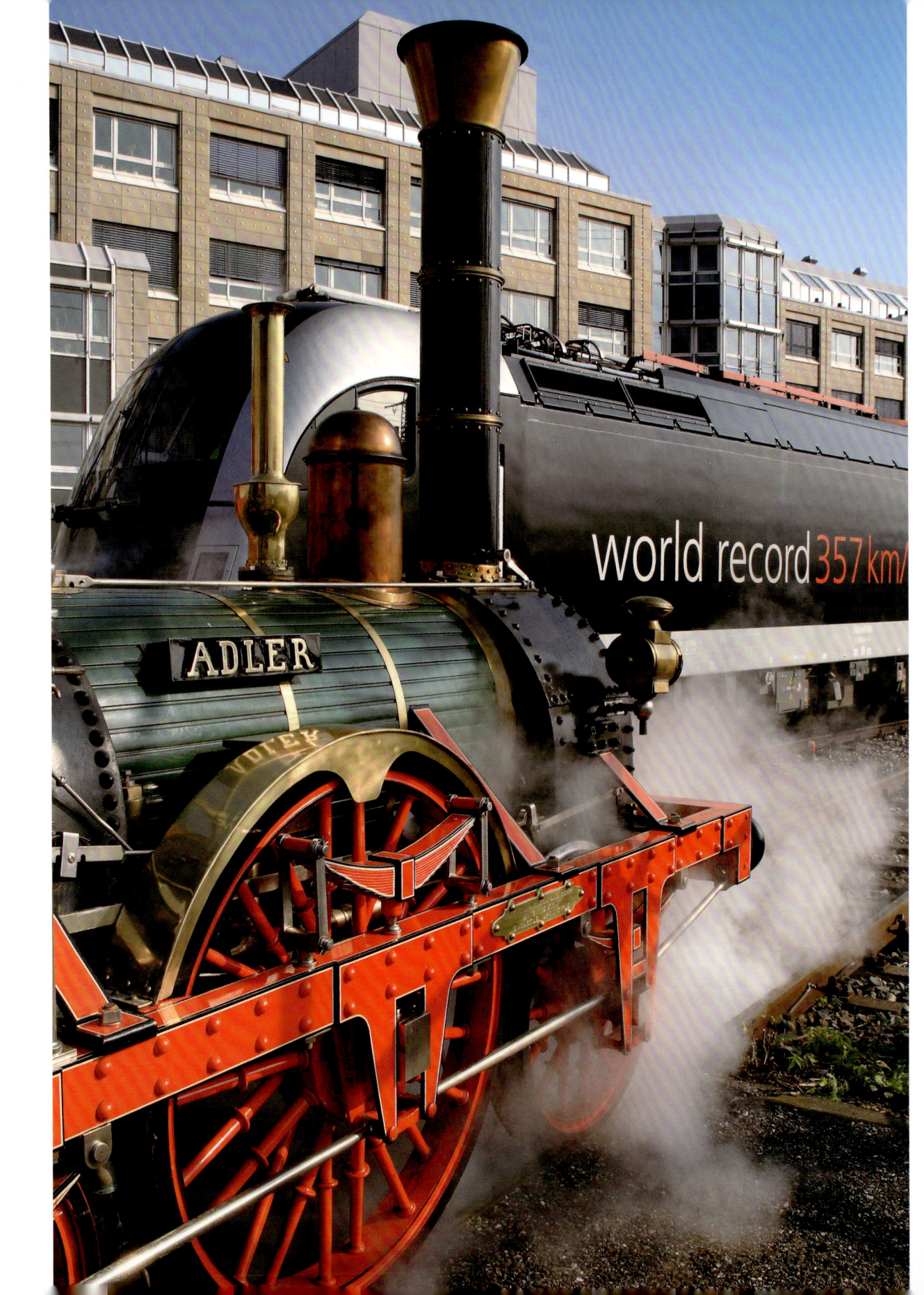

ADLER

world record 357 km/

铁轨上的德国

Die große Geschichte der Eisenbahn in Deutschland

[德]安德烈亚斯·克尼平 著

许 晶 译

中国科学技术出版社
·北京·

卷首插图：1835年12月7日，德国第一列向公众开放的铁路列车"阿德勒"（ADLER）从纽伦堡驶出。2006年9月2日，西门子为奥地利制造的"金牛座"（Taurus），在通往纽伦堡的铁路线上创造了时速357千米的机车新世界纪录。

图片来源：

除非另有说明，否则这些插图都是来自下述作家及其作品：Carl Bellingrodt, Slg. Knipping: 6–7, 52 u, 57 u, 65 u, 66 o, 88–89, 92 o, 93 u, 103 u, 108 u, 104–105; 131 u, 133 u; Berliner Stadtmuseum: 41; Helmut Brinker: 124 l u, Bundesarchiv: 116 u, 116 o, 117, 156 o, 156 m; Classical geogra–pher, creative commons: 172; DB AG/Bartolomej Banaszak: 182; DB AG/Reiner Garbe: 188; DB AG/Günter Jazbeck: 189 u; DB AG/Lautenschläger: 190; Deutsche Reichsbahn, Slg. Knipping: 109 u, 123 o, 124 l, 126 u, 156 u, 160 u l, 162（3 x）; Deutsches Technik–Museum Berlin: 15; Edgar Fischer, Archiv GeraMond: 146 o, 147 o, 147 u, 148 o, 153 o; Slg. Alfred B. Gottwaldt: 106 u, 111 u; Großmann, Slg. Knipping: 139 u, 129 u; H. G. Hesselink: 141 o; Rudolf Heym: 131; 119 o; Slg. Daniel Hörnemann: 12 u, 35; 43 o; Walter Hollnagel, Sammlung Gerd Neumann: 146 u, 146–147 mitte; Werner Hubert, Slg. Gottwaldt: 113 o; Werner Hubert, Slg. Knipping: 96 u, 98 o, 98 u; Gerhard Illner, Slg. Knipping: 157 u; Jürgen Karla–Brauner: 176, 178 u, 170（3 x）, 179 o, 180 u, 181 o, 179 u, 171 o, 171 u, 191; Stadtarchiv Kraków: 118 u; J. Krantz: 149 o; Dr. Peter Kristl, Slg. Thomas Wunschel: 142, 143 o; T. Kunsch: 18 u r; Landesbildstelle Berlin, Slg. Knipping: 48, 49; Felix Löffel–holz: 192; Markus Lohneisen: 149; Hermann Maey, Sammlung Knipping: 59 o, 70 u, 71, 109 o, 110 o; Uwe Miethe: 2, 4, 36, 74 o; 176, 181 u, 186（o, u l）, 188, 177; Hermann Ott, Slg. Knipping: 111 kleines Bild; Reinhold Palm: 141 u; Udo Paulitz: 163 o; picture–al–liance/dpa: 166–167, 173 o r, 187; Slg. Dr. Brian Rampp: 91 o, 110–111 mitte, 125 u, 129 o; Reichsverkehrministerium, Slg. Gottwaldt: 124 u; Helmut Säuberlich: 144–145, 155; A. Schöppner: 150–151; Schreiber, Slg. Knipping: 127 o; Peter Schricker: 151 u; Slg. Heinz Skrzypnik: 107 o; Schweitzer, Slg. Knipping: 125 o, Wolfgang Vennemann（Bundesarchiv）: 108 o; Georg Wagner: 165 o; Martin Weltner: 164 u; 185, Slg. Burkhard Wollny: 93 o, 148 o, 158–159; Slg. Thomas Wunschel: 18, 33, 44 o.

机车和车辆消失了。相反，坚强的铁路网经历了每次告别演说和每个所谓的替代系统之后依然还在。"复式交分道岔"向人们展示了，铁路是如何满足现代"网络化"需求的。

图书在版编目（CIP）数据

铁轨上的德国/（德）安德烈亚斯·克尼平著；许晶译. -- 北京：中国科学技术出版社，2024.2
ISBN 978-7-5236-0336-9

Ⅰ.①铁… Ⅱ.①安… ②许… Ⅲ.①铁路运输—交通运输史—德国 Ⅳ.① F535.169

中国国家版本馆CIP数据核字（2023）第218826号

著作权登记号　01-2023-6143

本书中文简体版由德国 GeraMond Verlag GmbH 出版社通过 Beijing Star Media Co. Ltd. 授权中国科学技术出版有限公司独家出版，未经出版者许可不得以任何方式抄袭、复制或节录任何部分

总 策 划	秦德继
策划编辑	单 亭 许 慧
责任编辑	向仁军 陈 璐
封面设计	中文天地 周伶俐
责任校对	吕传新
责任印制	李晓霖
出　　版	中国科学技术出版社
发　　行	中国科学技术出版社有限公司发行部
地　　址	北京市海淀区中关村南大街16号
邮　　编	100081
电　　话	010-62173865
网　　址	http://www.cspbooks.com.cn
开　　本	787mm×1092mm　1/16
字　　数	340千字
印　　张	16.25
印　　数	6000册
版　　次	2024年2月第1版
印　　次	2024年2月第1次印刷
印　　刷	北京顶佳世纪印刷有限公司
书　　号	ISBN 978-7-5236-0336-9 / F·1177
定　　价	98.00元

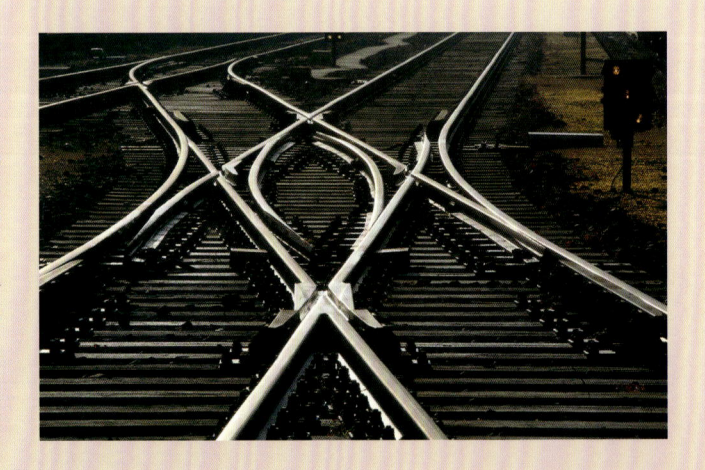

目录
CONTENTS

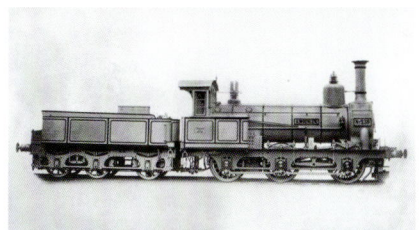

前言 6

蒸汽、煤炭、钢铁和资金 9

股东和工人 35
 铁路建设的商业理念、技术挑战与社会问题 35

邦有铁路时代 61
 私人投资和国家管理 61

利剑与轨道 101
 1866—1918 年：毛齐在科尼格莱茨和贡比涅最锋利的武器 101

高地和深渊 115
 1920—1945 年：德意志国家铁路时期 115
 德意志国家铁路公司的模块化原则：标准机车时代 125
 展望未来：国家铁路时代电气化产品的经典之作 141
 作为死刑室的火车车厢：乘坐帝国火车前往毒气室 153
 铁路线旁的日常生活：20 世纪的铁路宇宙 161

两个德国时期的铁路 179
 1949—1989 年：国营铁路和联邦铁路 179
 位于汽车天堂和生态觉醒之间的德国联邦铁路：
  赤字时代 202

从亏损到铁路改革 221
 德国统一后颇有争议的交通政策 221
 新线和城际快车（ICE）
  ——一个妥协和富有经验的项目 228
 全都错了？21 世纪的德国铁路 243

前言

要写一本关于德国铁路历史的书，这可是一项光荣又艰巨的任务！从哪里开始，到哪里结束？机车和车辆！拥有独特桥梁和隧道以及宏伟火车站的铁路网络发展史！这些当然要写。但是铁路史同时也是行政史、法律史和文化史；铁路还成为规模空前的战争的先决条件，改变了我们的国家和世界，同时也反映了国家和社会在人类历史上最动荡时期所经历的一切变化。每一个主题都很快有了上百页内容，然而，内行的人仍然会提出异议：城市建设在哪儿？卧铺和餐车的奢华在哪儿？技术纪录和事故在哪儿？火车与江河、湖泊和海洋航运的联系在哪儿？火车邮政和建筑有哪些联系？人力资源、工人与管理者联合会是什么关系？对独裁时代适应与反抗的批判在哪里？作为铁路"合法子女"的有轨电车和地铁是如何发展的？

我没想到自己立刻被铁路早期史给迷住了。我年轻的时候就听过一

些关于"勇敢的、有远见的铁路开拓者"的故事,我震撼于工业时代开始的历史戏剧性,而这与"美好的旧时代"完全无关。从那个时代开始,我试着在介绍铁轨和车轮的同时,也不忘介绍权力和金钱、军事上的鲁莽以及政治上的犯罪,当然在一些特殊的主题上我还必须参考更多文献。

当我们观察最新的情况时,深刻感受到交通问题的复杂性,但我不想把它仅当成铁路历史的悲凉回响。将这个时代交通运输业的全球发展与可能让客户和观察员喜欢或反感的一件件轶事区别开来,我认为是值得的。铁路改革和私人运营商的参与、细分市场的专业化和铁路的全球化本身既不好也不坏。希望铁路拥有美好未来的人,绝不会认为它的伟大时代已经结束。我们必须给予铁路美好的未来,而且为了铁路的未来,出于各种生态和能源政策原因,我们必须通过自己作为选民、消费者和批判性观察员的力量承担起政治责任。

气候灾害使得铁路交通模式不得不转变。距离少于700千米的飞行注定没有前途。如今的小汽车和卡车交通将来如果要以蓄电池为基础,是完全不现实的。铁路是高科技和交通政策的最大组成部分之一。祝您在21世纪的旅行愉快!

安德烈亚斯·克尼平
2021年

卡尔·贝林罗德(Carl Bellingrodt)是德国最著名的铁路摄影师之一。他的作品记录了20世纪20至60年代铁路运营情况,并形成了独特的风格。1938年,他拍摄了这张照片:两列直通快车正在杜塞尔多夫会车,左边的机车是巴登Ⅳh型,右边的是03型。

1835年12月7日，德国铁路最初的场景。类似这样的图片让我们相信，这台"蒸汽车"让毕德麦耶尔时期①更加舒适。事实上，新的力量打破了脆弱的和谐。铁路进入了工业时代，也进入了大众社会。

① 译者注：毕德麦耶尔时期指1815—1848年，该时期提倡享受和知足的生活态度。

蒸汽、煤炭、钢铁和资金

旅行可能是为了达成心愿，也可能是悲伤的离别；可能是休闲，也可能是讨厌的公差；可能很有仪式感，也可能非常令人绝望。马车、帆船、汽车、喷气式飞机或豪华火车都适合作为地位的象征和让人羡慕的对象。船、飞机和道路车辆既可以用作运输工具，也可以用作战争武器。摩托车和卡车与德国城市噪声污染之间，就如同它们与美国电影里草原和沙漠的画面一样联系紧密。对于公路和火车、机场和邮轮、越野车和自行车、公共汽车和高速公路上的重型卡车，每个人都有自己的见解和一般了解。这一章我们要讨论的并非给邮政马车找个更快的替代品，而是欧洲经济基础、木材和煤炭、钢铁和蒸汽动力、技术和流动性以及大量资金。

那个时代的铁路

少数对过去更感兴趣的人认为，185年的德国铁路历史似乎并无规律可循。

马力牵引铁路是马车和铁路的结合体。此为林茨巴德马力牵引铁路的一段；这辆名为"汉尼拔"的车被保存了下来。

人们都会认为，自己对当前铁路交通的状况十分了解。然而，由于事件的时效性以及大量针对交通问题的指控，认知的误解似乎比知识更凸显。有人认为，现在已经没有什么人使用铁路交通了；少数尚未关闭的线路上运行的列车既不舒适也不准时，自动售票机常常是坏的，票价太贵。每一位同事，每一位来参加派对的客人，甚至每一位铁路职工，都有他们自己关于德国铁路和城际快车（Inter City Express，ICE）的轶事。但把这些轶事放在一起来分析是否准确，恐怕必须核实一下。

所有观察员和评论员都一致认为，过去的情况比现在要好。这是一幅并不罕见的历史画面，在这一时期，即使政治上的"左翼"也会将社会批评引向核心论点，即资本主义在过去更为舒适。铁路的黄金时代在第一次世界大战前后到来，并一直持续到20世纪70年代中期。这个时代，是读者喜欢在书中看到的时代，是铁路模型爱好者喜欢在家中再现

如果仅仅是出于对邮政马车的速度和舒适度不满，那一个新交通系统的出现还需要等待很长时间。除了许多铁路和货运车辆的照片外，这张20世纪钢厂的照片也让人想起铁路历史源于早期煤炭和钢铁时代。

蒸汽、煤炭、钢铁和资金

的时代，是批判性观察员还不用面对梅多恩管理不善导致的后果的时代。我们闭上眼睛，能想象"经典的"P8 或"新颖的"T18 拖着长长的绿色车厢向我们驶来，在当时仍非常受尊敬的机车司机那有力的双臂和坚定的眼神掌控下，在司炉那灵活的双手用心照料下，在负责的建设者和道口看守员忠实的守护下，日夜穿梭在城市和国家之间。在火车上，快乐的旅行者不必为高速公路上的堵车而烦恼，他们仍然有时间舒服地聊天或玩纸牌游戏……

这样的诗歌可以引用很多页。我并不排斥对一个所谓的理想铁路世界的憧憬，那里充满了大量蒸汽，总的来说节奏比较悠闲。我热衷于收集那个时代的照片，并为那些貌似能把我们带回那个时代几天或几千米的活动支付昂贵的报名费。但是，对过去美好时光的怀念不能取代历史划分，我们对发展路线、总体背景和社会相关矛盾的看法不应该像前面那种批评一样笼统。对早期田园诗的渴求可以保留，但昔日的人其实根本没有注意到我们所谓的天堂。抛开铁路在"美好的旧时代"发生的史无前例的危机、战争和犯下的罪行不谈，对于生活在埃森、汉堡或莱比锡附近的人来说，坐在 1925 年或 1955 年生产的老式列车的木制长椅上通勤可称不上"美好"，因为前面的蒸汽机车还冒着浓烟。铁路职工的工作条件总是很艰苦，社会习俗和体制制度"确保"了职业发展机会分配高度不公。那个时代的人们从未提到过，生活在工业时代宁静的夏天的感觉。少数积极的人为争取更美好的未来而把他们的武器变得更锋利；沉溺于"美好旧时光"的消沉的老人们仍怀抱着对美好旧时光的憧憬；

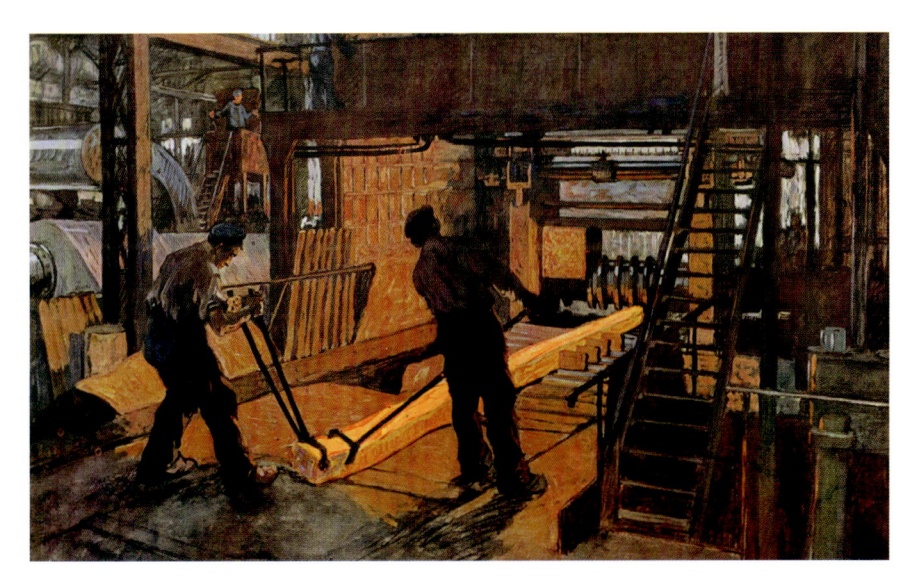

铁路这一概念严格来说不精确。道路和车辆的承载部件都是钢制的。钢铁厂在早期工业时代是大规模企业的化身。像图中这些铁条一样，铁路这一新型交通工具的铁轨也是在炙热的炉火中轧制的。

1835年的"阿德勒"车头一再被刻画,开始是作为一个新的技术奇迹,但很快就变成与更现代的设计对比。这张1965年的邮票展示了当时的机车系统"莱茵之金–E10",即使现在它也具有重要的历史意义。

而绝大多数人并不在乎过去和未来,为了应付日常生活,每天忙得不可开交。

伴随着道口栏木钟声的毕德麦耶尔时代被认为是"美好的旧时代",因为那时我们漂亮的S3/6、P8、01和E18车仍然是崭新的,而宁静的小铁路也仍然在偏僻地区运行。是的,小铁路在19世纪前三分之一或三分之二时还活跃着。那时没有汽车的喇叭声,没有收音机的嘈杂声,没有让我们惊慌失措的电话铃声,世界还宁静地运转着。

但是这些美好的画面并不是过去的现实生活。1840年或1850年前后,欧洲大多数地区的工作、饮食和住房条件都非常糟糕;而即使有人借助时光机回去,取得了当时少数小资产阶级的社会地位,在第一次等待看牙医时,或是因咳出第一口血被宣告患了无法治愈的肺结核即将痛苦死去时,就再也笑不出来了。今天,即使是雄心勃勃的(铁路)业余爱好者,对19世纪中期的铁路也知之甚少。后人看来很迷你的火车头有着一个奇高的烟囱,马车车厢装在带轮子的底盘上,站长穿着歌剧风的制服,喋喋不休地对大众宣传着……所有这些细节,在后人眼中就像蜡像馆里的玩具一样。砖木结构风格的小城和梦幻般的村庄几乎仍像处于中世纪的世界,铁路作为这个世界的一部分,注定要在晴朗的日子里把那些挥动着帽子的市民运往周边城市的啤酒屋……

够了,别再往回看了。大约在德国第一列火车出现前五十年,英国开始了一场革命,它带来的冲击和后果却与以往提倡的"舒适"完全对立。毫不夸张地说,我们可以称之为现代世界的"大爆炸",它的影响在21世纪仍存在。

蒸汽机

在18世纪中叶,如果人类要去很远的地方或运输货物,或想把矿井里的水抽干后挖煤,仍然必须依靠自己或马、牛、驴的肌肉力量,或依靠只在部分地方可行的水力和时断时续的风力。打仗的时候,将军的信使也不可能快过奔跑的马;要增强牵引力只能通过增加动物数量来实现,运河上的货物运输摩擦阻力最小,没有任何信息传递方式能比信鸽更快。

迄今为止,只有一种将化学能转化为动能的技术可用。在火器中,燃烧气体爆炸式地膨胀,把子弹射向远处的敌人,比以往任何弹弓都

蒸汽、煤炭、钢铁和资金

远。然而，在机械意义上降低火药威力的实验却没有成功。将温差带来的气体体积变化转化为动能，仍然是工业时代的首要基础。下一步是必须将燃烧室与填充了另一种物质的膨胀室分开。人们发现了一种比挥发性燃烧气体更稳定的介质，这种介质不会因为煤烟、灰烬颗粒和能腐蚀金属的酸而损害机器：那就是水蒸气。

燃烧和膨胀不会一直分离下去！在第一次使用蒸汽压力250年后，在一个移动的世界里，数十亿个汽缸正通过活塞和连杆驱动着大多数汽车。但是在19世纪末才出现的内燃机需要制造材料和燃料、制造方法和理论知识，这些是托马斯·纽科门（Thomas Newcomen）和詹姆斯·瓦特（James Watt，1736—1819）做梦也想不到的。

马格德堡市长奥托·冯·盖里克（Otto von Guericke）1654年在雷根斯堡国会大厦展示了著名的半球试验。两个合在一起的铜半球用皮圈密封，用泵抽走里面的空气后，即使是12匹马也不能把它们分开。真空被发现了！这样的实验不仅在自然科学史上有着重要的地位。中世纪的教条主义认为，上帝在造物时即使很小的空间也不可能让它完全空着。真空的想法引起了亵渎神明的恐惧，即"真空恐惧"。曾在法国、英国工作过并最终定居黑森的丹尼斯·帕潘（Denis Papin，1647—1712）产生了将压力容器用于机械技术的想法。遗憾的是他的实验没有成功。

18世纪初，英国矿山使用的水泵，利用负压进行了显著的改进。托马斯·纽科门在1712年首次将蒸汽引入了一个巨大的汽缸中，这个汽缸位于一个活动的活塞下方。当他往密闭的汽缸里注入冷水时，冷凝产生的压力，将活塞往下推。安装在上面的链条可以通过杠杆将巨大的力传递给泵机。人们首次利用了水蒸发后体积增加到1700倍这一事实。因此，这一代机器被认为是"常压蒸汽机"。

让蒸汽流入，关闭检修阀，冷却汽缸，等待活塞向下移动，重新加热汽缸……这是一个极其繁琐、冗长和消耗能量的过程。詹姆斯·瓦特在

根据当时的技术标准，1835年的"阿德勒"机车并没有引起轰动。然而，作为德国第一条铁路上的火车头，它比德国任何其他轨道车辆都要频繁地被提及。比如上图邮票中是曾经非常专业的德国铁路保险基金的广告标志。

发展蒸汽动力的道路车辆被证明是一个错误。这个"冒烟的魔鬼"在伦敦并没有引起人们的好奇心。

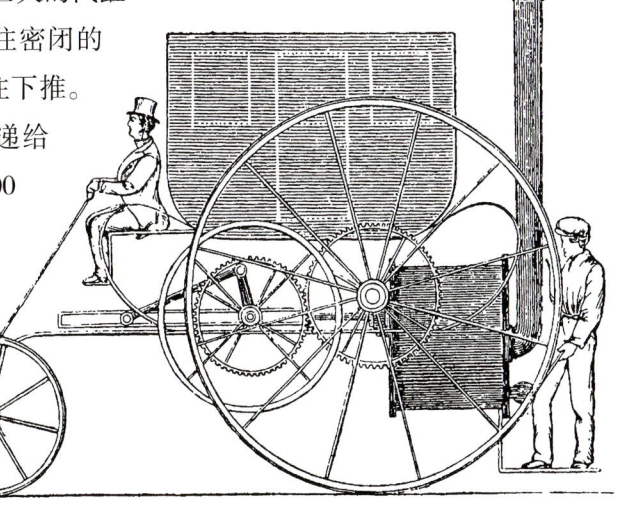

固定式蒸汽机，不受重量和铁路净空限制，到了20世纪时尺寸变得更大，直到它的后继者——以更高压力工作的蒸汽涡轮机的出现。

1769年为他的设计申请了专利，在这项设计中，冷凝过程不是发生在汽缸中，而是发生在一个分开的容器里。1777年，第一台该类型蒸汽机在柴沃的煤矿投入使用。下一步是利用进入汽缸的蒸汽，实现活塞的往复运动。通过一个巧妙的设计，将往复运动变为圆周运动，这样就不仅仅能驱动与活塞一起运转的水泵。1782年，往复蒸汽机第一次成功驱动旋转的轴。它也被用来驱动（矿井）升降篮、1764年发明的纺纱机、机械织布机和锻锤，并改变了世界。当时的蒸汽机工作时锅炉压力仍不超过3 at[①]，但已经又朝着完美迈进了一步，尽管还没有应用于早期机车。在活塞路径完成之前，汽缸的蒸汽输入已经关闭，接下来就靠汽缸中现有蒸汽的膨胀了。"膨胀机"诞生了。

关于资本的一章[②]

1786年曼彻斯特出现了世界上第一个以蒸汽为动力的纺织厂。一台用当时最高质量的铸锻产品巧妙组装而成的蒸汽机，经过乡村公路和运河千辛万苦地运到了使用点，它在当时是一种价格未知的高科技产品（即使它最初的功率还不如2010年一台小型农用拖拉机）。这种机器的普及让一种新的经济体系开始发挥作用。想购买蒸汽机的人还必须拥有一个大规模

---

① 译者注：at为工程大气压单位，1at=1kgf/cm^2=98.07kPa。
② 译者注：这里并非指本书的一章，德文中章节"Kapitel"和资本"Kapital"非常相似，所以作者特意用了这个词。

德国铁路125周年时，大部分运输能力还是由蒸汽机车提供。德国联邦邮政在1960年当然也要用阿德勒机车来装饰周年纪念邮票。

1985年，德国联邦邮政用阿德勒机车来庆祝铁路150周年纪念日，当时的火车上仍然有许多信件和包裹。

的矿山或纺织厂，这样投资才合理。然而在那个时代，无论是对经济感兴趣的男爵先生，还是由上百名矿工组成的矿工组织，都买不起蒸汽机和新型煤矿。为此，人们需要一定规模的"资本"，这个规模城市资产阶级和贵族通常用不上，当然手工业者更用不上。

从大航海时代开始就出现了银行。"资本"，在那之前主要是指从倒卖外来水果、香料、贵金属和半贵金属的利润中获得的"商业资本"。商业资本如今可以通过给企业家贷款，变成工业资本。为了制定贷款利率和偿还期的通用标准，现代经济学应运而生。如果说"重商主义"让帝侯时期的瓷器厂或铅矿老板唯一追求的是尽可能少花钱多赚钱，那么非常有必要制定相应的标准，基于对尚在纸面上的项目的信任来给出难以想象的金额。风险估算和摊销需要考虑进去；投资回报率成为新世界经济的关键因素。在那个从东印度群岛运胡椒或种植郁金香的收益被严重高估的年代，投机行为已经十分普遍并迎来了新的狂欢。

银行也没有足够资金来购买越来越多的蒸汽机、传送塔、机械纺织厂、矿山和轧钢厂。作为一项将小额资金聚拢成巨额资本的天才发明，股份公司成立了。从长期来看，不断从梦想中清醒过来的投资者的集体智慧，持续为这类公司的管理者提供有用的策略，即确保盈利能力。人们可以继承、赚取或借入金钱；可以通过购买股票或收购部分公司份额将金钱注入一家企业和一个行业，并通过反向交易将金钱从一家企业或行业中抽离。就其本质而言，金钱一直是无界限流动的，既适合拆分也适合打包，可以根据需要稳定和长期投资，或者冒风险投入戏剧性的重组过程中。货币作为资本的这一角色已经成为新经济增长方式的核心因起初，人们认为轮子和轨道之间的摩擦是必要的，这样齿轮才能确保运行。19世纪末这一方法成了山区铁路的灵丹妙药。

素。资本作为最强的流动因素，取代了迄今为止决定财富、经济和政治权力的完全不流动的因素——土地所有权。

令人遗憾的是，250年后尽管每位演说家和每位评论家都在喋喋不休地谈论资本主义，谈论它的起源和运作方式，谈论它获得成功的原因，但关于它在危机中和危机后被低估的再生力量却只有模糊的概念。政治家和主教们总是认为某个人贪得无厌时才是"资本主义"，就好像一个有"眼力"的友好的企业家或银行家不会资本运作一样。从这个角度看，"资本主义"从一种经济机制，变成了一种不了了之的道德谴责。不了了之，因为即使是更有道德的企业家或者受国家更有力控制的企业家，如果不想输给竞争者的话，第二天就得再次关注他的投资回报。

一个颇具吸引力的理论设想是，互联网时代资本要素将被信息要素取代，并在此基础上形成一个新的世界经济体系。但是，只要它的合法性未完全被承认，卡尔·马克思（Karl Marx）关于资本主义那令人激动的表述大部分仍有效，马克思的永久地位并不在于他预言的天赋，也不在于他自己没想过要当针对邪恶富人的道德批评家角色，而在于他在经济和社会分析方面惊人的才华。此外，卡尔·马克思并没有像人们常认为的那样，建议国民经济"国有化"。

资本主义赋予了工人一种新的生产方式，因而也赋予他们一种新的生活方式，这种新的生活方式具有前所未有的流动性和灵活性。自18世纪开始，工人从荒芜的村庄到繁荣的都市的迁徙潮就不曾退去，反而扩展到整个欧洲大陆。现代工业对劳动力的依赖能带来不错的收入,但更多的时候却导致了大规模的贫困。然而,没有人能够、也没有人希望回到前工业时代的封建社会,当时的生活保障非常有限,甚至经常没有。

始于19世纪的自发组织工人运动的历史作用,并不像其精神先驱所说的那样,以一种不受"交换价值"桎梏的自由和公共生产制度来取代资本主义,而是在自那时起的一个半世纪里,为劳动力争取经济和社会价值,资本家如果想剥削劳动力,就必须为此付出代价。

木材和煤炭

资本主义经济秩序的基本结构,直到19世纪前十年才在英国原材料丰富地区和法国北部以及比利时部分地区形成;莱茵河畔和鲁尔地区的普鲁士、波希米亚和萨克森以及美国东海岸充其量只处于初级阶段。资本的积累需要时间;现代技术首先要发展和传播,钢铁生产不能随意增加和提速。19世纪末,欧洲有30000个风车磨坊、锯木厂和水泵在运转。

1800年以前,燃料在整个欧洲都非常紧缺。金属加工和蒸汽机操作、早期工业玻璃和造纸厂以及食品保鲜新技术均需要越来越多的热能。森林在一定程度上被过度砍伐,它对以下几方面形成了高度威胁。

"生产资料的新形式往往一开始在很大程度上被它的旧形式所支配,也许最引人注目的是,现在的火车头发明之前所尝试过的火车头,实际上有两条腿,像马一样交替地抬起。"(卡尔·马克思1867年《资本论》第一卷)

- 房屋建造和船舶建造所需的木材运输；
- 混交林从史前时代开始不能放弃（但如今已被遗忘）的作为家畜牧场功能；
- 作为一种高雅乐趣的狩猎活动；
- 对民众营养的贡献。

马力牵引铁路，作为长途交通工具很快就被人遗忘了。在19世纪的后30年，它曾经回归过大城市街头，但仅存在了很短的一段时间，因为到了1900年，城市轨道已经完全通电了。

18世纪末的中欧，森林面积比20世纪末担心森林会消失的德国要少得多！只要铁加工的热量需要从木炭中获取，钢铁产量的增加就会加剧木材的消耗。前工业时代一座城市的能量消耗就能吞噬掉50至150片森林的木材。1810年，美国钢铁生产烧掉了2500平方千米森林，到1910年，则需要砍伐17万平方千米的森林！因此，工业时代初期开始向最重要的能源——煤炭过渡（从1709年起，开始用不含有害气体的焦炭生产钢铁）。它们的优点很明显，单位体积蕴含的能量平均翻一番。系统地使用煤炭，特别是高能煤，进一步对经济结构产生持续影响。几乎任何地方都可以从不远处获得木材，但煤炭只能在特定区域找到。贫煤区和富煤区之间的差距变得比以往任何时候都大，运输需求也比橡树、土豆、橄榄、白银或肉畜等的运送需求更迫切。由于蕴藏的排他性，同时又不可或缺，煤炭在经济史上有一个类似的先驱——盐，是否拥有盐及其运输路线绘制出了欧洲中世纪的经济地图。在前工业时代，无论哪种金属都不具备如此重要的意义。500年前的一个村庄只要木制的工具、陶制的盘子以及几千克铁做的几把刀和一把斧子就足够了。

煤炭大获全胜后大约一百年，石油凭借类似机制和更强的动力，登上了能源的巅峰。它的蕴藏更具排他性，距离消费者更远，甚至对于国家和企业来说，控制石油开采、运输和加工，比控制煤炭更具强权政治潜力。

再回到18世纪！为了增加煤炭产量，需要更深的矿井，而这些矿井只能依靠持续运行的水泵和越来越多的蒸汽机才能运转，而这又需要更多的钢材和煤炭。1784年，默多克（Murdoch）建造了第一台便携式蒸汽机。一年后的1785年8月23日，经历了一些失败的实验后，第一台德国蒸汽机在赫特斯特附近的弗里德希国王矿井开始工作。

世界煤炭产量极速增长，从1800年的1000万吨增长到1850年的

蒸汽、煤炭、钢铁和资金

位于上奥地利靠近捷克边境的布德维斯－林茨（Budweis-Linz）马力牵引铁路的一小段已经重建，并由一个博物馆运营。你也许会问，这也属于德国180多年的铁路史？事实上直到1866年，奥地利都属于德意志邦联。

7600万吨，1900年更是增加了10倍达到7.6亿吨。

　　从中欧的角度来看，现在的人们已经习惯将煤炭视为一种过去的能源。在这种情况下，比较数据显示：2013—2019年世界煤炭产量停滞不前，约为81亿吨，是1800年的810倍，是1900年的10倍多。这其中，德国2019年贡献了约1.34亿吨褐煤。1987年，民主德国和联邦德国加起来褐煤和硬煤产量曾高达5.03亿吨。我在开始介绍铁路黄金时代时曾说过，这主要取决于"人们"是否还会乘坐火车，取决于通过铁路来运输货物是否还具有经济性。事实上，黄金时代是一个深黑色的时代！只要还能与煤炭运输垄断巨头开展基本业务，所有工业化国家都觉得没问题。我们来看一下铁路史上的数据吧：1929年，主要来自鲁尔、萨尔和上西里西亚的1.88亿吨煤炭占德国铁路货运总量的38%！机车本身燃烧了13万吨。战争年代的1943年，开采和运输了2.78亿吨煤炭。这一年里，为经济服务的48614078辆货运车中有大约三分之一，即约1450万辆，用于煤炭运输。重量占总货运量的43%！如果我们继续回到过去：从1849年到1858年，科隆小铁路的货运量从30万吨增加到250万吨，其中超过一半是煤炭。极端的例子是波希米亚北部的奥西格－太普利策（Aussig-Teplitzer）铁路。1910年，它总共运输了1000万吨，其中870万吨，也就是87%是煤炭！

　　早在16世纪，德国的采矿场里就已经使用有轨车；以前德国开采的煤炭在地下的第一段旅程也是在轨道上。该图展示了煤炭产量高峰时采用的矿山机车，这种机车使用压缩空气驱动，长距离运煤时不会有爆炸危险。

木材供应的危机不仅过渡到了煤炭的危机,也导致了钢铁的危机。越来越多的建筑物、船只和车辆使用这种可回收材料;它的产品范围越来越大,从铸铁、锻钢、轧钢一直到钢水,加了添加剂后变成的应用更广的原料,以满足各种需求。

人们需要一个交通工具……

为了制造更多的蒸汽机,需要使用更多的钢材,为了生产更多的钢材,就需要长距离运输更多的煤炭,需要更高效率的蒸汽机以及更高质量的钢材,当这样赚来的资本能够作更大的投资时,一个新的交通系统就被提上新时代的议程了。人们当然也可以像以前一样通过运河上的拖船或运货驳船悠闲地运输煤炭,或者把一长溜装煤的车拴在马身上,让它沿着木制轨道或类似古罗马的石轨上运送。但是,如果我们现在回过头去观察早期资本主义要素——**钢铁**、**蒸汽机**、**煤炭**和**资金**,那么我们一点也不会奇怪,一台用新的**资金**购买的、**钢铁**制造的、用**煤炭**加热的**蒸汽机**,在路上移动着,然后将不计其数的**煤炭**通过轨道运到目的地,给它的主人带来更多的**资金**……

制造蒸汽动力的道路车辆仍然是一项重大的技术挑战。设计必须更轻,必须更不易晃动。而且还要能根据运行需求迅速做出反应,提高或

1804 年,理查德·特里维希克(Richard Trevithick)发明的机车开启了机车驱动火车之路。摆动轮和齿轮传动自然很快就被放弃了。

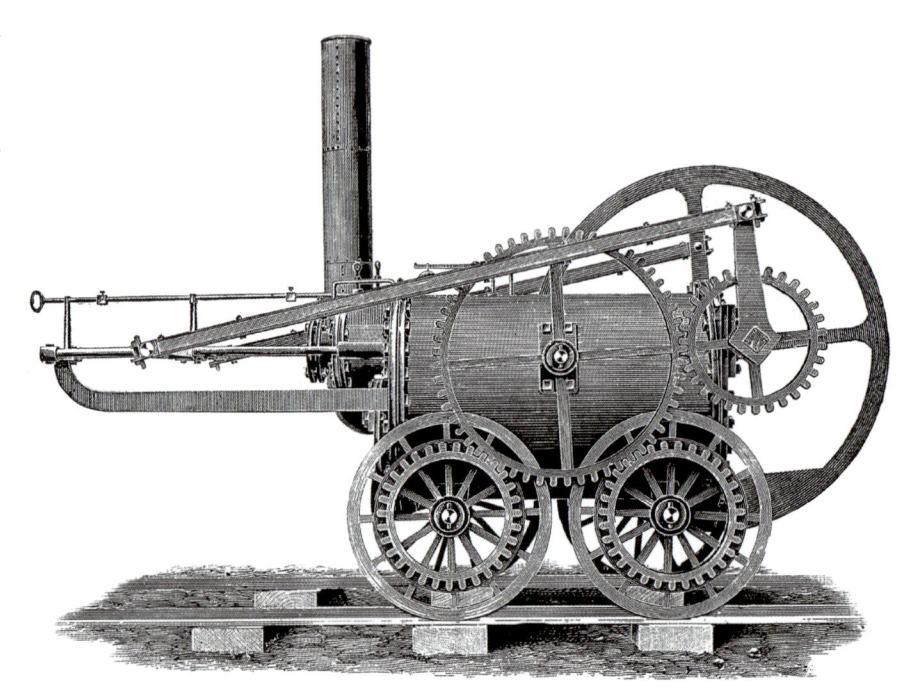

降低功率。早在 1769 年，当詹姆斯·瓦特获得改进蒸汽机的专利时，尼古拉斯·库格诺（Nicolas Cugnot）就在法国制造了一辆蒸汽动力的道路车辆。尽管这辆车因为缺乏足够的操纵性径直撞到了墙上，但它仍在法国和英国找到了追随者。然而，主要用于客运的道路蒸汽车的性能、速度和可靠性意味着这项技术不过是个噱头。

英国是资本主义和铁路的工厂

我们想专注于德国的铁路史，但仍然无法绕开英国。英国在本书所介绍的铁路发展史中一直扮演着重要的先锋角色。现代经济形态在这里为它们在世界范围内的发展和成熟找到实验条件，有很多原因：

- 英国人已经成功建立起了资产阶级宪政国家，尽管这个过程中也使用了暴力（国王查理一世在 1649 年被砍头！），但是不像君主制鼎盛时期法国大革命那样的血腥，增税和税金的使用权都在议会掌控下，确保对资本主义经济秩序来说神圣不可侵犯的私有财产不受任何皇室专权影响。

- 岛国的地理位置能有效阻断不必要的进口。禁止进口绵羊毛和棉花成品，不用说就是为了英国工业化，因为英国工业化始于纺织品生产。

- 作为殖民帝国为商品获得廉价原材料和独家市场。

- 这个王国避开了拿破仑时代的战争，尽管战场上运气有好有坏，但是当时的战争给从西班牙到俄罗斯的所有大陆强国都造成了很大的负担，他们要为军队、大炮、手榴弹和占领体系投入巨资，并且还要承受巨额的财产损失。由此导致大陆国家的经济至少落后英国二十年。

- 拿破仑的大陆封锁政

德国与英国并没有什么不同，所有私营铁路项目都离不开私人资本。为了动员私人投资，有必要营造公众氛围，使其支持新技术，并用上了所有当代营销手段。

铁轨上的德国

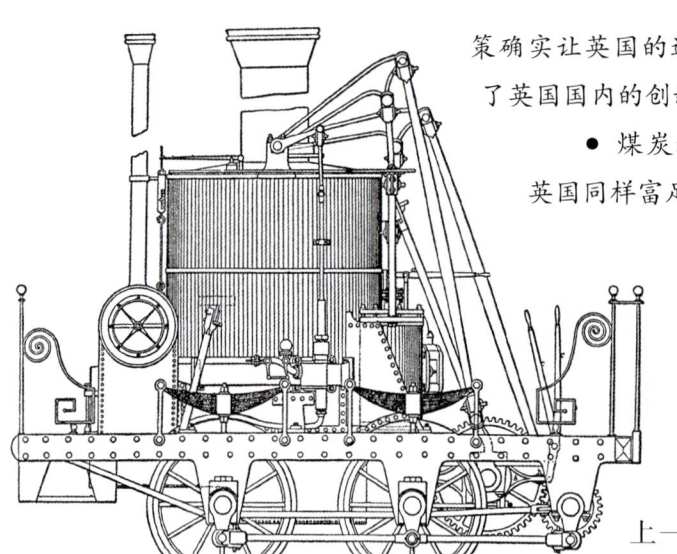

策确实让英国的进出口贸易严重削减，但同时也推动了英国国内的创新。

● 煤炭和钢铁这两样近代最重要的原材料，英国同样富足。

因此，当需要给钢轨上的煤炭运输提供一种新的牵引力时，就像半个世纪前发明蒸汽机一样，毫不奇怪英国人又独占鳌头。

1804年2月13日是现代世界史上一个值得纪念的日子。那一天，英国人理查德·特里维希克（Richard Trevithick）制造的第一台拥有名字的机车，在威尔士的佩尼达伦钢铁厂牵引了几辆装着钢铁的车辆。然而，它并没有很快获得成功。这项新技术甚至还遭到了许多人的质疑，他们觉得失败恰恰证实了这些质疑。特里维希克必须经历这些痛苦。他的试验机车"来抓我试试"以失败告终，让他放弃了研制蒸汽机车的想法。但是机车的发展并未就此停顿。其他设计师们，如威廉·赫德利（William Hedley）和约翰·布伦金索普（John Blenkinsop），继续努力着。然而，真正的蒸汽机车之父是乔治·斯蒂芬森（George Stephenson，1781—1848），大约有十年时间他一直专注于机车制造。像1804年在佩尼达伦一样，他的机车还只是为企业内部使用而设计：它们承担着英国矿山的货运工作。

锅炉和汽缸垂直放置未能经受住考验。这就是为什么从美国进口的"哥伦布号"（Columbus），在莱比锡－德累斯顿（Leipzig–Dresden）铁路上运行的第一天开始就已经过时了。

几十年来，1A1 轴式蒸汽机车经受住了考验。两个导轮轴能让带中央驱动轴的车辆平稳运行。

这枚邮票让人想起铁路客车的第一种结构型式，当时人们把两到三个马车车厢放置在适用于轨道的车架上。

蒸汽、煤炭、钢铁和资金

1825年9月27日情况发生了变化，世界上第一条公共铁路斯托克顿-达林顿铁路开通了。这是机车首次在货运之外用于客运。很快出现了一种与马车非常像的旅行车。这条50千米长的线路的运营商并不仅仅依靠蒸汽机车，他们还部分使用马匹或固定蒸汽机，用绳索来拉动车辆。

铁路，一个天才的系统

英国技术开发的初步闭环有一个优势，即在开始向美国和欧洲大陆出口时，特别是在英国以外的铁路行业运用时，"铁路系统"已经实现了一定程度的发展和标准化，它的影响至今仍存在。

- 它开启了**轨距**标准，迄今为止，除了一些主要为地方服务的窄轨外，欧洲从比利牛斯山脉直到俄罗斯西部边界，甚至北美和中国，都将轨距统一为1435毫米。这种计量单位，既非来自脚长和英寸，也非来自米制长度系统，而是来自邮政马车，这一点已经在古罗马人那里得到证明。根据英国模式统一使用轨距，成为技术上并不复杂的国际交通的基础。

- 轨道导向系统并不仅限于避免带轮缘的滚轮状车轮横向滑出。在很早的时候，车轮被设计成**圆锥形**，轨道稍微向内倾斜。在良好的轨道条件下，列车仅出现轻微的横向摆动，几乎不必受轮缘硬性冲击限制，而是由（今天会非常精确地计算的）踏面和轮缘之间的圆形引导着前进。在铁路曲线上，离心力将车辆进一步往外推，外侧轮的直径稍大，从而将整个轮对控制在曲线内。这种轨道运行系统的工作原理是车轮和钢轨之间的接

只有在热衷于赛马和赌博的英国，才能想出1829年传奇的"雷恩希尔机车赛"，通过这个比赛选出适合利物浦-曼彻斯特铁路的机车类型。斯蒂芬森的"火箭号"（图右）获胜。有一辆伪火车头被取消了资格，它里面藏着一匹马在传送带上工作。

铁轨上的德国

轨道、道岔和交叉点组成的系统允许多条铁路传送、转移、会车和超车。在庞大的网络中，快速交通、通勤交通和货运交通不会相互干扰。

触面很少，从而使装载车辆的摩擦阻力最小化。一个人的力量足以在轨道上拉动一辆不太重的车。一组运行中的车辆可以由一个人拉着继续行驶。你可以试试去拖相同重量的橡胶轮卡车挂车。只有船在水中的阻力才比较小。

● 移动的钢铁和静止的钢铁之间狭窄的接触区域最初让人怀疑，机车在轨道上启动和前进时能否有足够的阻力，转动的轮子是否会在这个位置打滑而发生故障。因此，最初人们用齿轮和齿轨驱动来试验，认为在斜坡上有必要用固定蒸汽机提供绳索牵引驱动来取代移动蒸汽机车驱动。早在其他地方提出这个问题之前，英国人就已经解决了这个问题（考虑到特有的山区铁路，欧洲大陆关于这方面的讨论一直持续到 1850 年）。一方面，人们认识到机车**驱动轮的摩擦力**原则上是足够的，并发现使用多个从动轮对能增加摩擦力；另一方面，人们发明了一种技术，通过人为延长线路来限制山区铁路的坡度。英国的铁路系统在获得出口机会时，已经具备在平原地区和丘陵地区采用统一牵引技术优势，无须在爬坡前费事地更换牵引技术。

1825 年世界上第一条公共交通铁路斯托克顿 – 达林顿的"机车"（Locomotion），在注重历史的英国的博物馆中占有一席之位。

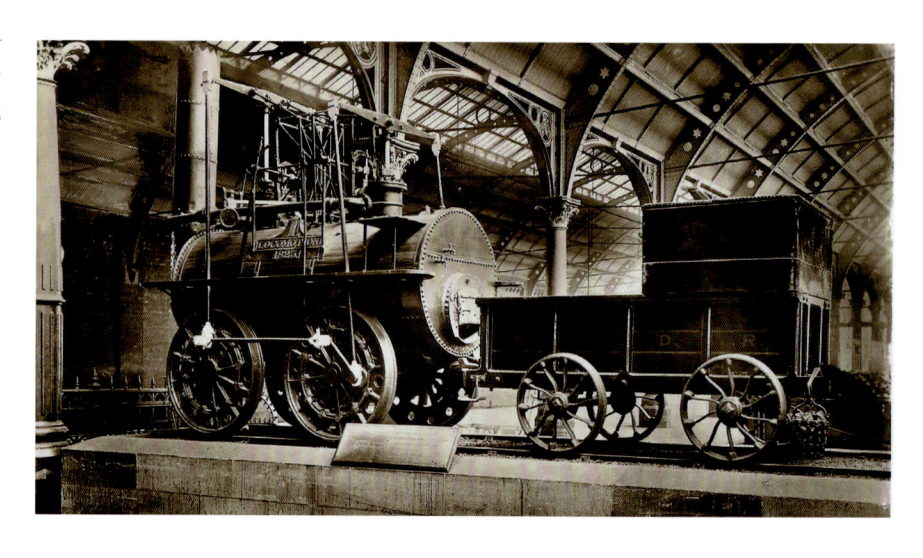

蒸汽、煤炭、钢铁和资金

尽管客运一直是公众关注的焦点，货运在铁路业务中占据了更大的比重。没有哪座专门为旅客服务的"大教堂"① 能比货运车的调车场更大，通过这些调车场国内和欧洲的线路能连接成一个高效网络。

① 译者注：此处指火车站。

- 有侧面护栏或中央导向杆的窄轨，车辆在上面运行时可以由水平辅助轮支撑（最初这种想法得到了很好的阐释），修建**道岔和道口**因此变得方便，轨道网络的无限分支从而能延伸到任意中途站的整备线上，并从那里再延伸到工厂、山谷和港口码头。

- 每一个拥有铁路模型的人都知道，以 4 台机车和 29 节车厢为例，就已经有数百万种**列车编组可能**。有了标准化的联轴器和缓冲装置系统，就能组成不同的列车，并能根据不同要求重新组合。货运列车的五节牲畜车厢后，可以安排两节沥青或石油"罐车"，然后是三节装着切割好防腐电线杆的车厢，最后是啤酒冷藏车厢。在下一站，它可以卸下两节牲

对于一个迷人的系统的好奇：

这位年轻女子在观察窄窄的轮子是如何在轨道上运行的。车轮的圆锥形确保轨道和轮缘之间只有轻微的阻力发挥作用，不致造成较大摩擦损失。

展望未来：1900 年后，蒸汽机车达到了完美的程度。350 到 400 摄氏度的过热蒸汽，使运行更经济和有效，而牵引装置和走形机构也根据不同用途进行了最佳优化。然而基本原理还是斯蒂芬森在 1829 年就研发出来的。

畜车厢，再装上四节装着砖块的车厢。在几十年、几百年的时间里，蜂蜜、头盔、腌肉或油毡等货物已经过时，取而代之的是汽车、香蕉、用于多层房屋的燃油锅炉和钢管。客运方面钢制四轴取代了木制三轴，蒸汽机也逐渐被它的后继产品电动或柴油发动机所取代。不管是过去还是现在，所有这些变化都是在没有变更系统的情况下一步步[①] 发生的。

● 为了介绍经久不衰的蒸汽机车另一个真正巧妙的原理，我们需要探讨一下它的技术。根据加速或常速运行的要求，机车司机使用调节器，通过控制器的机械装置在活塞两侧交替工作，在平原、上坡或者下坡时让更多或更少的蒸汽从锅炉流向汽缸。工作完成后，蒸汽通过废汽口进入烟箱，然后从上面的烟囱出去。烟箱中的蒸汽通过气流流动产生负压，让更多的燃烧空气通过锅炉后端的灰箱风户被吸入火箱中，在那里煽动火苗，让更多的热气流经过锅炉众多水循环管道。因此，蒸汽消耗量的增加会自动通过更高的**吸力**产生更多的蒸汽。斯蒂芬森的蒸汽机车已经运用了这一技术，其基本操作模式从未改变，尽管现在被放大了许多倍，并在细节上完善到了令人吃惊的程度。

● 一开始人们还以为铁路会和公路及运河一样可以免费提供给任何使用者，但英国人很早就意识到，出于安全考虑，非常有必要将铁路建设、铁路交通管理和监控、机车车辆的运营和交通市场的准入牢牢掌握在一只手里。养路工和巡道工、信号员和扳道员、机车司机、司炉工和制动员以及负责售票和办理运单的工作人员，都必须遵守统一的等级制度和纪律。

最后提到的这项原则（以及蒸汽机车在历史上有趣的影响模式），在最近几十年里已经发生了很大的偏离，对此我们不得不在相关章节里做些解释说明。

---

① 译者注：此处作者用了"Zug um Zug"一词，表示一步步，Zug 这个词在德文中也指火车，作者一语双关。

蒸汽、煤炭、钢铁和资金

斯蒂芬森的"火箭号"已经有了一个管状锅炉和机车废汽点火装置。

万事开头难

我们用几行文字就能描述的事物进展情况，在现实中却要花费很多年。让"铁路"适合日常使用，这对于工程师、工匠和工厂主们来说都是一个挑战。该行业离科学基础上的标准化材料和加工技术仍有光年之遥。铸铁和轧钢、红铜和铜管可能由于原材料特性和熔炼技术的偶然性，以参差不同的质量交付，最初几乎无法满足锅炉、汽缸、摇杆、轮心、机车车轴和轮箍、车轮、车钩、制动装置，尤其是钢轨的连续负荷要求。铁路建设的头几年一直伴随着故障、事故、经济上难以负担的维修费用以及昂贵技术迅速损耗甚至提前报废。

直到特里维希克 1807 年第一次造出蒸汽机车后，蒸汽船才开始推广开来。船上有了更多的空间；不再取决于机器重量是一吨还是多少吨；不用再考虑净空限界；运行模式可以更平稳地在高负荷和低负荷之间切换。

在这种情况下，"马力牵引铁路"的功能在交通史上经常被曲解就能够解释了。例如，它不是蒸汽火车的先驱产品，而是在它的影响下开发的一种承诺更低成本和风险的替代产品。尽管如此，1828 年开始部分运行，1832 年 8 月 1 日全线运行的主要用于运输盐的格明登 – 布德韦斯 – 林茨马力牵引铁路，仍是交通技术领域一个重要的先锋项目。

以中世纪城市为背景，融入毕德麦耶尔社会。这正是出现在20世纪的人们怀念的"美好旧时光"里的第一条铁路。

1804 年 2 月 13 日
　　理查德·特里维希克的蒸汽机车首次在威尔士运行。
1812 年
　　巴伐利亚最高矿务局约瑟夫·里特·冯·巴德尔（Josef Ritter von Baader）的回忆录《关于巴伐利亚王国的铁制人造道路的介绍》出版。
1813 年
　　蒂莫西·哈克沃思（Timothy Hackworth）和威廉·赫德利（William Hedley）制造了"普芬比利"（Puffing Billy），这是第一台长期使用的机车。

　　一个一直存在的问题是，当时的人对现代技术缺乏信心。人们对刚开始时速 25 千米或 30 千米的列车一笑置之。但是以这个速度运行，养路工和赶着牲畜的农民已经不能悠闲地穿过铁轨。虽然还不会发生致命事故，但是每条路线每年都会增加一些施行惯例和事件经验。

大陆上的星星之火

　　美国是世界上第二个拥有铁路的国家。刚刚从欧洲君主制的殖民枷锁中解放出来的北美人，对现代技术持完全开放的态度。巨大的经济区亟须开发。美国东海岸成为欧洲以外第一个工业化的地区。1829 年第一条铁路开通。

在欧洲大陆上,比利时、法国和相隔不远的德国,是在重工业、资本主义和蒸汽铁路方面最接近成熟的国家。此处需要对"德国"这一概念做些历史解释。事实上,自近代早期或根据宪法中的正式表述,从1806年"德意志民族的神圣罗马帝国"正式解体以来,并没有一个统一的德意志民族国家。1815年,拿破仑时代结束后建立的"德意志邦联"是几个主权国家的松散联盟,其中普鲁士和奥地利最大。更混乱的是,这两个君主国家都只有部分属于该联盟。东普鲁士部分地区、西普鲁士和波森以及奥地利在匈牙利的属地没有包括在内。

柏林和维也纳的统治者和他们的大臣们,以及巴伐利亚、萨克森、符腾堡、汉诺威、巴登或梅克伦堡的君主和政府(此处仅列举较大国家),都是极端保守的,因此对工业化和现代交通技术持高度怀疑态度。自信的资产阶级工厂主,大资本成为皇家财政部的竞争对手,对贸易和股票持一致意见的自由的媒体,甚至可能是一部保障所有权的宪法和一个对国王陛下的收支有决定权的议会,所有这些听起来都很像法国大革命、美国的平等主义和英国的无神论。毕竟不久之后,你就想把战胜拿破仑当成噩梦来忘记。

1814 年
　　乔治·斯蒂芬森制造了他的第一台蒸汽机。
1816 年
　　柏林皇家铸铁厂制造了德国第一台蒸汽机车;由于选错了轨距,它在上西里西亚投入使用时失败了。
1820 年
　　英国的伯肯肖(Birkenshaw)用熟铁制造铁轨,取代了铸铁的小碎块。
1824 年 9 月 7 日
　　安东·弗兰兹·里特·冯·格斯特纳(Anton Franz Ritter von Gerstner)得到批准在林茨(Linz)-毛特豪森(Mauthausen)-布德韦斯(Budweis)修建一条马力牵引铁路。
1825 年 9 月 27 日
　　首条公共交通铁路斯托克顿-达灵顿(Stockton-Darlington)线开通。
1828 年 9 月 30 日
　　下奥地利到波希米亚的马力牵引铁路的第一段克施鲍姆(Kerschbaum)-布德韦斯(Budweis)开通。

技术敌意和小国做派？

执政党对工业化和铁路的抵制后来被视为投标者的"技术敌意"而一笑置之。但这其实是一场相当激烈的利益之争。君主和大臣们非常现实地认识到封建阶级和资产阶级之间的战线在哪儿，知道他们的权力取决于国家控制贸易的农业生产方式是否能延续。但是，德国君主们日益紧张的资金状况限制了他们抵抗的力量。在工业、贸易和资本发展方面，最重要的一步是通过建立更大的关税区，在德国建立一个统一的经济区。1828年，普鲁士、安哈尔特和黑森联合起来组成了关税同盟；随着巴伐利亚、萨克森和图林根的加入，1834年1月1日成为德国关税同盟的成立日；1836年巴登加入。

弗里德里希·李斯特（Friedrich List，生于1789年，自尽于1846年）是德国铁路网最重要的开拓者。1871年后对民族国家史的描述以及1933年开始的纳粹宣传，把爱唱反调的记者、欧洲和美国的企业家和投机者以及在许多领域都失败的军事家，都炒作成德国统一的英雄；民主德国把他塑造成一个反对王侯专权的早期资产阶级革命者。如果把20世纪的思想挪用到德国毕德麦耶尔时期，他只是第一个将新铁路想象成网络系统的人。今天，我们很容易忽视这一思想的重要性。任何一个对地理课稍微关注些的中学生，都能够在有着资源丰富地区、大城市和海港的地

机车技术开创时代的又一例证：

赫德利（Hedley）1813年制造的"普芬比利"（Puffing Billy）坚持服役了50年。严格来说，它存在了两次。原型被保存在英国，慕尼黑的德意志博物馆里有一个具有一半历史的仿制品。

图上画出一个貌似合理的交通线路网。然而，在那个刚刚从政治、行政管理和经济方面开始考虑大版图甚至整个大陆的时代，铁路的第一次网络尝试失败了。几个世纪以来，国家权力只沿着重要的公路和通航河流发挥作用，忽视了大片连税收员和征兵专员都会迷失方向的地区。直到19世纪初，开始实施全面义务教育，每个村庄都开始实行统一的管理。在此之前，新的交通路线只用于满足某些特定的统治利益或经济需要，例如君主让人建造一条新的"人工道路"或运河，从他的国都到一个重要的边境要塞或一个盛产粮食的地方。昔日国家和经济贸易的区域划分同样也适用于军事方面。拿破仑举世闻名的莫斯科战役与占领俄国值得一提的地区毫无关系。为了危及沙皇帝国的存在，沿着主干道向旧都城的心脏深处捅一刀就足够了。从波罗的海到黑海的战线，几乎每个内陆村庄都有占领军，这种情况直到20世纪才出现。

弗里德里希·李斯特所描绘的德国铁路网的永久地位，并不取决于它是否被实际修建出来，而是在于它有勇气去做伟大的国家设计，它已经考虑了正在出现的关税同盟大经济区。

第一条德国铁路

真正的发展并非空想。第一批线路是由地方或最多由区域倡议设计的，并没有太多的远见。6千米长的路德维希（Ludwig）铁路纽伦堡-菲尔特（Nürnberg-Fürth）线就是最好的例子。但同时，一个影响深远的项目正在规划和建设，1847年全线通车的科隆-明登（Cöln-Minden）铁路，它不是从比利时边境到柏林的东西大动脉的第一段，而是莱茵河和威瑟河之间的一条连接线。这符合将莱茵河上的货物在不接触荷兰领土的情况下运到北海的需求。此外，前文提到的奥地利马力牵引铁路是通航河流之间的纽带。它跨越了多瑙河和伏尔塔瓦河之间的欧洲分水岭。在铁路时代初期，瑞士并非高山线路的主要建设地，它满足于建立大湖和莱茵河上蒸汽船航线之间的陆地联线。甚至连维也纳银行界堪称"大陆铁路"的计划［该计划南到的里雅斯特（Triest），东北部到加利西亚的布罗迪（Brody）］，也是为了连接亚得里亚海、多瑙河和维斯瓦河，用来替代运河，因为运河无法穿越阿尔卑斯山，且在摩拉维亚门地区修建运河也相当困难。1833年，在他著名的铁路网络计划中，天才的弗里德里希·李斯特也放弃了后来变得非常重要的线路，即从曼海姆和法兰克福经美因茨和威斯巴登到科隆的线路，因为他考虑到这里的航运交通运力充足。

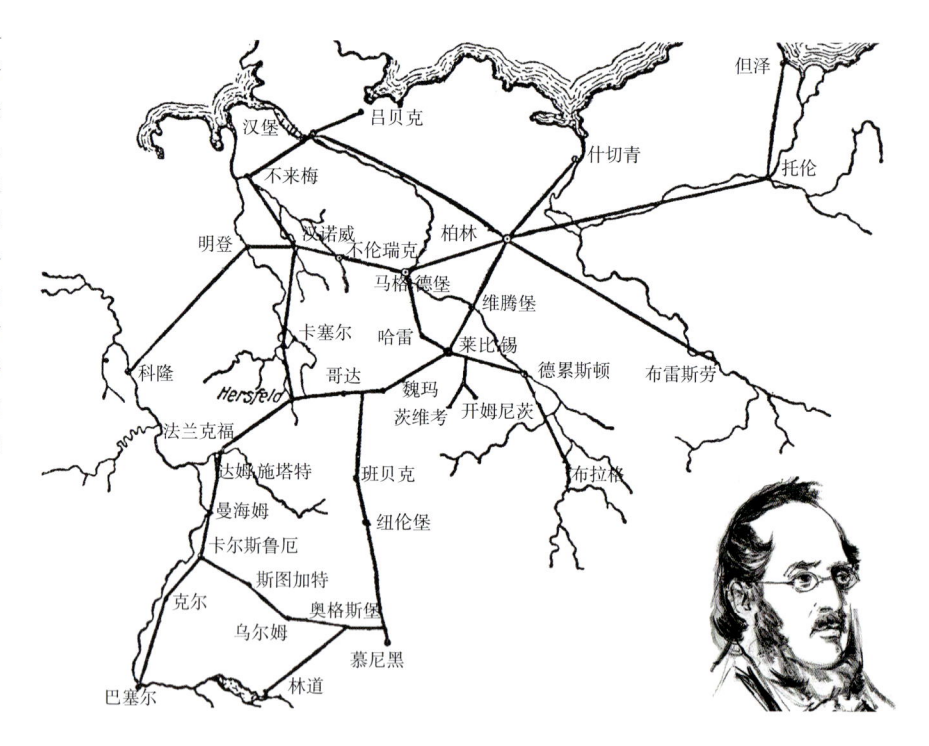

弗里德里希·李斯特因第一个提出德国铁路网这一概念而闻名。具有时代特征的是，这个网络里没有德意志邦联的奥地利部分。也许经济学家低估了那里的经济活力。然而，在有些线路尚未出现在李斯特的构想中时，多瑙河和威克塞尔河之间已经有火车在跑了。

从对这一时期的观察来看，1871年后人们描述国家历史现实画面时总会出现滤镜。帝国时代的文学作品，第三帝国在1935年德国铁路一百周年之际出版的文学作品，以及令人奇怪的对封建主义强烈谴责的民主德国的历史学作品，都抱怨那时的"小国做派"和"缺乏远见"。然而，1835年尚未出现一个能掌握全国税金的德意志民族国家，不存在统一的财政管理，也没有建设统一规划的铁路网所需资本。即使在英国、法国和美国这样不存在内部界限问题的大国，铁路的发展也没有中央计划。要求德国地方政府和投资者1848年之前在铁路建设中就参考1871年后的帝国版图，这完全不符合历史。

以客运为重心

彼时与英国相比，德国的工业化程度较低，因此铁路规划最初更多针对客运，而非货运。在封建时代向资本主义时代过渡的历史背景下，便利旅行的需要也与日俱增。商人、银行家、工程师、企业家，还有国家的高级官员，再也不能满足于国王们偶尔旅行用的马车了。永远留在浪漫回忆里的马车时代已经让人受够了。"快车"最高时速曾达到过15千米。从柏林到慕尼黑，1835年需要驾车三天半（包括辛苦的夜间驾车），从汉诺威到莱比锡需要48到50个小时，必须过一夜。下雨和下雪可能会使行程延误数小时，如果马车损坏甚至翻车，则可能延误数天。此外，即使忽略途中昂贵的餐费和住宿费不计，乘坐马车的费用也是后来铁路票价的数倍。今天人们常常忘记，"马车时代"大多数人其实是步行的。学生和手工业者、入伍服役或从战场上归来的士兵以及那些四处表演音乐和戏剧的人是乘不起马车的。

1829年10月6日至14日
　　斯蒂芬森的"火箭"号在雷恩希尔机车比赛中得到了认同。蒸汽机车已经出现了带管式锅炉和废汽口的固定底座形式。

1833年6月18日
　　弗里德里希·李斯特公开备忘录"关于将萨克森铁路系统作为德国铁路系统的基础，特别是关于莱比锡到德累斯顿铁路的必要性"。

1850—1920年，数百台这种三个驱动轮对的机车，解决了欧洲货运的后顾之忧。图中的机车是施瓦茨科普夫（Schwartzkopff）1867年在柏林为下西里西亚－勃兰登堡铁路制造的。框架在外和汽缸在内的结构在这一时期已经比较少见了，当时的主流是相反的结构。

股东和工人

铁路建设的商业理念、技术挑战与社会问题

纽伦堡－菲尔特（Nürnberg-Fürth）线建成后，铁路及其供应商很快成为德国早期工业最具活力的产业。独特的线路不仅挑战建筑艺术，也需要越来越强劲的机车。人们几乎忘记了，除了政客、资本所有者和工程师的影响之外，还有那些在铁路路堤和跨线桥、轧钢车间和锻造车间工作的工人们的贡献和痛苦。

如果没有他们，德国不可能在几十年后，成为欧洲铁路领先国家向全世界出口机车。今天人们这样来总结经济史：如果英国纺织工业是现代经济的基础的话，对德国来说，这一重要角色落在了铁路上。工厂和机车烟囱的烟柱为我们了解19世纪第二个30年指明了方向。

"我并不担心德国不会统一；我们良好的公路和将来修建的铁路能让它变为现实。"约翰·沃尔夫冈·冯·歌德（Johann Wolfgang von Goethe）于1828年10月25日对埃克曼（Eckermann）这样说。

在中世纪，有轨车辆在木制轨道上被拉着或推着穿过矿井。巴伐利亚最高矿务局的约瑟夫·冯·巴德尔（Joseph von Baader，1765—1841）1814年提出修建一条从纽伦堡到菲尔特的有轨马车线路。他随后详细设计的"人造铁路上的连续机械系统"并不实用，那是一种同时适用于道路和铁路的车辆并且继续使用马力牵引。但至少他在1825年，在慕尼黑郊区的宁芬堡皇家公园向巴伐利亚国王路德维希一世（König Ludwig I）展示了他的"测试线"。

当时第一台德国"蒸汽车"几乎又被遗忘了。柏林铸铁厂的检查员克里格1816年制造了一台只有2.5米高1.5米长的小型机车，它参考了更老的英国模型，装在四个轮子上，沿着齿轨运行。该机车在柏林示范运行后引起了轰动，它在市政厅拆卸后被运到了上西西里。重新组装后，却发现它的轨距不适合那里的轨道。于是，德国第一台机车的生涯再次结束。一台1817年造的类似机器在萨尔河畔的矿井里至少还能服役几年。

铁路的第一辆客车是英式的，仍然由两到三个车厢组成，这些车厢被依次放在一个适合轨道的底盘上。马车时代的木匠、皮革工人和玻璃装配工并没有失业，乘客们至少能在熟悉的环境中体验新速度。

弗里德里希·李斯特并不是这一现代交通工具的唯一宣传者。工业家和政治家弗里德里希·哈科特（Friedrich Harkort，1793—1880）也进行了大规模的规划。他推动了莱茵河上的蒸汽船航运，并成为莱茵河和威瑟河之间铁路连接的开路先锋。

　　铁路将带来一些革命。埃尔伯菲尔德、科隆和杜伊斯堡与不来梅或埃姆登将连接起来，荷兰海关也不远了。愿祖国早日迎来工业的胜利，用冒烟的巨无霸来为共同利益铺平道路。
　　弗里德里希·哈科特的文章《从明登到科隆的铁路》，1833年3月。

1835年12月7日

《斯图加特晨报》这样写道：

　　12月7日上午9:00，纽伦堡－菲尔特路德维希铁路开通。为了准时到达现场，早上7点，纽伦堡人就步行、骑马或者乘坐马车出发了……人们长时间地注视着这条牢固的铁路以及在一定程度上称得上雅致的车厢，它共有9节；不过，最让人欣喜和关注的还是蒸汽机车，它身上有那么多非同寻常的谜团，但仅从外观上看，就连行家也无法说清楚它的特殊结构。
　　它像其他车一样固定在前后轮的车轴上，在两个更大的轮子之间，而这些轮子实际上是由机器驱动的。怎样驱动？你可以猜，但却看不到。在前轮之间，如同从一个封闭的烟囱里，升起一个大约15英尺（约4.57米）高的管子，里面排出蒸汽。一个巨大的汽缸从前轮和中轮之间一直延伸到后轮，蒸汽锅炉就在这里，由第二节四轮悬挂式车供水。后面这节存放燃料的车还有一个储水罐，通过软管将水从储水罐引入蒸汽机车的水槽。此外，人们注意到有许多管子、水龙头、螺丝、阀门、弹簧，要搞清楚这些我们还需要更长的时间。那位安静、谨慎且值得信赖的英国机车司机也同样吸引了我们。他每放一铲煤，都会考虑量是否合适、时间是否合适、炉子分配是否合适。一刻也不能闲着，什么都要注意，计算到每一分钟，因为是他让列车运行起来，所以他就像是机器的大脑，把巨大的力量统一起来……机车司机让蒸汽的力量缓缓发挥作用。大量蒸汽云从烟囱里冒了出来。车厢被紧紧地锁在一起，开始慢慢地移动；然而，很快烟囱越来越快地喷出烟雾，列车向前行驶，不一会儿就单个车厢的私密性已经被破坏了：隔壁的人正从隔板上方好奇地张望过来。乘客们在火车上不期而遇（不同的车厢等级只在一定程度对社会阶层进行了划分），最初被当成一种文化冲击，后来则被视为一种机会。没有人统计过在列车上发生的业务往来、政治联系和恋爱关系。

消失在围观者的视线里……

1834 年 2 月 19 日
巴伐利亚的路德维希一世国王给予"纽伦堡－菲尔特路德维希铁路公司"30 年建造和运营蒸汽铁路的特权。

1834 年 4 月 3 日
莱比锡成立了一个委员会，负责修建通往德累斯顿的铁路。

1835 年 11 月 28 日
巴伐利亚批准建造慕尼黑到奥格斯堡的铁路。

纽伦堡市长约翰内斯·沙雷尔（Johannes Scharrer）、铁路的重要投资人乔治·扎查里亚斯·普拉特纳（Georg Zacharias Platner）、接受委托建造铁路的当地工程师保罗·丹尼斯（Paul Denis）以及不应被忘记的第一位德国机车司机威廉·威尔逊（William Wilson）毫无疑问共同谱写了历史。

除了德国首条用于公共交通的蒸汽铁路这一历史地位之外，路德维希铁路并未在开拓时代为铁路标准带来任何创新性。图为斯蒂芬森在第 118 号工厂里制造的"阿德勒"机车，尽管有新闻报道形容 12 月 7 日之前该机车在路德维希铁路上的一次试运行很"壮观"，"这庞然大物安静地沿着轨道跑"，但事实上这只能算一条具有地方特色的铁路。路德维希铁路也并非全国铁路网的第一段。它一直是私营的，没有与后来的巴伐利亚邦有铁路相连，于1922年停运，线路用于有轨电车。

后来的德国人对纽伦堡-菲尔特铁路的高度（甚至是过高的）评价原因在于，有关它的图片和文字记载很好地满足了人们对于毕德麦耶尔时期田园诗的向往。在斯皮茨韦格（Spitzweg）描绘的一座中世纪帝国城市里，谨慎的议员们和稳重的企业家们修建了一条新的道路，通往散步便能到达的邻城。他们很有革命性，买了一台蒸汽车，但同时也很保守，还配置了11匹牵引马。他们有足够的资产阶级勇气，建了一个与路德维希一世给予特权的线路相抗衡的项目；但他们对国王又足够忠诚，谦卑地请求国王陛下给公司起名。就这样，铁路似乎为一幅早期资产阶级全景图画上一个圆满的句号，这幅全景图还没有被现代的喧嚣打乱。阿德勒火车不会激怒市民，歌德的《浮士德》中曾记录了市民们在复活节游行期间的愿望："希望一切都变乱；只有家还保持原状。"

事实上，铁路在许多方面打破了旧的社会结构、赚钱机会和垄断地位。巴伐利亚高等医学院的一份备忘录表明，在他们看来这将不可避免地导致严重的精神疾病，这就是为什么铁路需要用很高的围墙围起来。然而，这篇文章在1835年也和今天一样，被认为是一种讽刺。在开通了一条与马路平行的铁路后，马车夫们和马路旁的店主们再也笑不出来了；农民们变得赤贫，他们种植的小麦或土豆，不像竞争对手从匈牙利或加利西亚通过铁路运来的那么便宜。每一个土地所有者和古老的贵族都感受到了新时代的力量，尽管他们讨厌经济损失，但由于各邦国很快都通过了有利于铁路的征用法，他们不得不放弃所继承的森林和田野的部分权利。哈科特已经宣布，这些"革命"将在铁路问题上取得全国性的突

开放式车厢（1960年拍摄的仿造"阿德勒"机车里快乐的旅行者），甚至更简单的无车顶版，很快被放弃了。即使是三等舱的乘客也能享受天棚和玻璃窗。而19世纪中叶后，机车乘务员仍然毫无保护地站在风雨中。

破，但纽伦堡和菲尔特的城市新贵们尚未预见这一点。不过他们给德国所有铁路规划者带来了两个令人高兴的信息：第一个，一台由看不见的蒸汽驱动的机器在狭窄的铁轨上运行，带着可以坐下半个小镇居民的移动房子，这一奇迹居然成真了，而且没有发生世界末日般的脱轨和爆炸；第二个，这一切都是值得的，路德维希铁路1841年向股东支付了16%的股息。

铁路建设热

1835年12月7日，已经有公司在筹备莱比锡到德累斯顿、科隆到亚琛、慕尼黑到奥格斯堡的铁路线。但一年后的1836年年底，德国所有铁路的总和仍为6千米；1837年，萨克森首次开通铁路后总里程达到了20千米。然后就一发不可收拾。1838年，开通了柏林到波茨坦的第一条普鲁士线、杜塞尔多夫到埃尔克拉特的德国首条西部线以及布劳恩施威格到沃尔芬堡的第一条德国国有铁路线，总里程达到141千米。莱比锡－德累斯顿1839年全线开通后，1840年就已经与莱比锡－哈勒－马格德堡线连接。同年，曼海姆－海德堡线和慕尼黑－奥格斯堡线建成；蒸汽火车在总长462千米的铁路上运行。在短短八年多时间里，铁路总长度增加了十多倍。1848年革命结束时有5002千米铁路（根据1871年起生效的帝国边界统计）在运营。至此，德国铁路总里程排名世界第三，

利用巨大的人工构筑物，铁路克服了越来越多的地形障碍。图中是哥达（Gotha）附近的高架桥。

仅次于英国和美国，已经超过了较早开始修建铁路的法国和比利时。乘火车在国内长途旅行已经成为可能：人们能从基尔（Kiel）经汉堡到柏林，然后经布雷斯劳（Breslau）和奥德伯格（Oderberg）到维也纳，即使从一条私营铁路转到另一条私营铁路有点繁琐，而且铁路夜间停运中途需要住宿；轨道从波罗的海港口什切青①（Stettin）经柏林、马格德堡、汉诺威、比勒菲尔德（Bielefeld）、多特蒙德、杜塞尔多夫、科隆、亚琛和列日（Lüttich）一直铺设到安特卫普（Antwerpen）和奥斯坦德（Ostende）。

1835年12月7日
　　德国第一条蒸汽驱动的铁路线纽伦堡－菲尔特路德维希铁路开通了。
1836年6月11日
　　货物运输始于路德维希铁路上的两桶啤酒。
1836年9月28日
　　巴伐利亚发布了关于统一轨距的《基本规定》。
1837年
　　莱比锡－德累斯顿铁路建设过程中，在里萨（Riesa）的易北河上建造了第一座大型铁路桥（砖石桥墩加木拱）。
1837年4月24日
　　莱比锡－德累斯顿铁路的第一段，即莱比锡－阿尔滕线，投入运营。
1838年
　　电报机首次被用于在铁路沿线传递信息。
　　在德累斯顿附近的乌比高，根据安德烈亚斯·舒伯特（Andreas Schubert）教授的设计建造了"萨克森"号（Saxonia），这是第一台能正常运行的德国机车。
1838年9月22日
　　普鲁士的首条铁路柏林－波茨坦线投入运营。
1838年11月3日
　　第一部全面的铁路法《普鲁士铁路事业法》生效。
1838年12月1日
　　不伦瑞克（Braunschweig）公国开通了布伦瑞克－沃尔芬比特尔（Braunschweig-Wolfenbüttel）铁路，这是首条德意志国有铁路。
1839年4月7日
　　莱比锡－德累斯顿线全线通车，因此也出现德国第一条513米长的铁路隧道。
1839年
　　德国首次将铁路用于军用运输。

---

① 译者注：第二次世界大战后划归波兰。

1841 年

卡尔斯鲁厄（Karlsruhe）的埃米尔·凯斯勒（Emil Keßler）、柏林的奥古斯特·博尔西希（August Borsig）和慕尼黑的约瑟夫·安东·玛菲（Joseph Anton Maffei）生产出了第一批机车，莱比锡－德累斯顿线上开始首次邮政运输。

巴伐利亚最初的领先优势消失了。在莱茵河和鲁尔河畔、柏林和上西里西亚以及萨克森，有更多的资金可供使用，煤炭运输业务的收益预计将超过受农业影响较大的巴伐利亚或伍尔滕贝格（Württemberg）。因此，普鲁士在帝国时代之前一直是大型私营铁路的发源地，而德国南部则是由国家负责建设现代基础设施，这绝非巧合。在德国北部，利润率也没有达到"纽伦堡－菲尔特"线约定的水平。尽管如此，铁路的建设还是一往无前。1859 年总里程为 1 万千米，1871 年达到 2 万千米。

人们几乎已经忘记原先对铁路的保留意见了。资本主义市场经济秩序的驱动力长期发挥作用。例如，一些因铁路开通而停业的运输企业，通过接驳火车站或专门从事铁路工程建筑材料运输，反而赚了数倍。仅铁路公司对钢材和铸铁、石材和木材、煤炭和润滑油、机车和车辆、制服和工具的需求，就为手工业和早期工业生产的不同行业分支开辟了前所未有的商机。

货物和旅客

这期间，人们希望能用快速舒适的旅程来取代异常辛苦的马车之旅，同样也希望能快速运送煤炭和土豆。铁路货运还有一个强大的竞争对手：

奥古斯特·博尔西希（August Borsig）1841 年的第一个产品标志着德国从进口商转变为生产商，并很快成为全球机车的出口商。从技术上看，当时的机车结构并没有为机车司机和司炉提供任何保护。在高达 40 至 50 千米的时速下，潮湿和寒冷让许多铁路员工生病和早逝。

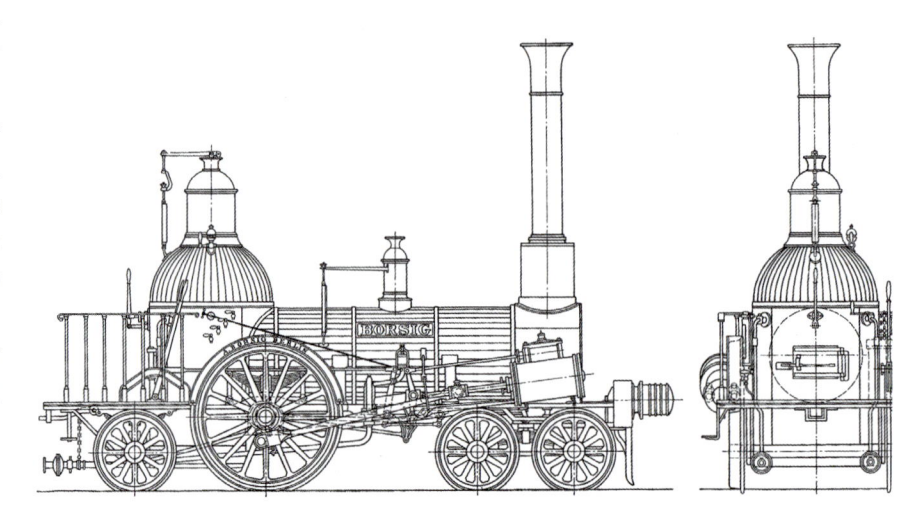

内河运输。普鲁士改善了旧的运河网,巴伐利亚于 1836 年开始修建连通多瑙河和美因河的运河,并于 1846 年竣工。

对于德国铁路时代的开端来说,客运还是货运究竟哪个更重要,始终没有定论。路德维希铁路最初只提供客运服务。1836 年 7 月,莱德勒啤酒厂与他们商定每天用机车的煤水车运输两桶啤酒,铁路货运就这么开始了。在考虑修建莱比锡到德累斯顿或西里西亚到柏林的铁路干线时,就是出于对大货运量的预期。在工业化之前,人们可能会问,谁会需要或运送如此多的货物,多到能将挂在一起的一打"铁路卡车"装满。但现实很快超越了对未来运输量的所有预测。铁路是 19 世纪下半叶经济增长的主要驱动力,铁路以及它的供应商们同时也是最好的客户。机车运行需要史无前例的煤炭运输;此外,只有铁路才能在规定时间内和把所需数量的石块、枕木和铁轨运到全国各地的铁路建设工地;只有铁路才能为快速发展的机车和车辆制造商们运送车轴、板簧和锅炉钢板。

1841 年 11 月 8 日 /12 月 20 日
政府间协议为柏林-汉堡和哈雷-埃尔富特-卡塞尔跨境铁路扫清了障碍。
1843 年 7 月 15 日 /8 月 16 日
柏林-马格德堡-科腾-布伦瑞克和柏林-什切青的连接线通车。
1843 年 10 月 15 日
德国与其他国家的首条铁路连接:科隆-亚琛-赫伯斯塔尔(比利时)线开通。
1844 年
普鲁士引入了火车照明(蜡烛和煤油灯)。

机车时代也成为整个国民经济的大工业时代。越来越多的机器被用于生产纺织品和家居用品、食品和饮料、纸张和印刷品、玻璃制品和砖块。这些机器及其零部件只能通过铁路运输,它们的生产需要运输大量的煤炭、铁矿石、钢铁。大工厂取代了手工作坊。他们需要铁路运来更多的糖、白兰地、瓷器、油漆、火药、肉干、电线、新闻纸、煤气灯和窗户玻璃。只有铁路才能将货物运到市场(关税同盟日益开放),只有铁路才能满足他们对原材料的需求。

煤炭资源丰富的地区增长最快,劳动力需求最大。如果我们在 1860 年或 1960 年的地图上看到特别密集的铁路网(大都市除外),我们就知道这里有煤,在这一点上鲁尔区和萨尔区与上西里西亚没有区别。富煤

1837 年莱比锡–德累斯顿线上的第一列火车。"包房"（Kupee）或分隔客车完全按照驿站马车的传统，有单独的房间和单独的车门。

区与贫煤区对铁路机车的不同需求也很有启发性。截至 1880 年，仅鲁尔区及其发送线路上最重要的铁路公司（莱茵河铁路、科隆–明登铁路、贝尔吉施–勃兰登堡铁路和威斯特法伦铁路）就拥有 2215 台机车。这远远超过了巴伐利亚（不算普法尔兹）、伍尔滕贝格和巴登所有铁路拥有的机车数量总和 1828 台。仅参与上西里西亚煤炭业务的两条铁路（上西里西亚和下萨克森–勃兰登堡）就有 1139 台机车，而当时整个荷兰仅有 418 台机车在运营。

当铁路能随时随地提供运费合适的黑色黄金时，它彻底改变了能源市场，也促使国民食物进入一个新时代。在欧洲，饥饿一直伴随着较贫困的大多数人口。农作物歉收导致很多人死亡的情况一直持续到 19 世纪 40 年代，因为谷物或土豆的区域性损失无法得到迅速和等价的补偿。随着铁路的出现，现在食品可以在整个欧洲大量交易，随着关税壁垒的降低，交易量也在增加。很多农民和商人变成了市场开放的输家。那些在贫瘠的土地上种粮的人，非常敌视来自肥沃土地的供应商，因为他们无力与之竞争。

轧制型材、酸和碱液、木材和石头、黑麦、小麦、土豆、啤酒、牲畜和肉类、石油、烈酒和煤焦油、石膏和水泥……德国铁路的货运量意想不到地增加了。铁路管理部门用吨公里来统计货物运输方面的总运能，即用所有装载货物的重量乘以这些货物运输路线的总长度。至于铁路的服务和自身需求或军用货物在多大程度上统计进这些数字，因为存在争议，目前仍不清楚。

1845年
图恩和塔克西斯皇家邮政管理局制作了第一版德国火车时刻表。
符腾堡用来自美国的"互通车"（带中央过道的客车），取代了马车车厢串联而成的包房式客车。

1846年
在德累斯顿，首次通过调车驼峰调车。

1846年11月10日
普鲁士铁路协会成立，它是对关税和标准设计非常重要的德国（第一次世界大战后改为中欧）铁路局协会（VDEV/VMEV）的前身。

一些货运量数据（单位：百万吨公里）：

1840年：	3
1845年：	51
1850年：	303
1855年：	1095
1860年：	1675
1865年：	3672
1870年：	5876
1875年：	10625
1879年：	12244

虽然前往皇城或温泉的便利为铁路带来了很大的声望，但运输量实在太小了，反而证明了货运的日渐重要。1879年，德国铁路客运的人公里数是1840年的100倍，货运的吨公里数则是1840的3800多倍。1858年，吨公里数首次超过了客运人公里数，1879年则达到客运人公里数的2倍。私营铁路和国有铁路的收入情况类似。从1840年到1879年，客运收入从270万马克增长到2.26亿马克，货运收入则从55万马克增长到5.64亿马克。然而，这还仅仅是开始。1879年，帝国的经济仍处于第一次世界大战前空前的繁荣期。上述单位为百万吨公里的货运量表接下去为：

车轴千米数的准确统计能证明运输性能的提高。单是轴承上印有普鲁士皇家铁路局首字母的轮对，1905年共行驶了16619765734千米，在战争年份1916年达到了26180444518千米。

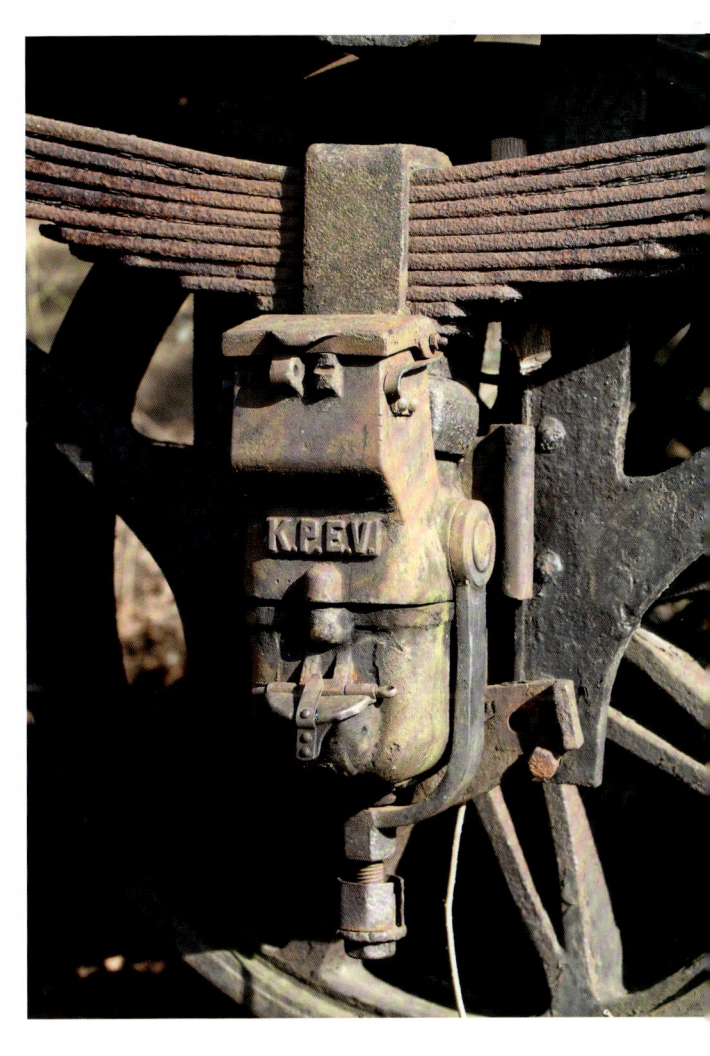

1895 年：25000

1913 年：67000

这意味着，从 1871 年帝国成立的那一年到 1913 年和平时期的最后一年，货运量增加了 10 倍。原因有很多：帝国庞大的铁路网已经延伸出了支线和临时铁路的细小分支；新的货物流动已经形成，例如从德国北部港口向主要城市运送海鱼以及肉畜，这对于较贫困阶层来说是不可或缺的；新产品需要运输，如电灯、发电厂及有轨电车的设备或当时用煤合成的油漆等。

许多早期的铁路公司对散件运输、整车运输和原材料运输的运费作了区分，展现出他们精明的商业头脑。运输距离的平均政策很快发生了改变，短距离涨价，长距离降价，因为人们意识到，短距离运输在车辆调度和计算方面的固定成本并不比长距离运输少。

老线路上的 150 年

回顾 1835 年以来的铁路建设，并非赞扬银行家、商人、积极购买股票的工厂主和大部分经济报刊的记者，也并非归功于君主、部长和高级官员们，尽管他们通过征用法、特许权契约和国家赔偿担保或者在德国南部直接进行国家建设，为铁路发展铺平了道路。所有这些人的"英雄主义"都是出于一种清醒的、通常也是自私自利的对利润的追求。即使会涉及金融风险，和 21 世纪一样，就算极不走运的投机者也摔得很轻。

工程师们的成就更让人吃惊。他们用相当简单的测量技术确定线路走向，并且在没有对铁路建筑物的静态及运行中的火车的动态能量荷载进行可靠计算的情况下，敢于建造大的坡度，如巴伐利亚菲赫特尔山脉的"斜面"（Schiefe Ebene）和符腾堡的高山斜坡"盖斯林格陡坡"（Geislinger Steige），两者都有很高的护墙。他们还将萨克森沃格特兰（Vogtland）的格尔茨什（Göltzschtal）山谷桥建成了世界上最高的砖桥，并开始修建第一条隧道。在 20 世纪 80 年代末，德国铁路第一批新线完工前，德国的每一列长途列车仍然跑在 1835—1905 年规划的线路上；直到今天，卡尔斯鲁厄到康斯坦茨或法兰克福到柏林的火车还沿着历史路线运行。在 1885 年以后经济快速增长阶段，只有城市群内的交通被重新组织了，这与大型客运站和特殊调度场的建设有关。从那时起，慕尼黑、莱比锡和汉堡郊外就修建了很多铁路，它们或高于或低于道路

最早的工程结构仍然缺少可靠的计算公式。保险起见，这些建筑被设计得非常稳固，能够承受当时无法想象的荷载。1846—1851 年用 2600 多万块砖头建起的格尔茨什山谷桥，是世界上最高的砖桥，直到今天仍是北巴伐利亚和萨克森之间的干线，2013 年开始电气化运营。

水平面，货运列车在环形轨道上行驶。

当我们观察铁路建设狂飙突进时期，容易高估军事影响。国防部长和将军们对铁路建设的实用性和危险性有着清楚的认识，但在结论上仍存在分歧。因此，在建造科隆－明登铁路线之前，人们讨论了这条铁路是否有助于科隆在受威胁时快速得到补给，或者恰恰相反，是否会让法国入侵者更容易推进到威悉河（Weser）。军方的不同派别互相阻挠，以至脱离了实际发展。因此，在帝国建立之前，军事要求在铁路网络发展中几乎可以忽略不计。有意思的是，在拿破仑战争的影响下，历史上人们总是把可能发生的紧急情况想象成法国人再次发起进攻。直到 1870 年，德国铁路战略家才把想法落在纸上并在法国的土地上付诸实施。

1848/1849 年
　　铁路成为首先爆发于奥地利、巴登和柏林的资产阶级革命的交通工具；它们运送传单、示威者和武装战士。前去镇压的奥地利和普鲁士军队也必须利用铁路交通的速度。

1848 年 5 月 1 日
　　专用货运、直通货运开始。

1848 年
　　卡塞尔的亨舍尔（Henschel）和开姆尼茨的哈特曼（Hartmann）展示了各自的首台机车"龙"（Drache）和"好运"（Glückauf）。

1848 年 10 月 28 日
　　纽伦堡一车站大楼首次使用了煤气照明。

悲哀啊，当有1000双手向你讨债

　　一块块纪念碑提醒着人们，路德维希铁路和第一条巴伐利亚国家铁路的修建者保罗·冯·丹尼斯（Paul von Denis）或盖斯林格陡坡和布伦纳铁路之父查尔斯·冯·埃泽尔（Charles von Etzel）以及黑森林铁路的设计师罗伯特·格威格（Robert Gerwig）所取得的成就。而广大的铁路建设大军只有作为成本数字，才会出现在历史上的成功案例中。他们没有名字，也没有纪念碑。

　　从农业时代向工业时代过渡、廉价食品的进口以及由此产生的农业结构残酷变化，使得大部分农村人喘不过气来。成千上万的男人以及不少女人，从日渐贫困的村庄中，从逐渐落后于工业的手工业中，从临时工和退伍军人中，涌向铁路建设工地，从事艰苦的体力劳动，领取微薄的工资，却没有社会权利。以图林根铁路为例，建设时雇用了15000名工人。在创造就业条件方面，股份公司和国家行政部门将早期资本主义剥削的新方法与权力和军事胁迫的旧技术相结合。工人们凄凉地住在临时建筑或邻近农场的谷仓里，他们在业余时间和饮食方面没有一点自由。离开工作场所和适度娱乐是被禁止的；去教会也受控制。与家人接触会被监视，甚至可能被禁止。违反纪律或向上级主张权利将导致被永久解

早期铁路工地工作和生活的老照片，现在已经很难找到了。20世纪的照片我们不难想象，人工处理土块、石块、枕木和铁轨是多么困难。可惜没有照片记录下这支几乎军事化管理的人力大军既没有权利又贫穷的状态。

股东和工人

[图片说明] 在德国仍然相当罕见的，一种用于混合服务的机车变体：用于哈尔伯斯塔特－勃兰登堡铁路的哈诺玛格（Hanomag）机车，带一辆配套的煤水车。车架在里，牵引在外；封闭的驾驶室确保了机车司机良好的工作条件，达到了后来的德国机车制造标准。

雇。在生病甚至因工致残的情况下，工人们只能寄希望于铁路部门那微薄的救济，否则就只能依靠家人照顾。铁路公司雇用分包商（也称为"包工头"），这些分包商为了尽可能多获取利润，往往把为他们工作的工人当作奴隶对待，这产生了极负面的影响。计件工资制度只能确保工人在（夏季）每天工作长达16小时的极端情况下获得足够报酬，而这是无法长期维持的。在许多地方，工人们只能从与分包商签订了独家合同的特权供应商那购买食品。

不管是日晒雨淋，还是大雪纷飞，工人大军在仅配备了（自己购买）铁锹、铁镐和手推车的情况下，用他们的体力建造了数千千米铁路线，修筑路堤，挖土方，铺设枕木和铁轨。工作完成后他们又失去了生活来源，运气好的话能在铁路公司找到一份工作，否则就只能流浪到下一个工地，直到体力衰竭。用自己的工资养活贫困的父母和兄弟姐妹，或者存下一笔钱来建立自己的家庭，这种愿望很少能实现。日薪从24十字币[①]（最低日工资）到1古尔盾45十字币（主管和工头的最高工资；1古尔盾=60十字币）不等，每天的生活费用，包括15十字币的面包、8十字币的汤和肉、6十字币的黑啤酒（其营养和维生素含量是不可或缺的）和2十字币的住宿费，加起来至少31十字币（数字来源于1847年纽伦堡南部铁路建设），还能剩下多少？

---

① 译者注：十字币是德国历史上一种小面额的硬币，1十字币约合4芬尼。

1850 年 1 月 1 日

接管下萨克森 – 勃兰登堡铁路后，普鲁士开始运营国有铁路。

1851 年 7 月 15 日

慕尼黑 – 纽伦堡 – 莱比锡 – 柏林线全线贯通；在赖兴巴赫（Reichenbach i.V.）和普劳恩（Plauen）之间该线穿过长 574 米、高 78 米的格尔茨什山谷桥，这是世界上最高的铁路砖桥。

1851 年 8 月 1 日

德国首批名为"信使列车"（Kurierzüge）的特快列车在柏林和科隆之间运行。

1853 年 8 月 2 日

柏林 – 什切青 – 克鲁兹 – 布隆伯格 – 迪尔绍 – 柯尼斯堡线贯通。

1856 年

普鲁士客运列车采用 4 个车厢等级。

早期铁路建设中收入差距非常大。保罗·冯·丹尼斯（Paul von Denis）受命管理纽伦堡到贡森豪森（Gunzenhausen）的铁路建设，1848 年他的收入为 4500 古尔盾。初级工程师和负责处理土地征用及财务事宜的职员年收入可能会达到 2000 古尔盾。工人们呢？在因天气恶劣而缩短工作时间的年份里，他们只能得到 100—300 古尔盾。

铁路建设工人的困境导致了革命和早期自发组织的诞生。第一次罢工发生在 1841 年。仅普鲁士一年就有 30 次铁路工人斗争行动。1845 年达到了顶峰，7 月有 2000 名工人在科隆 – 明登铁路线上的比勒费尔德（Bielefeld）罢工，11 月有约 1500 名工人在下西里西亚支线铁路上罢工。尽管自由经济理论允许工人要求以合理的工资提供服务，宪兵和军队还是立即出现在罢工现场。就像德国所有的贫困人口一样，1843 年和 1846/1847 年铁路工人在农作物歉收和马铃薯发生病虫害后也在挨饿。

德国铁轨技术

刚开始的时候，建造商和运营商在轨道设计方面交了很多学费。只有焊铁产品或最好是轧钢产品才可以作为铁轨使用。起初德国没有地方能生产这些产品。而通过公路和内河航运从比利时和英国进口，既费时又费钱。交货期长，质量波动大，因此铁路需求的增长成了德国钢铁工业发展的动力。

经验告诉我们，该如何选择正确的钢轨截面。木梁上的扁平钢带太不稳定了。德国刚开始参照英国和法国使用骨型面钢轨。钢轨下面用木楔和铁楔锁定在"轨座"上,而轨座又被固定在轨枕上。钢轨上面为运行面;多年磨损后可把钢轨翻转过来继续使用。尽管这种设计在德国很快就弃用了,但在英国和法国却持续了很久,第二次世界大战结束后的很长时间里,那里仍然可以看到对称的"双蘑菇"形和轨座固定的钢轨。德国则转而使用从美国引进的"丁字形"轨道,它由平脚、窄垂直杆和头部组成,其材料能经受多年的磨损。

起初,大块的砂岩块被用来做路基。备料并将它们运到线路上,异常艰辛。而这些往往是徒劳的,因为当人们最终将木楔打入精心钻好的孔中,通过它来固定轨道钉时,砂岩块并不完全劈开来是平整的断面。在过渡到今天普遍使用的木制横梁的过程中,最初碰到的问题是缺乏耐久性,涂上一层或两层防护层也起不了作用。轨枕能用上几十年是在发明了浸渍制备法后,在浸渍焦油溶液被压入吸水孔之前,先通过加热和真空除去了木材的大部分天然水分。

1857年6月1日
随着列车能在法兰克福(美因河畔)和巴塞尔之间更多的铁路线上运行,直达车系统出现了。

1857年6月1日/10月12日
首座横跨莱茵河的铁路固定桥在科隆开通;特切夫(Dirschau)附近的维斯拉桥和诺加特桥完工。

1857年10月15日
柏林-上西里西亚-维也纳-塞默林(Semmering)-的里雅斯特(Triest)全线贯通。北海、波罗的海和亚得里亚海通过铁路相连。

1860年
火车上首次出现了厕所,但是在行李车厢里,人们只能在火车停站时过去。

1860年10月15日
在艾德库嫩(Eydtkuhnen,东普鲁士)与俄罗斯铁路网相连接。由于轨距不同(欧洲标准轨距1435毫米/俄罗斯轨距1524毫米),车辆无法直接通行。但是国际交通已经能从法国经福巴赫(Forbach)到萨尔布吕肯(Saarbrücken),从瑞士经巴塞尔(Basel)穿过整个德国到达沙皇俄国。

An der Eisenbahn.

Hei! da fliegen sie von donnen
Auf den schmalen Eisenschienen,
Kaufleut', feile Fabrikanten
Mit verklärten Wuchermienen.

Hört ihr's pfeifen, hört ihrs zischen
Aus dem stolzen Eisenrohre?
Und sie fühlen mit Entzücken
Diesen Weihgesang dem Ohre.

Hört sie rollen, hört sie rasseln
Jener Wagen flücht'ge Räder;
Und es dringt mit süßem Wohllaut
In ihr innerstes Geäder.

Und ich stehe da und höre,
Auf den Bahnen, welch Gewimmer!
Und ich stehe da und sehe,
Auf den Schienen, welch' Geflimmer!

Dies Gewimmer? dieses Stöhnen?
Ach, es sind die Schmerzenslaute
Jener Armen, deren Stärke
Dieses Riesenwerk erbaute.

Auf den Schienen dies Geflimmer?
Ach, es sind Millionen Thränen,
Die dahin die Augen weinten
Unter bangem, leisem Sehnen! —

Und dahin im leichten Fluge
Rollt die Eisenlast der Wagen;
Ja, sie fliegen, von der Armuth
Schmerz- und Jammer fortgetragen!

Fort schleich ich. Ein bleicher Nebel
Hüllt gespenstig ein die Bahnen: —
Weh', wenn einst die tausend Hände
Euch an eure Schulden mahnen!

韦勒(Weller)1847年在莱比锡出版的《1848年民主袖珍书》(Demokratischen Taschenbuch für 1848)中,记录了1848年革命前夕所有反对者的愤怒。其中有一首具有高度文学性的社会批评诗,可惜由于当时的审查和镇压威胁,没有给出作者的名字。

> **1865年5月8日**
> 在卡尔斯鲁厄（Karlsruhe）附近的马克西米利安绍（Maximiliansau）到马绍（Maxau）线上，世界上首次使用了铁路浮桥。
> **1866年6月到8月**
> 普鲁士通过有预谋地使用铁路，击败了奥地利及其盟国。

从英国蒸汽车到德国机车

当德国开始从英国进口机车时，技术标准已经包括立式锅炉中的水冲式火箱和与之相连的长锅炉，热汽通过管道流向烟室，再从那里被排气管里的废汽带入烟囱。现在，汽缸一直安装在机车前端的烟箱下面，处于水平位置或略微倾斜。

刚开始时，德国无法追上他国的领先优势。斯蒂芬森在1828—1838年仅向美国就交付了140多台机车，美国的鲍德温（Baldwin）也于1831年开始制造可用的机车。斯蒂芬森还创造了蒸汽车最初常见的结构。他提供带内汽缸和外框的1A1（导轮轴－驱动轴－导轮轴）轴式机车，不区分用于货运还是客运。其他制造商更倾向于采用无导轮轴的双连接器（轴式B）。两种基本类型各有优缺点：1A1型运行得更好，但黏着重量太小；B型用它的全部重量来摩擦，但运行噪音很大。美国首选2'A轴式机车，并且已经利用了转向架的一些特性。

柏林铸铁厂不温不火地干了近20年后，德国制造商从1837年开始再次尝试制造机车。安德烈亚斯·舒伯特（Andreas Schubert）1838年在德累斯顿的乌比高（Uebigau）制造了"萨克森"号（Saxonia），成为起点。当时的车轴为B1式。三年后，奥古斯特·博尔西希（August Borsig）声名鹊起。凭借1841年制造的"博尔西希"号（2'A1型，参照美国模式的内置框架和外置汽缸），它击败了柏林－安哈尔特铁路上的外国竞争者，世界上最大的机车工厂之一的成功史开启了。也是在1841年，玛菲带着他的第一台1A1型机车在慕尼黑亮相，这台机车被国王路德维希

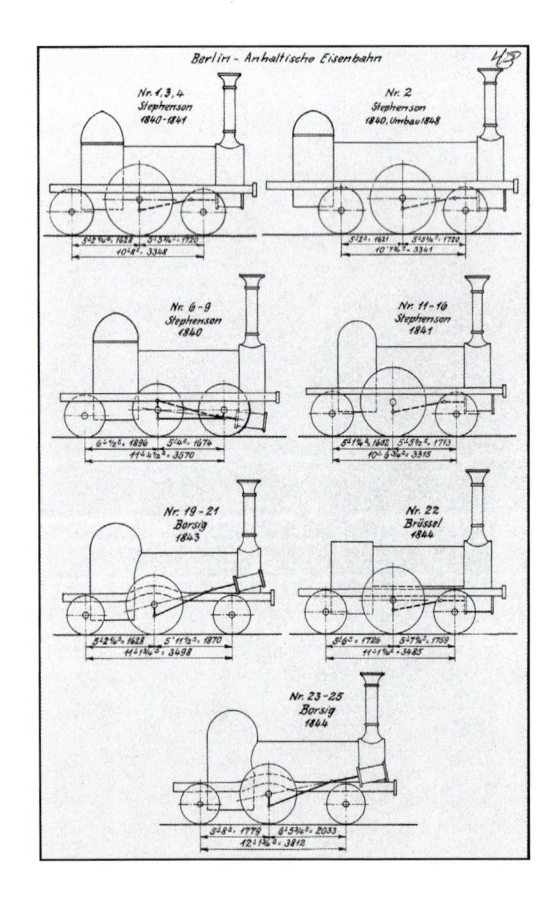

这些机车是在近170年前制造的，这些铅笔素描至少也有其一半的历史。即使在两次世界大战之间，活跃在当时机车制造领域的工程师们，如亥姆霍兹（Helmholtz）和梅泽尔廷（Metzeltin），也虔诚地记录下了他们这一行业的历史。我们看到了一部分三轴机车的变体，火箱上方几乎都是圆顶，这一设计起初被认为不错。

一世命名为"慕尼黑"号。1840年前后，不管是谁制造的机车，都有着非常笨拙的结构。人们对机车锅炉的能源经济性、蒸汽机的功率曲线和铁路行驶的动力学都缺乏了解。机车部件造型和组装几乎是随机的。直到后来，人们才发现诸如汽缸与烟室连接以及车钩与锅炉后壁连接都是"错误的"。

1870年

理查德·冯·赫尔姆霍兹（Richard von Helmholtz）发明了带侧通道的包房客车。

1870年6月—1871年12月

法国因误判力量对比情况而向普鲁士宣战，普鲁士通过自己的铁路以及恢复敌方受损铁路来行军和进攻的做法，在德意志邦联对法国的战役中证明是有效的。在国外的大规模路网上组织运营，这在战争史上和铁路史上均属首次。

司机和司炉工被要求进行许多可有可无的操作。启动前他们必须解除控制；手动打开和关闭蒸汽输送管，将第一个活塞冲程引入预热的汽缸，然后在行程中必须重新启动偏心轮控制。早期机车最严重的缺陷是全压原理：活塞总是受锅炉总压力的影响，而不仅仅只是受封闭汽缸内蒸汽膨胀压力的影响。提高性能和效率最重要的一步是发展从固定

工厂和机车烟囱里的烟为我们指明了19世纪道路的方向。博尔西希工厂里又一台新机车完工了。与现在一样，它在柏林与施瓦兹科普夫（Schwartzkopff）和韦勒特（Wöhlert）争夺荷兰和意大利的订单，拒绝工人的工资要求。只是那个时候它还不用担心关于空气污染的规定。

式蒸汽机中获悉的可变控制机制。史蒂芬森、艾伦（Allan）和豪辛格（Heusinger）的控制系统中，滑阀的前后运动不再直接来自车轮的转动，而是通过连杆或摇臂来控制。对完成每个活塞冲程至关重要的杠杆长度，可以无级延长或者缩短。如果机车司机将滑阀传动的引导装置从连杆或摇臂的中间支点推到另一边，他就会改变机车前进的方向。正如人们所说的那样，1842 年在英国首次展示后，"带膨胀功能"的机车的发展变得理所当然。

1871 年 1 月 18 日

普鲁士国王在凡尔赛加冕为德国皇帝威廉一世，建立了德意志"第二"帝国。当时最有权势的政治家是普鲁士首相兼帝国宰相奥托·冯·俾斯麦（Otto von Bismarck）。

机车的首批基本类型终于出现了，根据轴式不同分为：

- 1A1 型在小型"阿德勒"基础上进一步扩大和改进；直到 19 世纪 70 年代，它在德国北方快车服务中一直占据重要位置。
- B1 型或 1B 型将实用的运行性能和合适的摩擦重量相结合。1B 型成为客运列车和"混合"服务类列车常用型号。驱动轮的直径也逐渐适配不同的用途。
- 无导轮轴的小轮 C 型最初是为大坡度特别开发的。但是，这种三

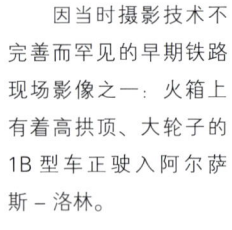

因当时摄影技术不完善而罕见的早期铁路现场影像之一：火箱上有着高拱顶、大轮子的 1B 型车正驶入阿尔萨斯－洛林。

联动轴蒸汽机车很快成了整个欧洲货运机车的基本型号。

● 只有一套驱动轮的机车 1846 年被克兰普顿（Crampton）改进为轴式 2A 的"赛马"（Rennpferd）。德国在 1854—1864 年生产该类型机车。

● 作为特例，符腾堡根据美国模式制造了 2'B 式机车。

如果将带火箱且灰盘下凸的立式锅炉安装在终轴前面，长锅炉就无法充分伸展，因为由于重量分配原因，烟室和汽缸不能距第一轴太远。（同样是在英国发明的）"长锅炉"设计有一种补救措施，那就是将立式锅炉置于终轴后。这种后部悬空的情况在前部得到了补偿。烟室、进气口和出气口、滑阀箱和汽缸被放置在第一轴前面。这样长锅炉得以延伸，烟气能为管道周围流动的水提供足够的热量。轴式为 1A1、1B 和 C 的带可变控制的长锅炉机车成为此后几十年欧洲蒸汽机车的基本类型。

单个组件也在不断发展。尽管当时还没有后来才发明的那些术语，但是人们将结构划分得越来越好：

● 带车架、悬挂式轮对、牵引和缓冲装置的"车辆"；
● 不受动力学影响的锅炉；
● 带控制装置的蒸汽机。

根据制造商和管理部门的偏好，车架位于车轮外部或内部，汽缸和转向系统亦如此。如果将 1870 年的机车与 1850 年的进行比较，会发现有着明显差异：

● 立式锅炉在火箱上方的圆形穹顶变得更平或完全消失；
● 水不再由车轮驱动的泵送入锅炉，而是由喷射泵送入，即便机车处于静止状态它也能运转；
● 经历了一块护板带两扇窗的"眼镜"阶段后，开放式驾驶位变成了简陋的开放式驾驶室。

1840 年的德累斯顿（通往莱比锡的）火车站。

直到 19 世纪末，干线铁路的车站通常也是乡村风格的。有许多分叉的线路，带顶棚的长站台，通过地下通道进入，这些都是帝国后期铁路迅速发展后才变得普遍。我们现在看到的是柏林－斯特拉松"北方铁路线"上的格兰西火车站。

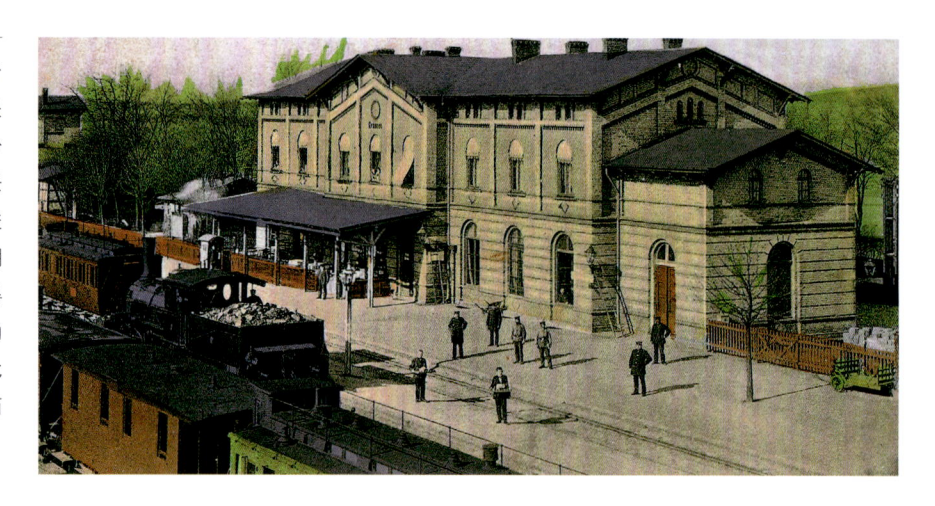

在 19 世纪 70 年代，只有一组驱动轮的无耦合机车这一"明星"在英国以外的地区没落了。长锅炉设计也退居其次。在这种轴距短悬臂宽的机车发生脱轨后，人们将 1A1 型车的后导轮轴移至立式锅炉后，并取得了优异的效果。设计师们在一些新型 1B 车上将立式锅炉放置在动轴之间，并让导轮轴延伸得更远，使其显得非常优雅。

从锻造厂到机车厂

从拿破仑战争到 1848 年三月革命，也就是"毕德迈耶尔"时期，德国工业时代全力开启，正是因为担心会引起社会剧变，媒体大力宣传"毕德迈耶尔"时期所谓的安宁和梦幻并影响至今。和以前的英国一样，矿山、机械厂、炼铁厂、机械织布厂、糖厂和大型陶瓷厂成为经济生活的决定因素，并帮助资产阶级获得金钱和权力。1841 年将首列机车送上轨道的制造商中，有上文提到的柏林的奥古斯特·博尔西希、慕尼黑的约瑟夫·安东·玛菲和卡尔斯鲁厄的埃米尔·凯斯勒，他们后来都享誉世界。这一时期，铁路公司车间的机车制造仍然是一个问题；德国铁路管理局（与英国、法国或奥地利的铁路管理局大不相同）很少在他们的车间里根据自己的需要制造机车。1846 年，乔治·埃格斯托夫（Georg Egestorff）开始在汉诺威制造机车；凯斯勒在埃斯林根他的第二家工厂里完成了第一台机车的制造。1848 年，开姆尼茨的理查德·哈特曼（Richard Hartmann）和卡塞尔的卡尔·安东·亨舍尔（Carl Anton Henschel）也成了成功的机车制造商。机车的进口变得多余。现代经济不可或缺的一个特征是分包行业的劳动分工，例如机车制造商可以从专门从事钢铁加工的企业采购轴和活塞杆。埃森的弗里德里希－克虏伯

（Friedrich Krupp）公司成为此类零件，特别是无缝火车轮的市场领导者。

车辆制造则没有那么困难。它们的主要结构由木材制成，保持了木匠、玻璃装配工和皮革匠的传统工艺。第一批车辆工厂包括亚琛的塔尔博特（成立于1838年）、布雷斯劳的林克和美因茨的加斯特尔（均成立于1839年）、科隆的范德泽彭和夏利埃（成立于1846年）以及格尔利茨的吕德斯（成立于1849年）。

我们所观察的也是经济史上创始人决定公司命运的时代。博尔西希、凯斯勒、玛菲和哈特曼成为企业家王朝的鼻祖，其中一些人决定了他们工厂几代人的命运。机车制造工业蓬勃发展，因为机车的使用寿命只有20年。博尔西希于1854年、埃斯林根的凯斯勒于1870年，玛菲于1874年分别开设了他们第1000家工厂。亨舍尔子母公司（Henschel & Sohn）直到1870年才开到第300家。当时，从英国进口的机车早已被人遗忘，德国制造商甚至已经开始向斯堪的纳维亚和俄国出口机车。"纽伦堡-菲尔特"线开通25年后，德国在线路网络扩展、技术成熟度和生产实力方面，已经与英国、法国、美国和奥地利并驾齐驱，跻身铁路领先国家行列。

1858年为萨克森制造的博尔西希（Borisig）机车。

安全挑战：通信

在很多人的脑海中，铁路事故甚至出现得比铁路还要早。在第一台蒸汽机车运行之前，人们很难想象，它能在没有爆炸和火灾的情况下在陆地上通行。这些机车和它们后面一长串的车厢会一直老老实实地待在狭窄的轨道上吗？这在大家看来似乎不可能。

但悲观主义者错了。锅炉爆炸虽时有发生，但绝不是一个典型的风险。因材料不合适和缺乏测试技术，锅炉压力仅为4—8个大气压，因而"爆炸"的后果控制在一定范围内。除了粗心的工作人员外，几乎没有人员伤亡。而仅由车轮轨道系统故障引起的脱轨，也很罕见。罕见得让人惊讶，因为在不结实、磨损或有缺陷的轨道上过重的车辆往往会开得不快。事实证明，用略呈锥形的带凸缘的车轮在两根铁轨之间运行，是一种具有高度冗余的技术。两次世界大战期间，火车在40厘米宽的爆炸缝隙中蹒跚而行；20世纪80年代，民主德国的火车只能从粉碎的混凝土枕木上获得很少的支撑，却仍以120千米/小时的速度行驶；21世纪，铁路技术出于经济性考虑在世界范围内一直保持300—330千米/小时的限制，这并不是因为轨道运行不安全。

铁路真正的安全问题在于：车辆质量大，制动距离较长，因此无法避开障碍物。当飞驰的火车需要快速制动时，轮子在铁轨上运行所要求的轻盈，就成了问题。当火车快速冲向障碍物时，轨道运行的安全性就会下降。如果一列火车追上了速度较慢的前一列车，或者另一列车在同一条轨道上迎面驶来，那就糟糕了。任何车辆都不能堵塞道岔或路口，建筑工地的工人或过路的行人也不能在轨道区停留。无论是山体滑坡还是落石造成的障碍，无论是桥梁倒塌还是堤坝溃决，都会在没有预警的情况下导致火车事故。铁路工人遭遇事故的典型原因之一，是他在事故发生前最后几秒钟晕倒了。

每天不计其数的列车只有在确保安全的情况下才能发车，出口信号覆盖的轨道区段内必须没有其他列车。下一个车站的乘客还被挡在地面上的通道之外。一千米远处的道口电铃和栏木将马车和牛群拦下了。而2千米外正在进行调车作业的车辆也离开了主轨道，所有道岔都被锁定在与主轨道不相切的方向上，（在单轨线路上）对面的列车被引导到待避线上，它可以在那里"停车"。

铁路的高速发展还包括成立了行业协会。和这些聚在模型周围的机车司机们一样，协会的官员们忠于国家，与"红色"工会和社会民主党截然相反，受到了当局的善待。

股东和工人

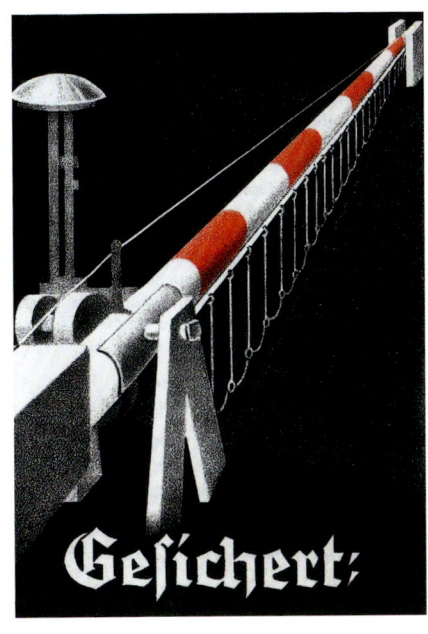

具有特定含义的手臂动作、来自喇叭和哨子的信号、莫尔斯电码和钟声，各色各样水平、对角或垂直放置的金属板，在电话和无线电出现前确保了通信，从而确保了铁路的安全，而现在仍然常见的铁路道口栏木还具有一种每个孩子都知道的特有美学，从而激发了许多艺术家的创作。

1850年前后，气球信号机旁的铁路看守员。

在没有电话（更不用说移动电话）的时代，所有这些要求实现起来并不容易。铁路系统在安全方面的真正挑战是如何确保行车管理所之间、行车管理所和列车之间以及被机车煤水车分隔开的机车和列车人员之间的可靠通信。最初，车站和区间站之间配备了机电连接，发报人会让接收人的振铃装置启动或将莫尔斯电码打在纸上；为了从固定位置向行驶中的列车发出停车、运行和注意安全等信号，引入了信号机，通过位置不同的彩色金属板和夜间彩色灯光的不同组合，实现了无限的、近乎艺术的多样性。固定在轨道水平位置并允许45°转动的红白相间的信号机臂板，具有相同含义的黑暗中在桅杆上闪烁的红灯或绿灯，对孤独的看守员来说具有约束力的钟声以及机车恳求迅速消除当前危险的哨声——所有这些非语言的视觉和听觉信息对于铁路来说，就像机车、车辆和铁轨一样典型。

在邦有铁路的无数机车类型中，慕尼黑制造商 J.A. 玛菲的设计在今天看来最具美感。由于采用了型钢车底架和四缸复合动力装置，它们在技术上也达到了当时的最高水平，比例匀称而且锅炉没有太多外露配件，给人留下了深刻的印象。我们看到的是 1903 年新出厂的一台 S3/5 型机车。

邦有铁路① 时代

私人投资和国家管理

从 21 世纪的角度来看，1935 年、1955 年或 1975 年的机车和列车哪个算古老取决于观察者的年龄。没有人能够给我们讲述更多关于恺撒时代铁路的记忆。在铁路还没有汽车等竞争者的时代，蒸汽机车是铁路唯一的统治者。我们现在看到的是这样一个时代：铁路逐渐从私有转向国有，并在前所未有的经济增速下稳步提高效率。然而，这个时代也导致了第一次世界大战的爆发。

---

① 译者注：此处指德意志邦联时期及德意志帝国时期各邦国所有的铁路。

政治框架：德意志邦联和德意志帝国的君主制

在上一章中，我们看到铁路已经成长为一个技术成熟且面向市场的系统，如今它迎来了在德国的第一个繁荣期。19世纪过去三分之二后，政治和宪法条件发生了显著变化。1866年普奥战争结束后，德国邦联瓦解。普鲁士吞并了汉诺威王国（它与巴伐利亚和萨克森一起被打败），并通过这座大陆桥将易北河和梅梅尔河（Memel）之间的莱茵地区与普鲁士原有领土统一起来。因此，它获得了凌驾于所有其他德意志邦国之上的地位，并使奥地利被边缘化。1870年普鲁士领导的联盟战胜法国后，1871年德意志帝国成立，普鲁士国王威廉加冕为德意志皇帝。

然而，当时铁路仍归德意志强大的邦国所有，由它们管理或在它们的监督下由私人运营。这种状态一直持续到第一次世界大战后。从一开始，我们就必须将像百科全书一样的德意志邦国铁路史，限制在所有权、网络和机车发展等方面。最后再重点介绍一下体现了技术发展的标识系统。

1871年
旅客列车上引入了油气照明。
1871年5月10日
法国东方铁路公司在阿尔萨斯 - 洛林修建的铁路从此被称为"帝国铁路"。
1871年4月20日
为了跨境协调时刻表，第一次德国时刻表会议在慕尼黑举行，后来的欧洲时刻表会议由此而来。
1872年
在德裔美国人乔治 - 威斯汀豪斯（George Westinghouse）发明了以他的名字命名的压缩空气制动机后，德国的快车和客运列车也开始引进连续式制动机。

在这之前，首先应该指出资本主义工业社会初期国家角色的变化。19世纪下半叶，所有德国和欧洲的君主国（尽管并非同时）在面对现代生产关系、资本主义的鼓动者和受益者以及机械和金融驱动力时，克服了它们在三月革命之前的僵化问题。靠采矿和铸铁赚钱的"大企业家"，作为暴发户可能不那么受欢迎，但作为纳税人，可比出身旧贵族负债累

字面意义上的车站，即坐落在几座服务楼之间铺设了两到三条轨道的"庭院"，在1850年后变成了具有代表性的交通"大教堂"，它面向城市的那面通常具有古典主义风格，站台大厅有着很高的穹顶。我们看到的是1879年柏林的莱尔特（Lehrter）火车站。现在位于柏林市中心这个位置的是德国铁路客运的枢纽——柏林火车总站。

累的地主们讨人喜欢多了。部长们、公务员机构和地方议会承担了现代国家的监督和管理职能，并成为劳工和资本之间以及不同资本集团之间的仲裁者。企业认为，在某种程度上由国家控制和调整经济周期更具优势，即使法律规定在某些情况下将削减它们的利润。在2008—2009年金融危机和2020—2021年新冠疫情的压力下，这样的考虑出乎意料地具有现实意义。就像新事物很少有根本性的或会威胁自身生存的危机一样，国家干预虽有起伏但多少变得越来越强了。

1871年12月29日
《德意志铁路统一运营和铁路警察条例》开始生效。
1872年2月1日
沃格特兰（Vogtland）的赫拉斯格林-赖兴巴赫（Herlasgrün–Reichenbach）线首次引入闭塞信号系统。
1873年6月27日
俾斯麦（Bismarck）无法将德意志的铁路统一在帝国主权之下。因此，为了保障利益，特别是军事利益，成立了帝国铁路局，通过各个铁路分局进行管理。
1873年11月1日
巴登国有铁路开通了奥芬堡-维林根-辛根（Offenburg–Villingen–Singen）黑森林铁路，它是德国第一条山区铁路［比它早20年的塞默林铁路（Semmeringbahn）当时已不属于任何德意志邦国］。

回到铁路。在19世纪下半叶，铁路被视为一种军事工具以及区域

建于 1880 年的柏林安哈尔特火车站，是古老的德国大都市火车站的经典之作。相比它的入口和大厅，机车看起来像玩具一样小。第二次世界大战结束后，西柏林当局在没有任何城市发展需要的情况下，拆除了这座虽然受损但完全可以保留的建筑，因为他们不想表现得比毁了市政厅的东部竞争对手逊色。

交通的驱动力，支线和小铁路则被认为是农村地区的现代化和经济增长因素，郊区线路则是大都市的发展轴。是时候擦去怀旧的泪水了。就像工业时代初期的国家很少被描绘成顺从资本的警察一样，俾斯麦时代偏袒新老精英和具有军事优势的专制权力机构，也很少被誉为这个"美好"旧时代"共同利益"的伟大管理者。

从大型私营铁路到世界上最大的国有铁路：普鲁士

普鲁士的第一条铁路是私有的。其法律依据是 1838 年 11 月 3 日颁布的《铁路企业法》，该法律成为全世界铁路法的范本。它已经包含了关于特许权制度、土地征用、费率结构和人力资源等不可或缺的基本规则。普鲁士已开通（指该线路第一段）的线路有：

普鲁士在东部的核心区域

（东普鲁士、西普鲁士、波美拉尼亚、勃兰登堡、萨克森、西里西亚及波森各省）

1838 年 9 月 22 日	柏林－波茨坦铁路
1839 年 6 月 29 日	马格德堡－莱比锡铁路
1840 年 9 月 1 日	柏林－安哈尔特铁路
1842 年 5 月 22 日	上西里西亚铁路
1842 年 7 月 30 日	柏林－什切青铁路

1842 年 10 月 23 日	柏林 – 法兰克福铁路
1843 年 7 月 15 日	马格德堡 – 哈尔伯施塔特铁路
1843 年 10 月 29 日	布雷斯劳 – 施韦德尼茨 – 弗赖堡铁路
1846 年 1 月 1 日	威廉姆铁路
1846 年 6 月 6 日	图林根铁路
1846 年 8 月 7 日	波茨坦 – 马格德堡铁路
1846 年 10 月 15 日	柏林 – 汉堡铁路
1846 年 11 月 1 日	下西里西亚分支铁路
1847 年 6 月 10 日	斯塔格德 – 波森铁路
1847 年 7 月 25 日	尼斯河 – 布热格铁路
1849 年 7 月 7 日	马格德堡 – 维腾堡铁路
1858 年 1 月 24 日	奥佩尔恩 – 塔尔诺维茨铁路
1858 年 11 月 2 日	韦拉河铁路
1865 年 6 月 6 日	蒂尔西特 – 英斯特堡铁路
1865 年 9 月 11 日	东普鲁士南方铁路

西部地区

（威斯特法伦和莱茵兰省）

莱茵河以东：

1838 年 12 月 20 日	杜塞尔多夫 – 埃尔伯菲尔德铁路
1845 年 12 月 20 日	科隆 – 明登铁路
1847 年 10 月 9 日	贝尔吉施 – 马尔基施铁路
1847 年 12 月 1 日	威廉王子铁路
1848 年 5 月 26 日	明斯特 – 哈默尔铁路

这种规格的机车［博尔西希1865年为柏林–汉堡铁路制造的"冥王星号"（Pluto）］是普鲁士铁路管理局从私人运营商那里接手的。除了火箱上方的高拱顶已经过时外，它的烟囱和汽室的古典主义造型还是那么引人注目。

莱茵河以西：

1839 年 8 月 2 日	莱茵河铁路
1844 年 2 月 15 日	波恩－科隆铁路
1849 年 10 月 5 日	亚琛－杜塞尔多夫－鲁尔特铁路
1853 年 10 月 23 日	亚琛－马斯特里赫特铁路
1855 年 11 月 15 日	科隆－克雷菲尔德铁路
1858 年 7 月 15 日	莱茵－纳河铁路

1875 年 4 月 1 日
新的《铁路警察条例》规定了统一的信号和运行规则。但地区特殊性仍然存在了一百年之久。

1878 年 6 月 12 日
《德意志次级铁路条例》标志着一系列条例实施的开始，这些条例旨在简化支线铁路的建设和运营。

1878 年 8 月 7 日
冯·迈巴赫（v. Maybach）领导的普鲁士公共事业部成立，确定了铁路国有化方向。

国有铁路直到十多年后才加入。政府介入的原因是，需要建立柏林经过人口稀少的波森和西普鲁士各省到东普鲁士的连接线，而私人资本认为这种连接的投资回报率太低。线路第一段完工前不久，西部地区的首批国有铁路也开工了。第三个非常简短的年代表如下：

国有铁路

1850 年 10 月 1 日	皇家威斯特法伦铁路
1850 年 10 月 15 日	皇家萨尔布吕肯铁路
1851 年 7 月 27 日	皇家东部铁路

一些合并导致私营铁路数量提前减少了。早在 1850 年，一些铁路被移交给国家管理，而私人所有权则继续保留，因此在这一年，我们发现了第一批使用"皇家铁路局"（KED）名称的机构，该名称一直使用到 1918 年。1852 年 1 月 1 日，下西里西亚－马尔基施铁路国有化。

这台 1869 年制造的汉诺威邦有铁路机车，看起来已经比较现代，它的大轮子让人一眼就能认出这是一台快速机车。它也来自博尔西希工厂。

普鲁士皇家铁路司重要机车类型

分类	结构型式	制造年份	1915 年 3 月 31 日保有量	可能对应的德意志国家铁路系列
S 1	1B n2	1891—1898	171	
S 3	2'B n2v	1892—1905	1056	13^0
S 4	2'B h2v$^{(2)}$	1892—1905	106	13^5
S 5^2	2'B n2v	1905—1911	317	13^6
S 6	2'B h2	1904—1911	584	13^6
S 7	2'B1' n4v	1902—1911	238	
S 9	2'B1' n4v	1908—1909	101	140
S 10	2'C h4	1911—1914	202	17^{0-1}
S 10^1	2'C h4v	1911—1916	192	17^{10-12}
S 10^2	2'C h3	1914—1916	31	17^{2-3}
P 3^1	1B n2	1885—1891	323	
P 3^2	1B n2v	1897—1903	113	
P 4^1	2'B n2	1892—1902	455	36^{70}
P 4^2	2'B n2v	1892—1909	712	36^{0-4}
P 6	1'C h2	1903—1916	272	37^{0-2}
P 8	2'C h2	1906—1924	947	38^{10-40}
P 10	1'D1' h3	1922—1927	(230)	39^{0-2}
G 3	C n2	1881—1901	1166	53^{70}
G 4^1	C n2$^{(3)}$	1882—1900	205	53^{76}
G 4^2	C n2v$^{(4)}$	1885—1905	727	53^0
G 5^1	1'C n2	1892—1906	348	54^0
G 5^2	1'C n2v	1895—1909	560	54^{2-3}
G 5^3	1'C n2	1903—1906	125	54^6
G 5^4	1'C n2v	1901—1910	712	54^{8-10}
G 7^1	D n2	1893—1917	1005	55^{0-6}
G 7^2	D n2v	1895—1911	1646	55^{7-13}
G 7^3	1'D n2v	1893, 1917	15	56^0

G 8	D h2	1902—1913	1056	55^{16-22}
G 8^1	D h2	1913—1921	988	55^{25-56}
G 8^2	1'D h2	1919—1927	(851)	56^{20-29}
G 10	E h2	1910—1924	548	57^{10-35}
G 12	1'E h3(5)	1917—1921	(1142)	58^{10-21}
T 3	C n2t	1883—1907	998	89^{70-75}
T 4^1	1B n2t	1884—1898	215	
T 4^2	B1 n2t	1890—1894	59	
T 7	C n2t	1878—1898	296	89^{78}
T 8	C h2t	1906—1909	100	89^0
T 9^1	C1' n2t	1892—1909	466	90^{0-2}
T 9^2	1'C n2t	1893—1901	270	91^{0-1}
T 9^3	1'C n2t	1903—1914	2040	91^{3-18}
T 11	1'C n2t	1903—1910	470	74^{0-3}
T 12	1'C h2t	1902—1921	823	74^{4-13}
T 13	D n2t	1910—1919	422	92^{5-10}
T 14	1'D1' h2t	1914—1919	13	93^{0-4}
T 14^1	1'D1' h2t	1919—1924	(761)	93^{5-12}
T 16	E h2t	1905—1915	} $19^{(6)}$	94^{2-4}
T 16^1	E h2t	1913—1924		94^{5-17}
T 18	2'C2' h2t	1912—1924	52	78^{0-5}
T 20	1'E1' h2t	1922—1923	(45)	95^0

括号内为1915年尚未存在的机车类型在1927年的数量
（1）（包括非标准旧机车）
（2）世界上首个系列化生产的过热蒸汽机车
（3）比 G3 更重
（4）G3 的复合版本
（5）还向萨克森、巴登、符腾堡、阿尔萨斯 – 洛林供货
（6）数量为 T16 和 T16^1 的总和

1879 年 5 月 31 日

维尔纳·冯·西门子（Werner von Siemens）在柏林的工业展览会上展示了世界上第一台可以运行的电力机车。然而，电气工程的性能在接下来的20年里只能满足有轨电车的需要。

1879 年

埃斯林根机车厂生产出了首批蒸汽动车。

1879 年 12 月 20 日

随着将科隆 – 明登、马格德堡 – 哈尔伯施塔特和柏林 – 什切青铁路国有化法律的出台，普鲁士的铁路国有化开始了。

1881 年 10 月 17 日

萨克森国有铁路开通了首条750毫米轨距的线路。

1880 年

首节餐车开始提供服务；什切青的沃尔坎（Vulcan）公司制造了第一台复式蒸汽机车（两级使用蒸汽压力）。

邦有铁路时代

　　1864 年战胜了丹麦和 1866 年战胜了奥地利领导的南方联盟后，普鲁士通过吞并形成了石勒苏益格 – 荷尔斯泰因、汉诺威和黑塞 – 纳索等新省份。因此，又有 14 个铁路局全部或部分归普鲁士管理，其中最古老的是"汉诺威"国有铁路。直到 1872 年还有新公司在开通铁路线，但私营铁路时代已接近尾声。各省的线路分支越细，国家对铁路的经济、军事和社会政策任务就越有想象力（在某些路线上以低廉的"特殊费率"运输货物、运输军队，或向市中心的工人提供廉价季票等），私人资本对铁路运营就越没有兴趣，特别是在 1873 年被称为"创始人之灾"（Gründerkrach）的金融危机及此后经济衰退的影响下。因此，根据 1876—1904 年间通过的法律以及 1913—1914 年通过的一些后续法律，几乎所有 1838 年法律赋予特许权的公共交通铁路都国有化。作为管理机构，首先在阿尔托纳、柏林、布雷斯劳、布隆伯格、莱茵河左岸的科隆、莱茵河右岸的科隆、埃尔伯菲尔德、法兰克福（美因河畔）、汉诺威和马格德堡成立了皇家铁路局。1895 年，重新定义了总局辖区。皇家铁路局放弃了对长线的统一管理，而采用圆形的区域管理。但泽、哈雷、卡塞尔、卡托维兹、柯尼斯堡、明斯特、波森、萨尔布吕肯和什切青设立了新管理局。科隆（莱茵河右岸）皇家铁路局迁至埃森，而科隆（莱茵河左岸）皇家铁路局则去掉了莱茵河左岸这个后缀。这样的组织结构在第二次世界大战后的很长一段时间里仍然具有现实意义。1896 年普鲁士国有铁路和黑森国有铁路合并。在为此成立的美因茨皇家铁路局管辖境内，普鲁士皇家铁路局（KPEV）自称为"普鲁士皇家和黑森大公国铁路管理局"。

　　用于柏林市域、环城和郊区铁路（即今天的城际快车 S-Bahn[①]）的性能卓越的超多煤水机车类型中，出现了对称轴布置的 T 5¹。从 1880 年到大电气化的 1928 年，数百辆仅用于短距离交通的蒸汽机车，日复一日地向首都的天空排着烟。

① 译者注：S-Bahn 是 Stadtschnellbahn 的简称，字面意思为城市快速铁路，一般用于市郊，国内也有称为"轻轨"，后文直接用简称 S-Bahn。

众多类型，众多编号：普鲁士机车

1900 年之前，各个皇家铁路局（KED）根据地区需求从国内生产商那里采购车辆时有很大的自由度。每个皇家铁路局将他们接收的和新购的机车根据一个简单的格式进行编号，非耦合机车（一根动轴）编号为 1—99，快速机车、客运机车、货运机车和煤水机车也依次进行了编号，而特殊类型被指定为 1900—1999。因此，为了识别普鲁士机车，除编号外，还需要加上管理局的名称。对今天的历史照片收藏家来说，这说起来容易，做起来难，因为很多时候，即使用最好的放大镜也无法分辨出是"柏林 214"还是"布雷斯劳 214"。

从 1878 年起，KED 为机车和车辆制定了所谓的"标准"，并固定在"示例表"中。各分局拿不准的时候，最好按照这种早期的统一标准来采购车型，当然这尚未涉及单个部件的标准化。

1906 年，命名系统进行了更新。至此，机车才有了通用名称，标记字母 S= 快速机车，P= 客运机车，G= 货运机车，T= 煤水机车，还有表示中等功率的数字"3"，低功率为"1"或"2"，高功率为"4"。但它们仍然不成"系列"！命名为"P3"或"G3"的可能覆盖了不同分局截然不同的机车类型。机车持有量的突然增加，使得 4 位数的整个范围都有必要充分利用。普鲁士个别皇家铁路局在第一次世界大战前不久终止了区域性特殊采购。用字母更精确表达的通用名称出现在了示例表中，这张表在全国范围都有约束力。

亨斯吕克（Hunsrück）、维斯特林山（Westerwald）、图林根森林（Thüringer Wald）和巨人山脉（Riesengebirge）的大坡度普鲁士支线上，黏着牵引和齿轮牵引的联合运行，今天几乎已经不为人知。图中的 T26 型车采用 C1 轴式，在陡坡区段用两个齿轮工作。到了 20 世纪 20 年代，性能更卓越的机车让这种运行模式变得多余了。

1882 年 2 月 7 日

在夏洛滕堡（Charlottenburg）和西里西亚火车站之间开通了柏林城市铁路线。它成为德国最繁忙的线路之一，拥有两条主线和两条地方线（即后来的电气化 S-Bahn）。

1883 年 6 月 5 日

1876 年，由比利时和法国资本共同创办的 CIWL 公司的第一列豪华列车"东方快车（Orient-Express）"，开始根据时刻表提供服务。在阿夫李科特（Avricourt，洛林）和辛巴赫（Simbach，巴伐利亚）之间，它在德国的轨道上运行。

这一时期最重要的机车制造商是柏林的博尔西希和施瓦茨科普夫、卡塞尔的亨舍尔、什切青的沃尔坎、埃尔宾的施考（Schichau）、科隆的霍亨佐伦（Hohenzollern）和洪堡（Humboldt）以及汉诺威的哈诺玛格（Hanomag）。

普鲁士是列车电力牵引领域的先驱者。从 1907 年起，蓄电池牵引机车证明了它们的价值，这在全世界公共铁路运营中是独一无二的。几乎在同一时间，汉堡短途交通的核心区域改造为用交流电的架空导线供电运行。1911 年，第一批电力快车在德绍 - 比特菲尔德（Dessau-Bitterfeld）线上运行。在西里西亚山区，电力牵引证明了它特别适用于陡坡区段。

伟大的国有铁路外的私人天堂：普鲁士小铁路

普鲁士刚刚决定成立世界上最大的国家铁路管理局，柏林就为私营铁路的新的全盛时期指明了方向。1892 年 7 月 28 日颁布的《小铁路法》，

这就是中世纪帝国时期的普鲁士快速机车的样子。S3 的前转向架搭载着一台双缸复合发动机，并为大型锅炉提供了空间。

与其他国家的类似法规一样，降低了对由私人和市政机构建造和运营的小铁路连接线的建设和运营要求。成果是显著的：1909 年 3 月 31 日，普鲁士有 283 条小铁路在运营，其中 141 条为标准轨距，47 条为米轨，40 条为 750 毫米轨距，9 条为 600 毫米轨距，其余为其他轨距。除了 1099 台蒸汽机车之外，还有 444 台电力机车已经在小铁路上投入运营。银行和市政机构控股的大型公司（巴赫斯坦和伦茨的名字仍未被遗忘）建设和运营小铁路的记载表明，即使在 1994 年铁路改革前一百年，也存在多种不同的私人和国有铁路所有权混合形式。那时，人们也会因为这样或那样的丑闻而感到愤怒。

有例外的国有铁路原则：巴伐利亚

巴伐利亚（1918 年 11 月 7 日前为巴伐利亚皇家）国有铁路的历史，比起普鲁士和那些由它来管理和运营的邦国要清晰得多。这主要归功于巴伐利亚全面遵循国有铁路原则。1839 年和 1840 年分段开通的慕尼黑和奥格斯堡之间第一条巴伐利亚铁路干线，早在 1844 年就被国家接管，从而成为当年 10 月 1 日成立的巴伐利亚皇家铁路的一部分，他们在同一天开通了首条自己管理的线路——纽伦堡—班贝克（Nürnberg-Bamberg）线。这是从博登湖港口林道到萨克森边境的霍夫（Hof）的路德维希南北铁路线的一部分。随后，慕尼黑—奥格斯堡线延长为库夫斯坦／萨尔茨堡—乌尔姆（Kufstein/Salzburg-Ulm）东西轴线，班贝克经维尔茨堡和阿沙芬堡与黑森连接。1858 年之前，只有政府在巴伐利亚修建铁路。首批线路让人联想到欧洲早期的一个统一原则，即通过长时间绕行来避免大的坡度。所以直到 1906 年，人们乘火车从奥格斯堡出发，需要经多瑙沃特－诺德林根－普莱恩费尔德才能到达纽伦堡。1851 年，陷入财政危机的政府允许私人资本成立巴

一台编号为 2455 的 P8 曾被普鲁士许多铁路局所拥有，如卡塞尔、埃尔伯菲尔德、布雷斯劳、埃尔富特、柯尼斯堡和什切青。为了识别机车，人们必须看号牌上的"小字"。这张照片上是由博物馆保存和重新运行的 2455 波森号。

罕见的阿德勒 1A1 轴式机车运行照片。巴伐利亚"因斯布鲁克"（INNSBRUCK）号属于 AV 型，由玛菲（Maffei）工厂于 1854 年制造。封闭式驾驶室是后来加装的。

伐利亚东部铁路皇家授权公司，在发展落后的巴伐利亚东部地区修建慕尼黑、纽伦堡、埃格尔、菲尔特和帕绍之间的线路网。东部铁路公司在 1858—1875 年开通的特许经营线路，总长度为 772 千米。巴伐利亚大型私营铁路的历史比普鲁士结束得更早，1875 年 4 月 5 日颁布的法律决定回购东部铁路公司并将其纳入巴伐利亚皇家铁路局（K.Bay.Sts.B）。187 台机车和 4300 辆车辆被接管。

1887 年 7 月 6 日
　　德拉肯费尔斯铁路（Drachenfelsbahn）成为德国第一条投入运营的齿轨铁路。
1891 年
　　西门子在法兰克福（美因河畔）展示了第一个全电集中装置。
1892 年 5 月 1 日
　　第一批 D（直通）列车在普鲁士运行。四轴转向架，包房外有侧面走廊，车厢之间有带护栏的通道，终于能让乘客在旅途中前往厕所和餐车。列车工作人员也可以随时进入所有车厢和包房。

　　巴伐利亚机车命名系统很明确：首先，根据联动轴的数量进行区分，分为 A、B、C 三类。煤水机车被归入 D 类，因为当时尚无法预见采购四联动轴甚至五联动轴的情况。但是，当第一台 1'D 造好后，它不得不改用代号 E。在具有相同数量驱动轮对的机车类型中，用罗马数字来细分，从而有了 AI、BV 或 DXII 型。令人难忘的马莱特（Mallet）机车可以

谁不想坐在时光机里，沿着1887年的铁路线，在美丽的阿尔卑斯山脚下穿行？

被称为 BB Ⅰ 和 BB Ⅱ。用于艾希斯泰特（Eichstätt）地方线路的为数不多的米轨机车，则被归入 LE 组。

机车用名称来详细区分。与其他德意志邦国一样，这里也喜欢用地名和传说来命名，还特别强调了维特尔斯巴赫王朝对希腊的偏爱。1892 年，巴伐利亚皇家铁路局放弃了这些名字，为机车分配了四位数号码。每种类型都开始了一个新的百位系列。20 世纪开始后不久，旧的系列名称就被弃用。1901 年开始启用的新类型被划分为：

S 快速机车

P 客运机车

G 货运机车

R 调车机车

此外，还增加了 t 煤水机车（不用于 R 型）。

z 齿轮机车

s 窄轨机车

L 地方铁路机车

强调地方铁路机车很重要，因为地方铁路的经济是独立的，而且这里指的是轴荷载特别低、最初只有 11 吨以下的机车。后面两个带分数线

最原始和最成功的是克劳斯（Kauss）制造的 D XII 型机车，主要用于大慕尼黑地区的短途交通，并为阿尔萨斯－洛林地区进行了改造。转向架中的动轴和联动轴与后转向架的结合，确保在两个方向上都具有最佳行驶性能。

邦有铁路时代

75

玛菲公司为其新机车制作了非常具有艺术性的明信片。对于外行来说，"所有的蒸汽机车可能看起来都一样"，但仔细观察就会发现，为巴伐利亚普法尔茨线造的基础型（上图）、用于慕尼黑－纽伦堡线的优雅的最快机车 S 2/5（中图）和为巴登大公国铁路造的"能力包"（下图）存在明显的差异，即使它们采用了共同的轴式 2'B1'（在欧洲也被称为"大西洋式"，与美国的机车类似）。

的数字表示从驱动轮对与总轮对的比例。"3/3"是没有动轴的三联机车,"3/6"可以是 2'C1' 快速机车或 1'C2' 煤水机车。与瑞士不同,巴伐利亚人说的是"真正的"分数,即他们总是把 G 3/4 念作"G 四分之三",而不是"G 四-三"。整个 19 世纪,轴式主要为 1A1、1B、C 和 2'B 的机车以及轴式为 Bt、1Bt、Ct、C1't 和 1'B2't 的煤水机车,在巴伐利亚的发展与它的邻国(包括德意志邦国和其他国家)无异。当巴伐利亚皇家铁路局和它的供应商玛菲在 20 世纪初,根据四台从美国购买的样机,开始生产锻造的型钢车底架、四缸复合动力装置,并很快制造出过热蒸汽机车时,它们在机车发展史上留下了自己的烙印。从 S 2/5、S 3/5、P 3/5 到 S 3/6,这些在短短几年内连续推出的型号,在性能、经济性和美学方面即使一百年后也毫不逊色。1907 年 7 月 2 日,S 2/6 机车创造了德国蒸汽机车 154 千米/小时的速度纪录。同时,克劳斯以极其简单和经济的设计脱颖而出,其中 G 3/4 H(DRB 系列 54[15])和 Pt 2/3(DRB 70[0])排名最高。引人注目的是,巴伐利亚放弃了在普鲁士和奥地利极为普遍的轴式 D 型货运机车。巴伐利亚跳过了这一设计,直接采用了 1'D 和 E 型,根据玛菲的原则使用四缸复合机车,外形则采用 G 4/5 H 和 G 5/5 型。

巴伐利亚拥有得天独厚的水力发电条件,很早就实现了电气化运营。与奥地利合作的一个重要项目是从因斯布鲁克(蒂罗尔)经加米施

艺术家逼真地描绘了 1860 年名为"卡塞尔"的 BV 型机车。早期巴伐利亚机车的典型特征是梨形烟囱。看守亭是必不可少的:在机电和自动化发挥作用之前,每一个轨道信号都是在现场操作的,每一个平交道口都需要人看守。

邦有铁路时代

1908 年首次生产的 S 3/6 型机车，被认为是巴伐利亚机车设计的完美之作。半个多世纪以来，其他的现代设计完全无法与之相比——至少在同一重量级上以及以时速 100 千米在平地和丘陵地带交替行驶的快车交通中。

（Garmisch，巴伐利亚）到罗伊特（Reutte，同样位于蒂罗尔）的连线，该线路于 1913 年开通。然而，这个财力薄弱的王国并没有设法让它的铁路系统达到当时的技术标准。1914 年，许多设施和车辆就已经过时了。

普法尔茨地区的巴伐利亚铁路

今天，人们几乎忘记了普法尔茨地区，即圣英伯特（St. Ingbert）、路德维希港和沃特（Wörth）之间相当大的一片区域，曾经属于巴伐利亚王国的版图，这是它在 19 世纪初的拿破仑战争中获得的。私营公司如路德维希铁路（Ludwigsbahn）、马克西米利安铁路（Maximiliansbahn）、纽斯塔特 - 迪尔凯默铁路（Neustadt–Dürkheimer Bahn）和普法尔茨北方铁路（Pfälzische Nordbahn）自 1838 年开始在此成立并运营。1870 年，随着私有制的延续，它们合并为一个运营和金融共同体——普法尔茨铁路公司。1905 年，议会和国王颁布了《关于巴伐利亚国库收购普法尔茨铁路的法律》，根据该法律，从 1909 年 1 月 1 日起，普法尔茨铁路成为巴伐利亚皇家铁路局普法尔茨铁路网的一部分，共接管了 869.5 千米的线路，其中 59.5 千米是窄轨，以及 347 台机车。普法尔茨铁路公司一直保留与巴伐利亚皇家铁路局 1892 年前类似的命名系统，将名称和不那么有说服力的数字几乎保留到了最后。类型的区分更是让人联想到普鲁士和阿尔萨斯 - 洛林铁路的方法。然而，机车只粗略地划分为：

P 客运机车（包括干线的煤水机车）

G 货运机车

T 用于支线和调车服务的煤水机车

玛菲公司 1906 年生产的 S 2/6 是德国技术史上的一位童话公主。凭借前所未有的 2200 毫米的驱动轮直径，该机车在 1907 年 7 月 2 日创造了德国蒸汽机车速度纪录，时速略高于 154 千米，该纪录一直保持了 20 多年。通过覆盖一些组件来减少空气阻力的尝试，虽然只有象征性的价值，但对结构的美感有所帮助。

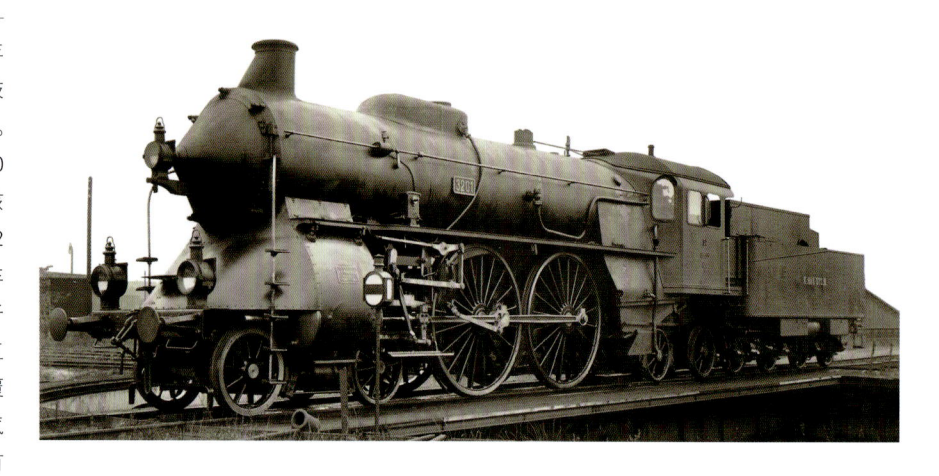

组别内的主要类型用拉丁数字排序，次级结构类型用罗马数字编号。

萨克森工业核心区的国有和私营铁路

巴伐利亚早期机车史的框架条件十分清晰，有一条 1844 年建成的国有铁路和三条国有化的私营铁路，而萨克森王国的情况却非常复杂。该国早期工业蓬勃发展，拥有丰富的矿产资源和水力资源，毗邻煤炭储量丰富且同样工业化的波希米亚和经济迅速崛起的普鲁士，并在南面的巴伐利亚或奥地利与北面的柏林或海港之间起中转功能，产生了无与伦比的运输经济动力。由此唤起了资本的兴趣，建造了大量私营铁路。它们是：

莱比锡－德累斯顿铁路	1837 年
萨克森－巴伐利亚铁路	1842 年
萨克森－西里西亚铁路	1845 年
下埃尔茨山铁路（开姆尼茨－里萨）	1847 年
勒鲍－齐陶铁路	1848 年
萨克森－波希米亚的铁路	1848 年
上埃尔茨山铁路	1854 年
阿尔伯茨铁路（德累斯顿－塔朗特）	1855 年
开姆尼茨－伍尔什尼茨铁路	1858 年
齐陶－赖兴贝格铁路	1859 年
格罗森海因支线	1862 年
格赖茨－布伦铁路	1865 年
阿尔滕堡－泽茨铁路	1872 年

加斯切维茨－梅塞尔维茨铁路	1874 年
萨克森－图林根铁路	1875 年
开姆尼茨－奥厄－阿多夫铁路	1875 年
茨维考－法尔肯斯坦铁路	1875 年
开姆尼茨－科莫陶铁路	1875 年
穆尔登塔尔铁路	1875 年
萨克森－图林根的东西向铁路	1876 年

成立于1859年1月1日的西部和东部国有铁路，在莱比锡和德累斯顿设有管理局，1869年1月1日并入萨克森皇家铁路局，到1905年该局已接管所有其他管理部门。

1892 年 7 月 28 日
《普鲁士小铁路法》生效，随后为了开发农村地区开通了许多铁路。这些铁路所有权属于乡镇、县和私人资本。

1892 年 /1893 年
普鲁士在干线上改用轴式 2'B、1'C 和 D 的机车。轴式 1B 和 C 的机车逐渐被取代。

1893 年 4 月 1 日
德意志国家铁路同意使用中欧时间。这就消除了交接站两个时钟的时间差，例如，巴伐利亚时间和萨克森时间会显示相差 7 分钟。

1894 年
普鲁士引入机电式闭塞保护装置。

直到后期才统一到国家手里的萨克森铁路的多部门管理史，也导

巴伐利亚直到20世纪50年代还有米轨铁路。德国最著名的机车摄影师卡尔·贝林罗德（Carl Bellingrodt）拍摄的最美照片之一，展示了三种不同概念和尺寸的机车：一台伪装成有轨电车的机车，一台强有力的三联机车以及位于它们中间的一台小巧精致的双联机车。

1868—1874年，萨克森皇家铁路局采购了这种类型的两轴多功能机车。然而，这种小巧的机车牵引力很快就不够用了。40年后，萨克森不再制造少于 4 个轮对的煤水机车，再 10 年后，5 或 6 根轴的机车变得很常见。

致了机车名称的发展不那么透明。与其他国家一样，最初的名称只够区分机车。一台机车停用后，珍贵的车牌被遗赠给一台新的机车。有的名字是由好几个管理部门提出的。因此，有不少于四家铁路局都拥有名为"SAXONIA"[①] 的机车。与巴伐利亚类似，这些机车也被赋予了没有任何系统或信息价值的连续编号。直到 20 世纪 60 年代末，各个管理部门才在名称之外使用编号，在接下来的时间里成为各自机车的唯一识别标志。萨克森系列名称的根源也同样古老。起初，"类别"包括制造商名称的缩写和一个介于 Ⅰ 和 Ⅷ 之间的罗马数字。从 1871 年开始，罗马数字上又加上了技术信息。追加的小写字母最初有以下含义：

a　　　　　旧的
b　　　　　新的或二代结构类型

人们现在如此区分：

Ⅰ 和 Ⅱ　　长锅炉型的 1B 型和 1Bt 型，1845 年开始制造
Ⅲ　　　　长锅炉型的 1B 型，1852 年开始制造
Ⅲa　　　　带下垂式火箱的 1B 型，1853 年开始制造
Ⅲb　　　　1B 型－客运机车，1871 年开始制造
Ⅳ　　　　1'B 型和 1'Bt 型，1856 年开始制造
Ⅴa 和 Ⅴc　1855 年开始制造
Ⅵa　　　　1A1 型，1848 年开始制造
Ⅶ　　　　B 型，1858 年开始制造

---

① 译者注：萨克森一词的拉丁语。

| Ⅷ | | 2'B 型，1868 年开始制造 |

Ct 型机车在没有使用罗马数字的情况下被命名为 HT，1876 年开始被命名为 HVT。其他只用大写字母标记的类型是带有分离式或拱形动力装置的机车，即：

F	Fairly 型，1885 年开始制造
M	Meyer 型，1889 年开始制造
Kl	Klose 型，1889 年开始制造

大写字母也是作为罗马数字的补充而出现的，具有以下意义：

T	煤水机车，从 1876 年开始
K	［代表"小铁路"（Kleinbahn）］750 毫米窄轨机车
S	二级铁路机车，从 1894 年开始
O	公交式列车－机车，从 1885 年开始
C	［代表"复合"（Compound）］复合机车，从 1887 年开始
V	复合机车，从 1889 年开始
M	米轨机车，从 1902 年开始
H	过热蒸汽机

拥有丰富矿产资源和水力资源，既有艺术天赋又勤奋，位于海港和波希米亚工业区之间欧洲中心位置的萨克森，成为铁路的核心国家。没有哪一个德意志邦国有更密集的线路网。这张风景明信片展示了一列客运列车行驶在普劳恩的西拉塔尔桥（Syratalbrücke）上的情景。

字母 V 和 H 使用花体字。追加字母 b 自 1885 年开始代表"活动导轮轴"。1896 年，种类名称中去掉了供应商的名字。继罗马数字、大写字母和小写字母之后，从 1896 年起，阿拉伯数字终于也出现在名称中，在相同轴式中 1 代表快速列车机车，2 代表客运列车机车。

从 1896 年起，窄轨机车被区分为：

A 型　　固定轴距机车
B 型　　可移动轮对（克林－林德纳－空心轴）

老的种类被淘汰后，一些名称被重新赋予了新的含义。从 20 世纪初开始，新的客运和货运机车使用偶数系列号，而货运机车、支线机车和调车机车则使用奇数系列号。窄轨机车的 K 不再与其他字母组合使用，因此形成了以 I K 开头的 750 毫米轨距系列。随着 20 世纪初技术的进步，产生了越来越多的轴式序列和动力装置类型，机车种类系统"爆炸"式增长至 XX HV。通过将标识号下标，人们又发明了另一种区别办法。名字旁边加上个别号码（再加上后来的多次修改）并不那么一目了然。

如果不提当时最重要的机车供应商，那么对萨克森铁路史的简短介绍就不完整。理查德·哈特曼（Richard Hartmann）于 1848 年开始在开姆尼茨制造机车。1870 年，他的公司成为一家雇用 3000 名工人的股份公司。1878 年，创始人去世。从 19 世纪 80 年代起，"萨克森机车厂"（前身为开姆尼茨理查德·哈特曼股份有限公司）几乎包揽了萨克森皇家铁路局需要的所有机车。由于产能或价格的原因，普鲁士、奥地利或符腾堡的制造商很少能获得订单。在第一次世界大战期间，哈特曼公司的员工数增长到 7000 人。世界经济危机导致萨克森的机车制造在 1929 年结束，也终结了它曾经在出口方面发挥的重要作用。

萨克森的特色之一是拥有最大的 750 毫米轨距窄轨网络。这种轨道的宽度只有标准轨距的一半，在矿石山的狭窄山谷中可以节省空间，在较平坦地区也可以减少征地成本。一些躲过了 20 世纪 60 年代和 70 年代关停潮的线路，现在是世界上最后一批仍在用蒸汽机车日常运行的铁路。

从机车司机角度看萨克森Ⅶ T 号。

Vogtländische Schweiz.
Station Rentzschmühle im Elsterthale.

Orig.-A. v. R. Braunels, Dresden

在德意志帝国时期，不管你身处萨克森乡村田园般的沃格特兰（Vogtland）地区，还是身在萨克森的大都市"易北河上的佛罗伦萨"——美丽的德累斯顿；不管你是在美丽的伦茨施米勒车站乘坐客运列车（上图），还是在维特纳大街大厅式火车站乘坐客运列车（下图），都无法想象接下来几十年会发生的灾难，尤其是德累斯顿的多舛命运。

铁路历史上没有一个时代不发生事故。邦有铁路时代，能在行驶中发出"停止"信号的紧急制动系统尚未出现，车站内线路的电机保护也才刚刚开始，除了无论白天夜晚都在工作的成千上万的信号员和扳道工以外，机车乘务员也要对乘客的人身安全负有很多直接责任。这两张照片虽然令人难过，但还是表明了技术上的进步：老式两轴和三轴车厢的厢体（下图）仍主要由木头制成，在碰撞中容易完全被撞碎或因相互推挤对乘客造成严重的影响，而后来的四轴车厢，特别是钢结构的车厢（上图），即使出轨或侧翻，总体上仍能提供稳定的保护。

1894 年 10 月 16 日

德国殖民地的首条铁路开通［德属东非的坦噶 – 蓬圭（Tanga-Pongwe）线，现为坦桑尼亚的一部分］。

1895 年 4 月 1 日

随着大规模国有化的完成，普鲁士皇家铁路局进行了改组。区域性管理局取代了旧的以线路为导向的管理局，它们的管理边界在此后一百多年里基本一直有效。

一根铸于 1893 年的道岔握柄，摄于一百多年后的慕尼黑 – 拉伊姆（Laim）线上。铁路的固定设施通常要比它的车辆老得多。

一直国有：符腾堡的"施瓦本铁路"

在所有邦有铁路史中，符腾堡王国的历史最为清晰。从一开始，在没有任何私营铁路插曲的情况下，国家建造并运营所有交通的意义高于小铁路的铁路，小铁路在 19 世纪末也曾部分委托给私人或市政资本。

如今作为第二次世界大战后才建立的联邦国家的一部分，符腾堡在德国老的边界和历史已经不为人熟知了，就像安哈尔特或威斯特法伦一样。符腾堡 1805 年开始成为一个独立的王国。西面和西北面与巴登大公国相邻，东北面和东面则与巴伐利亚王国相邻。在南面，符腾堡包围了霍亨索伦（Hohenzollern）的小领土。符腾堡王国只有通过巴登湖才能越过 1871 年起生效的帝国边界进入他国。

第一个铁路项目是建造一条"中央铁路"，从巴登边境的布鲁赫萨

开姆尼茨的哈特曼公司想要让机车制造符合艺术要求。1902 年的 XV 型机车就是一个相应的产物。

然而我们还是要清醒地认识到：普鲁士的设计在很大程度上只注重实用性，比例往往不太理想，而且管道和阀门过多，但最终证明在日常使用中很有效。漂亮的 XV 早在 1926 年就被扔进了废品堆，而第一次世界大战前十年制造的普鲁士车型直到大众汽车和卫星汽车[①]时代仍然不可或缺。

① 译者注：卫星（Trabant）汽车是前民主德国的一个汽车品牌。

尔（Bruchsal）出发，经首府斯图加特和位于巴伐利亚边境的多瑙河港口城市乌尔姆到达弗里德里希港，在那里有连接瑞士的航运交通。1845 年 10 月 22 日，坎恩施塔特－下图尔克海姆（Cannstatt-Untertürkheim）铁路线长度仅为 3.7 千米的第一段投入运营。1850 年 6 月 29 日，技术上最困难的盖斯林格－乌尔姆（Geislingen-Ulm）路段经过大陡坡到达施瓦本阿尔布（Schwaben Alb），由此开通了比蒂希海姆（Bietigheim）和弗里德里希斯港（Friedrichshafen）之间的最后一段。1853 年 10 月 1 日，实现了与巴登的布鲁赫萨尔（Bruchsal）连接。1848 年，从比蒂希海姆出发已经能够到达海尔布隆（Heilbronn）。

在接下来的一段时间里，黑森林、下内卡、巴伐利亚边界和博登湖之间形成了密集的铁路主干网。每一条重要的线都有一个特别的名字。在中央铁路或者后来称为铁路干线（建于 1845—1853 年）和下内卡河铁路（1848/1866）之后，又陆续建成了上内卡河铁路（1859—1869）、雷姆斯铁路（1861/1863）、科赫尔河铁路（1862/1867）、布伦茨铁路（1864—1876）、上雅各斯特铁路（1866/1875）、恩茨铁路（1868）、符腾堡黑森林铁路（1868）、多瑙河铁路（1868—1873）、陶伯河铁路（1869）、下雅各斯特铁路（1869）、上多瑙河铁路（1869/1870）、阿尔高铁路（1869—1874）、霍恩索伦铁路（1869—1878）、纳戈尔德铁路（1872/1874）、穆尔铁路（1876—1880）、克赖希高铁路（1878/1880）、戈尔铁路（1876/1886）和埃查兹铁路（1892—1901）。到了 20 世纪的世纪之交，标准轨距网络已经基本建成。符腾堡还建造了一些米轨和 750 毫米轨距的窄轨铁路。

与其他所有铁路不一样的是，符腾堡放弃使用当时几乎无可匹敌的 1A1 型机车。他们开始时从美国进口了三台 1'B 型（动轴已经装在单轴转向架内）和三台 2'B 型（前置转向架）。参照诺里斯 2'B 型机车，他们又从卡尔斯鲁厄的凯斯勒公司和玛菲公司订购了同样轴式的机车。1847 年，凯斯勒在埃斯林根开设了一家分厂，在此后的 75 年里，这家工厂成为符腾堡国有铁路无可争议的固定供应商。继续为所有用途制造 2'B 型机车。最古

1895 年，我们乘坐"弗雷舍因号"（Freischein）在符腾堡旅行。在乌尔姆到斯图加特的途中，我们会看到火车前面有一台已经过时的 1B 型机车或一台新的 1'B1' 型机车。过了阿姆斯泰滕（Amstetten）后，车上所有的工作人员都处于警戒状态，一旦新的空气制动器出现故障，他们就会用手柄帮忙制动，因为我们正沿着盖斯林格陡坡向下行驶。迎面而来的一列火车，前面有两台机车，后面有一台机车，正以步行的速度艰难地爬坡。

20世纪初，符腾堡的机车技术发展也达到了惊人的速度。1893年，符腾堡最后一次从比利时进口不太有说服力的1'B1'型机车。1909年起，国内供应商埃斯林根制造了图中的C型机车，被认为是符腾堡最漂亮的机车，按照现在的通用标准这是一台带过热器的"太平洋号"（Pazifik）(2'C1'h4v)。

老的命名系统使用罗马数字命名系列。所有机车都有连续的编号，其中一些机车停用后编号会重新启用。此外，一直到19世纪90年代中期机车才被赋予了名字。

仅仅过了十五年，符腾堡国有铁路就开始了对它来说非常典型的机车改装热。1859年，5台Alb机车被改装为2'B轴式。1864年将1'B型出售给瑞士后，符腾堡国有铁路拥有一支在欧洲独一无二的机车队伍，仅2'B轴式机车就有130台。1864年，用于货运列车的Cn2型开始大量交付。紧随其后的是带径向可调端部轮对和克洛泽式发动机的三轴机车，以及带双缸复合发动机的三轴机车。符腾堡总共制造了299台轴式C型货运机车。

符腾堡最初有多依赖前置转向架设计的现代2'B型机车，1865年上任的首席机师布罗克曼（Brockmann）放弃它时就有多坚决。在他的指导下，几乎所有的2'B型都改造成了1B型或1Bt型。在其他地方早已广泛使用的1B型，直到1868年才作为一种新类型出现在符腾堡，然后很快就得到了认同。符腾堡的第三次改造热开始了。布罗克曼的继任者克洛泽（Klose）致力于改造161台老式1B型机车，其中一些由2'B型机车改造而来。它们中部分被加固了，部分被改造成2'B型煤水机车，而另一部分则被扩建为1'C型货运机车。

当最强的1B型机车也不能满足快车运行后，1892年人们转向了来自比利时的1B1型机车。在这个中间解决方案之后，1899年2'B型机车

美丽的符腾堡姑娘正乘坐当时的快车，全速前进着！轰隆隆作响的三轴包房客车已经退出长途交通了。直通列车是由减震良好的转向架车厢组成。21世纪城际快车（ICE）那种有着六个座位的舒适包厢，还只是梦想。

再次出现在符滕堡的轨道上，它在整个欧洲广泛用于客运列车和快车而且早已变得更现代化，有趣的是，这一切发生在特别适用于盖斯林格陡坡的更大的2'C型机车出现仅一年后。

19世纪末，没有导轮轴的三轴机车已经不能满足货运的需要，特别是在盖斯林格陡坡上。符腾堡的机车制造再次展现了它的独创性，它没有采用在普鲁士、奥地利或法国广泛使用的D型或在巴伐利亚和奥地利流行的1'D型，而是跳过中间阶段直接采用5轴机车。1892年它最初的设计相当奇特，有着一个克洛泽发动机和一个三缸复合发动机。只有两轴的煤水车外观也很独特。无导轮轴的五轴机车改进后达到了H级，虽然数量仍然不多，它的完成品最终成为过热蒸汽机Hh型。

1895年12月4日
慕尼黑地方铁路公司（LAG）开通了梅肯贝伦－泰特南（Meckenbeuren-Tettnang）线，这是欧洲第一条全电气化铁路；使用650伏直流电。
1896年6月23日
由普鲁士铁路管理局、黑森国有铁路和黑森私营路德维希铁路组成了普鲁士－黑森国营铁路局或称普鲁士皇家铁路局（KPEV）。除了在黑森、梅克伦堡－施特雷利茨线和图林根小邦国以外，它还经营普鲁士边界以外的铁路业务。

同样，斯图加特总局和埃斯林根工厂跳过了对1'E的进一步开发，而在第一次世界大战前不久设计了德国唯一的1'F型（K级）机车。由于战争的原因，这款机车直到1918年才开始交付，并持续到德意志国家铁路时代。为了用更简单的方式满足当前需求，符腾堡也采购了普鲁士G12型机车。凭借四缸－复合－太平洋C级机车，符腾堡的快速机车在1909年达到了巅峰。煤水机车从Bt经1Bt、2'Bt、Ct和Dt发展到特别经济的 1'C1' 热蒸汽煤水机车，以及仿造普鲁士最新的 T14[1] 和 T18，都不那么引人注目。

符腾堡国有铁路没有引入电气化运营。然而，正如符腾堡是汽油和柴油动力交通技术的摇篮一样，斯图加特总局在早期测试电力动车组方面也做了许多开创性的工作。同样获得成功的还有简单又日常的基特尔（Kittel）型两轴蒸汽动车组。

被遗忘的宽轨和成熟的国有铁路：巴登

在语言、文化和经济方面，巴登与瑞士、阿尔萨斯、巴伐利亚的普法尔茨和美因弗兰肯（Mainfranken）关系更为密切，而非"施瓦本"，只是由于 1945 年后边界划分的随意性，今天人们常常不假思索地把它归于施瓦本。巴登的铁路史开始于 1840 年 9 月 12 日曼海姆－海德堡线开通。1851 年，到瑞士边境哈尔廷根（Haltingen）的莱茵河谷线完工。1861 年建立了横跨莱茵河到法国的连线，1866 年修建了从哈尔廷根／巴塞尔到康斯坦茨的莱茵河南部平行线，同年建立了到巴伐利亚皇家铁路局的维尔茨堡（Würzburg）的连线。黑森林铁路建于 1866—1873 年间，以德国最大胆的山区铁路而闻名于世。

今天几乎没有人知道，巴登最初建造的是轨距 1600 毫米的宽轨。早在 1843 年，当与通往黑森和法兰克福（美因河畔）的美因－内卡河铁路达成连接协议时，这一决定就被认为是有问题的。经过 12 年的讨论和不断的建设，才在 1854/1855 年实现了向标准轨距的大转换。除了 79 千米单轨和 203 千米双轨以及 33 个车站之外，巴登还对现有的 66 台机车中的 63 台以及 1100 辆车辆进行了改造。

到目前为止，就数量和使用寿命来看，最成功的巴登机车是普遍使用的 VI c. 型煤水机车，虽然它不是最引人注目的。因产能原因，普鲁士制造商荣格（Jung）在第一次世界大战期间也参与了供货。

1990 年
柏林－万塞伯霍夫－泽伦多夫（Berlin-Wannseebahnhof-Zehlendorf）线的试运营标志着大都市短途交通电力牵引测试开始。
1903 年 10 月 1 日
从瓦尔内明德（Warnemünde）横跨波罗的海到丹麦盖泽尔（Gedser）的第一条国际铁路－航运连线开通。
1903 年 10 月 23 日
在柏林南部的马林菲尔德－佐森（Marienfelde-Zossen）军事铁路线上，一辆 AEG 的三相交流电试验车达到了 210.2 千米／小时的速度，这是任何其他交通工具①都未曾有过的。

英国机车的进口止于宽轨时代。随着1852年卡尔斯鲁厄机械制造公司（Maschinenbau-Gesellschaft Karlsruhe）[在埃米尔·凯斯勒（Emil Keßler）此前不怎么成功的公司基础上建立，显然他在埃斯林根运气更好]的成立，巴登大公国铁路（Grhzl.Bad.St.E.）拥有了一个国内供应商，其垄断地位与巴伐利亚的玛菲和克劳斯以及萨克森的哈特曼相当。

从早期的宽轨到根据德意志帝国铁路原则更名，巴登机车的命名也遵循同样的原则：

- 这些机车从1号开始连续编号。退役机车的编号重新分配，因此，这些编号无法提供该类型的数量或车龄信息。
- 1868年前制造的1—217号机车还带有铭牌，但是1882年后去除了。
- 用罗马数字来区分系列。后来又用小写字母和上标的阿拉伯数字来进一步细分。1868年，系列名称扩展到ⅩⅣ后引入了一个表式（但没有一致遵守）：

Ⅰ　煤水机车
Ⅱ　带一个驱动轴的客运机车

1913年，巴登在巴塞尔、塞金根（Säckingen）和泽尔（Zell）之间的维森铁路和韦拉河谷铁路上开始电力运营。西门子1910年制造的试验机车未能经受住考验，几年后就被舍弃了。

---

① 译者注：人类历史上第一架飞机出现在1903年12月17日。

邦有铁路在罗斯托克（Rostock）运营。普鲁士、首都在什未林（Schwerin）的大公国与私人所有者共享梅克伦堡的铁路运营。

Ⅲ　2'B 型 – 客运机车
Ⅳ　B 型 – 客运机车
Ⅴ　混合列车机车
Ⅵ　三联客运机车
Ⅶ　三联货运机车

1904 年 2 月 20 日
普鲁士 – 黑森国有铁路联合总会成立，即后来铁路社会福利协会的前身。
1905 年 5 月 1 日
适用于整个帝国的第一部《铁路建设和运营条例》（EBO）生效。
1905 年
西门子为慕尼黑地方铁路公司（LAG）的穆诺 – 奥博阿梅尔高（Murnau-Oberammergau）线制造了德国第一台单相交流机车 LAG 1（即后来的 E6901）。

巴登的地形条件对比鲜明，因此巴登的机车面临着巨大挑战。有了曼海姆 – 巴塞尔（Mannheim-Basel）线后，巴登大公国国有铁路必须为整个德国南部唯一平坦的"赛车线"（要与莱茵河左岸的阿尔萨斯竞争）服务，但这条线在奥芬堡（Offenburg）和辛根（Singen）之间坡度却很大。因此，巴登的典型产品是轴式 2A、2'B、2'B1' 和 2'C1' 的大轮机车以及用于山区的小轮机车。铁路公司和卡尔斯鲁厄工厂一再地被诱惑，冒险去开发一种能为莱茵河谷线和黑森林铁路所通用的机车型号。然而，在蒸汽机车制造的先决条件下，这是不可能实现的，只有21世纪来临之际，最新一代的电力机车才能做到。

小邦有铁路1号——梅克伦堡

在1871—1918年的帝国时期，邦有铁路管理局的数量并不像邦国数量那么多。一些较小的君主国，如图林根、黑森、布伦瑞克、安哈尔特和梅克伦堡-斯特里茨小公国等，均将其铁路设施委托给高效的普鲁士管理局管理。因为有充分的理由，所以它没有按照惯例被称为"普鲁士国有铁路管理局"，而是被称为"普鲁士皇家铁路局"（KPEV）。这一命名为21世纪相当具有影响力的现代概念留下了空间，即铁路服务提供者不一定局限于特定区域。

然而，德国北部也有个别邦国能够摆脱柏林强大的力量。这其中就包括梅克伦堡-什未林大公国。它的领土从博伊滕堡（Boizenburg）附近的易北河一直到新布兰登堡（Neubrandenburg）（梅克伦堡-斯特雷利茨的首府）前，从穆里茨湖（Müritz-See）一直到波罗的海沿岸。然而，这个农业小国迄今为止最重要的铁路却不在其管辖范围内；因为1846年开通的格拉博-布臣（Grabow-Büchen）线，属于柏林-汉堡铁路的一段，这条铁路最初为私营，后来归普鲁士管辖。1847—1850年开通的铁路，从哈根诺夫（Hagenow）经首府什未林，然后分别通往罗斯托克（Rostock）、维斯马（Wismar）海港以及居斯特罗（Güstrow），由梅克伦堡的一家私人公司建造和运营。1864年，梅克伦堡第一条国有铁路居斯特罗-新勃兰登堡线建成，同时成立了梅克伦堡弗里德里希-弗朗茨铁路公司。

1870年，包括新建成的克莱宁-吕贝克（Kleinen-Lübeck）线在内的私营线路均国有化，但是，1873年整个铁路系统又私有化并移交给"弗里德里希-弗朗茨铁路公司"。此后，除了该公司，由区域资本投资的公司以及北德铁路大企业家弗里德里希·伦茨（Friedrich Lenz）也参与了梅克伦堡的铁路建设。1886年，新建线路之一的多贝兰-海利根达姆（Doberan-Heiligendamm）铁路，无疑是梅克伦堡最受欢迎的线路，它采用罕见的900毫米窄轨。

然而，与普鲁士一样，梅克伦堡的私营铁路时代在帝国中期就结束了。1890—1894年，所有梅克伦堡铁路均变为国有。直到世纪之交，官方仍使用"弗里德里希－弗朗茨铁路"这一名称。尽管后来车辆上普遍印着"梅克伦堡－什未林",信封上也通常写着"大公国铁路总局－什未林分局",但在很长的一段时间里,民间仍使用"弗里德里希－弗朗茨铁路"这一名称。

与19世纪中期大多数铁路一样,梅克伦堡的机车史开始于1A1轴式机车。第一家供应商是博尔西希。1848年,韦勒特公司的第一家工厂也能向梅克伦堡提供相同轴式的机车。1864年,梅克伦堡开始购买轴式C型货运机车。梅克伦堡境内没有机车"御用供应商",因此开姆尼茨的哈特曼也可以参与此项业务。后来,普鲁士所有大型制造商均能为梅克伦堡供货,当它的铁路接受普鲁士皇家铁路局标准后更是如此。

1906年7月2日
玛菲公司制造的巴伐利亚S 2/6型机车,驱动轮直径为2200毫米,在慕尼黑－奥格斯堡线上实现了德国蒸汽机车154千米/小时的速度纪录,该纪录保持了很久。

1907年4月1日
为了与工业界合作进一步发展铁路技术,在柏林设立普鲁士中央铁路局,在慕尼黑设立机器制造局。

1907年
普鲁士皇家铁路局将第一批采用"维特菲尔德"(Wittfeld)设计、批量生产的蓄电池供电动车投入使用。使用蓄电池动车的公共交通运营一直持续到1995年,并一直是德国的特色。

奥尔登堡最小邦有铁路最特立独行也最不走运的机车——第一次世界大战中制造的1'C1'－快速机车。这张哈诺玛格的明信片上能看出其阀门控制的技术特点。这三台样车很重而且用起来很不经济,因此只运行了不到十年。

小邦有铁路 2 号——奥尔登堡

最小的邦有铁路属于奥尔登堡大公国。1867 年，它的首条铁路奥尔登堡 – 不来梅线投入运营，随后延伸到威廉港（Wilhelmshaven）、利尔（Leer）和奥斯纳布吕克（Osnabrück）。1897 年，它开始在旺格（Wangerooge）岛上修建米轨铁路。奥尔登堡的第一批机车来自远方：它从慕尼黑的克劳斯公司购买了简单又轻便的轴式 B 型机车，遗憾的是这家刚进入市场的新制造商重蹈了其他公司 30 年前的覆辙，两轴机车的平稳性和性能已不能满足干线的要求。慕尼黑德国博物馆的交通中心收藏了当时生产的名为兰德维登（LANDWÜHRDEN）的机车。奥尔登堡自己的领地里没有机车制造商。在向萨克森和普鲁士的不同公司伸出橄榄枝后，哈诺玛格成为它的供应商，并为奥尔登堡机车配备一些特殊功能，如伦茨阀门控制系统，此前该系统只在奥地利使用。大多数机车与普鲁士型号相对应。1916/1917 年，三台 1'C1'h2 特快机车画上了失败的句号。这批机车效率低下而且太重，没能服役超过十年。

特例：阿尔萨斯 - 洛林

今天从德国到斯特拉斯堡（Strasbourg）、孚日（Vogesen）或梅斯（Metz）旅行无须护照或经海关查验的人很难想象，一个地区的归属问题曾经多么强烈地点燃政治激情。根据观察者所处的地理和历史位置，该地区可以看作德意志邦国阿尔萨斯和洛林，也可以看作法国上莱茵、下莱茵和摩泽尔三省与阿尔萨斯及洛林东部。在第一次世界大战的四年时

两次世界大战期间，帝国铁路机车中有一种阿尔萨斯 – 洛林机车 78093 型。优秀的普鲁士客运机车在技术上当然无可挑剔，但斯特拉斯堡（Straßburg）政府刻意避免与南德和法国相似，也有其政治意味。

阿尔萨斯－洛林帝国铁路的特点是：帝国时代唯一由帝国管理的铁路，同时也是一条邦有铁路，并且渐渐地成为强悍的普鲁士管理局的分支机构。已经没有人记得图上根据普鲁士模型制造的 G5^2 了。但在该地区重新并入法国 90 多年后，那里的火车仍然按照德国的传统在右侧轨道上运行。

间里，"阿尔萨斯－洛林问题"是德国和法国之间达成一致的主要障碍。这场争端中的任何让步，从柏林或巴黎的角度看，都意味着一种难以想象的国家背叛。1870—1871 年、1914—1918 年和 1940—1945 年，莱茵河和索姆河（Somme）之间无数墓地提醒着人们这场冲突，而如今在欧洲这种冲突几乎只体现在民俗上。同时，曾经为政治增加经济分量的洛林北部采矿业和重工业，现在也不再重要。1870/1871 年法德战争开始时，法国东部铁路公司在这片很快就要落入德国手里的土地上，只有一个单薄的主干线网（这并不包括阿尔萨斯和洛林所有历史线路）。1871 年 5 月 10 日，《法兰克福和约》将所有这些线路的所有权和经营权转让给了德意志帝国，帝国后来还接管了一些私营铁路以及法国东部铁路公司对卢森堡威廉王子铁路的租赁权。斯特拉斯堡（Straßburg）成立了一个帝国分局负责管理这些铁路。在 1879 年之前，分局一直受位于柏林的帝国总理办公室监管，此后由同样位于柏林的帝国铁路管理局监管。铁路管理机构被称为"阿尔萨斯－洛林帝国铁路管理局"，缩写为"E.L."。

根据欧洲的总体发展，帝国铁路修建了许多新线路，大部分为用于区域连接的支线，但也有出于军事目的的连接线。1870 年铁路网总长约为 765 千米，1918 年增加到 1985 千米。帝国铁路局还经营着 265 千米租赁铁路线。除了上述卢森堡的网络外，还包括瑞士的边界线和德国军队在世界大战期间建造并运营的线路。

法国在 1871 年按照协议移交了不带车辆的线路。这导致帝国铁路从一开始就有一段有趣的机车史，它被迫从不同的地方采购机车。轴式为 1B、B1、2′B、C、D 和 B1t 的机车，要么是从其他铁路管理局获得的二手货，要么是从几个制造商现有系列中购买的。在 1859—1874 年，这些机车有的在比利时、奥地利和英国制造，有的是帝国的哈诺玛格、埃斯林根、施瓦茨科普夫、韦勒特和卡尔斯鲁厄 MBG 公司生产，有的则是阿尔萨斯 – 洛林境内的机车制造商科奇林（Koechlin）和格拉芬斯坦登（Graffenstaden）[均位于米卢斯（Mülhausen）]制造。

帝国铁路采用了一种编号系统，用字母和阿拉伯数字来表示不同型号的机车，并按组别顺序进行编号：

A 客运列车机车
B 混合服务机车
C 货运列车机车
D 标准轨煤水机车
E 米轨煤水机车

1908 年 1 月 29 日
德国第一条电气铁路干线，KPEV 的汉堡市域和市郊铁路（Hamburg Stadt-und Vorortbahn）投入运营。
1909 年
客运车辆引入气体白炽灯照明。

此外，机车也被赋予了名字，A 类和 B 类用河流名，C 类用地名，D 类用人名。随后，出现了仿造帝国铁路采购型号的机车，比如 1B、C、Bt、1Bt、1'B1't 和 Ct 型。这一时期主要制造商有亨舍尔、埃斯林

如果没有工厂和车间的工人，铁路运营会是什么样呢？在这些用玻璃板相机长时间曝光拍摄的集体照中，我们看到的很多人一生中也许只拍过这一次照片。

根和格拉芬斯坦登，此外还有卡尔斯鲁厄 MBG、玛菲和英国的基特森。

从 1882 年起，普鲁士在机车采购方面的影响变得更为明显。普鲁士 G3（Cn2）和类似于普鲁士 G42 的 Cn2v 成为当时最重要的货运机车。客运机车方面，2'Bn2/n2v 从 1892 年开始变得普遍，它有几种变体，但并非直接参照普鲁士模型。当格拉芬斯坦登凭借德格莱恩型的四缸复合机车加入欧洲主要机车制造商行列时，帝国铁路也从国内供应商那里购买轴式为 2'B 和 2'C 同类机车。普鲁士型机车继续在货运机车中占主导地位。1900 年，普鲁士 $G5^2$（1'Cn2v）开始交付，到 1912 年共有 215 辆，成为帝国铁路中数量最多的型号。

德国与美国、匈牙利、意大利、瑞士和英国一起开创了电气工程的先河。AEG 公司从 1914 年起向瑞典提供强大的电动双机车，用于北极圈附近的矿石铁路。

1906 年和 1908 年
普鲁士的 P8 和巴伐利亚的 S 3/6 首次交付；这两种传奇的蒸汽机车是一战前大量成熟类型的代表，它们在蒸汽机车运行的最后几年仍然很活跃。这一时期的标准配置是带供水预热器的过热蒸汽机车。

1909 年
普鲁士皇家铁路局下了世界上第一台大型柴油机车的订单；然而，这台克洛泽-苏尔兹-热力机车并没能证明其价值。

1909 年 4 月 1 日
德国国有铁路车辆协会成立，其目的是联合采购和使用标准化货运车辆。接下来的时间里，出现了几种"协会类型"车辆。

1911 年 1 月 18 日
德国第一条电气化干线铁路开始运营（德绍-比特菲尔德）。

1911 年
德国开发了统一型信号集中装置（握柄台带进路锁闭和闭塞保护）。

1906 年，帝国铁路从格拉芬斯坦登、博尔西希、哈诺玛格、亨舍尔、施瓦茨科普夫、舍乔、哈特曼和洪堡采购 G 52 机车时，放弃了 1 到 1088 的旧机车编号系统。与普鲁士一样，S、P、G 和 T 这些代号如今

帝国时代的经济繁荣也是建立在德国已成为优质技术主要出口国的基础上。下图中镀银的墨盒用铜板艺术加工而成，它的上面有一个精确压印的普鲁士 $T9^3$ 模型，这是小型和临时铁路设备专家奥伦斯坦和科佩尔公司的促销礼品。

成为快车、客运列车、货运列车和煤水机车的通用代号，尽管阿拉伯数字类型编号还没有与普鲁士系统一一对应。这一点在 1912 年补上了。从这一年开始，帝国铁路的编号系统与普鲁士皇家铁路局的编号系统非常相似，比如 EL 的 P7 或 S9 不会与普鲁士皇家铁路局的类似编号相混淆。

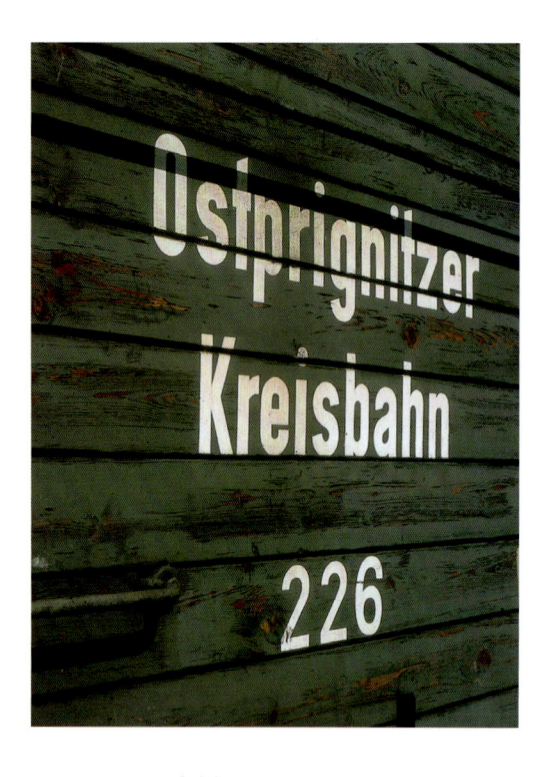

机车类型（种类/型号以及首次制造年份）：

型号	轴式	年份
S 3	2'B n2v	1900 年
T 9³	1'C n2t	1901 年
G 5⁴	1'C n2v	1907 年
G 10	E h2	1910 年
T 12	1'C h2t	1910 年
T 13	D n2t	1913 年
T 16	E h2t	1913 年
S 10¹	2'C h4v	1913 年
G 8¹	D h2	1914 年
G 12¹	1'E h3	1915 年
T 14	1'D1' h2t	1915 年
T 18	2'C2' h2t	1915 年
G 12	1'E h3	1917 年

1892 年的《普鲁士小铁路法》催生了大量由私人和市政资金组成的地方和区域性铁路公司，其公司结构和名称经常改变。一辆博物馆收藏车辆上的铭文让我们想起了东普里尼茨环形铁路。

有了上述机车和七组威特菲尔德（Wittfeld）型蓄电池动车，阿尔萨斯－洛林的动车构成在 20 世纪初很快就有了普鲁士的影子。

在管理和技术模仿普鲁士方面并非没有政治压力。帝国铁路管理局激怒了民众，尽管他们也并不完全倾向于法国，而只是想保持一些独立性。柏林也让帝国南部各邦国感到不安，它们不希望阿尔萨斯－洛林变成普鲁士的一个省。

帝国铁路唯一从另一条邦有铁路接手的型号是巴伐利亚的 1'B2'n2t-客运机车 D XII，该机车 1903 年起从克劳斯购得，后经格拉芬斯坦登（Graffenstaden）改造。

梦幻般的邦有铁路时期，伟大的现代化！

我们今天看来很有田园诗意的邦有铁路时期，尤其是 1880—1914

年，是德国铁路运力和性能大幅提高的时期。在年轻的德意志帝国，三轴机车在单轨线路上以最高80千米时速牵引着四到六节用炉子供暖和蜡烛照明的车厢，而仅三十年后，带八个四轴转向架车厢的直通列车成为标配，使用煤气照明，并全程用蒸汽供暖。19世纪70年代以前，首都的旧城墙上只有几处为了修建铁轨和维修厂而被凿开，而到了20世纪初，重型快车和满载的短途火车不间断地从城市车站出发，穿过机车棚、转盘、维修厂大厅和难以管理的调车场，然后从郊区大片房屋中开往开阔的农村。仅1895年至1913年间，国有铁路（不包括小铁路！）就已经有了一个庞大的网络，增长了17000千米，达到63000千米，客运千米数增加了2倍，从140亿人千米增加到超过410亿人千米，货运吨千米数从250亿吨千米增加到620亿吨千米。

邦有铁路管理局如今变成一个结构复杂的行政管理帝国，它要考虑贵族和资产阶级的职业规划与社会福利、军事需要以及贸易、工业和商业的不同利益。除了世界上规模最大、装备最精良的军队和"严格公正"的司法机构以及爱国主义和现代科学并重的教育体系之外，发达而准时的铁路及其现代化的过热蒸汽机车和柔软的弹簧卧铺车厢，与着装得体的职员和卑微的工人一起，为德国1914年之前的形象做出了贡献。当时的德国人毫不夸张地认为，普鲁士德国是黑格尔设想的人类历史发展最高阶段。如果帝国能满足于自己的定位，我们很乐意让曾祖父母沉迷于这种幻觉中。结果当然完全不同。德国领导层在经济和军事上的超级自信，再加上科学和文学上赢得的掌声，让人们的幻想变得丰满起来，认为自己有权利也有责任拿起武器走上全球权力巅峰。人们认为应该用德国的方式去治愈世界。早先通过铁路取得的胜利，让人们觉得这一仗也十拿九稳。

1910年左右，政治家、记者、企业家和学者们一致认为，德国的经济和全球地位将势不可挡地以1890年以来惯有的速度进一步上升，并认为德国有权力用陆军和舰队来打击任何阻止它上升的力量。

1912年11月
普鲁士、巴伐利亚和巴登同意采用15千伏、16 2/3赫兹的交流电系统进行电气化。奥地利、瑞士、瑞典和挪威的铁路公司也加入其中。

1913年5月20日
萨克森国有铁路首次用机动车线路来补充铁路连接。

由于毛奇坚决使用新的交通工具，确保了1866年普鲁士的胜利和1871年德意志的胜利。有了训练有素的铁路部队、精良的技术装备和大量的准备工作，铁路这柄利剑在下一场规模更大的战争中继续保持锋芒，但却没有惊喜效果了。尽管它在许多国家和许多轨距上都采取了大量行动，也无法阻止德国在第一次世界大战中战败。

利剑与轨道

1866—1918年：毛齐在科尼格莱茨和贡比涅最锋利的武器

凭借2000多台样车，四轴"部队机车"（Brigadelok）成为世界上应用最广泛的窄轨蒸汽机车，该机车用于德国600毫米轨距临时铁路。照片中士兵们乘坐的是标准化"部队机车"。铁路建设部队为它打造了一座坚固的木桥。根据1871年的经验，铁路先驱者包括工程师、木匠、砖匠、铁匠以及邦有铁路工人。

毛齐的铁路战略

在1866年对奥地利的战争中，普鲁士总参谋长赫尔穆特·冯·毛奇（Hellmuth von Moltke）在德国军事史上首次实现铁路为战争提供全面的服务。三十年来关于战略线路建设的讨论尚未有定论，但现在已经不需要了，因为军队在自己和敌人的领土上利用现有的铁路，来运输军队、枪支弹药和物资，充分展示了主权和速度。由具有工程学位的军官和接受过技术培训或有铁路建设经验的士兵组成的机动军事铁路分队，能迅速夺取和修复占领区的铁路，并在必须撤退时摧毁它们。军官们接管了铁路的运营。科尼格莱茨（Königgrätz）战役的胜利，决定了中欧三代人权力分配，同时也是铁路的胜利。

其实在那之前美国内战已经开始对铁路的系统性军事利用，1870年在普法战争中再次得到了验证。德国铁路军人首次在敌国运营几百千米铁路线，修复被炸毁的高架桥，重新发动找到的机车（在某些地方必须先找到埋在地下的零件才行），以及将车辆从国内开过去。德国的胜利以及随后帝国的建立，毫无疑问也是铁路军事利用的胜利。

1871年获胜后不久，普鲁士和巴伐利亚就建立了固定的铁路部队，他们一次又一次地实践着铁路的建设、维修、破坏和运营。柏林西南部

这张1914年士兵聚集在火车站准备出发的照片广为流传。然而并非每个人都有被希特勒称为欣喜若狂的"八月体验"。一些新兵怀疑自己再也见不到祖国了。

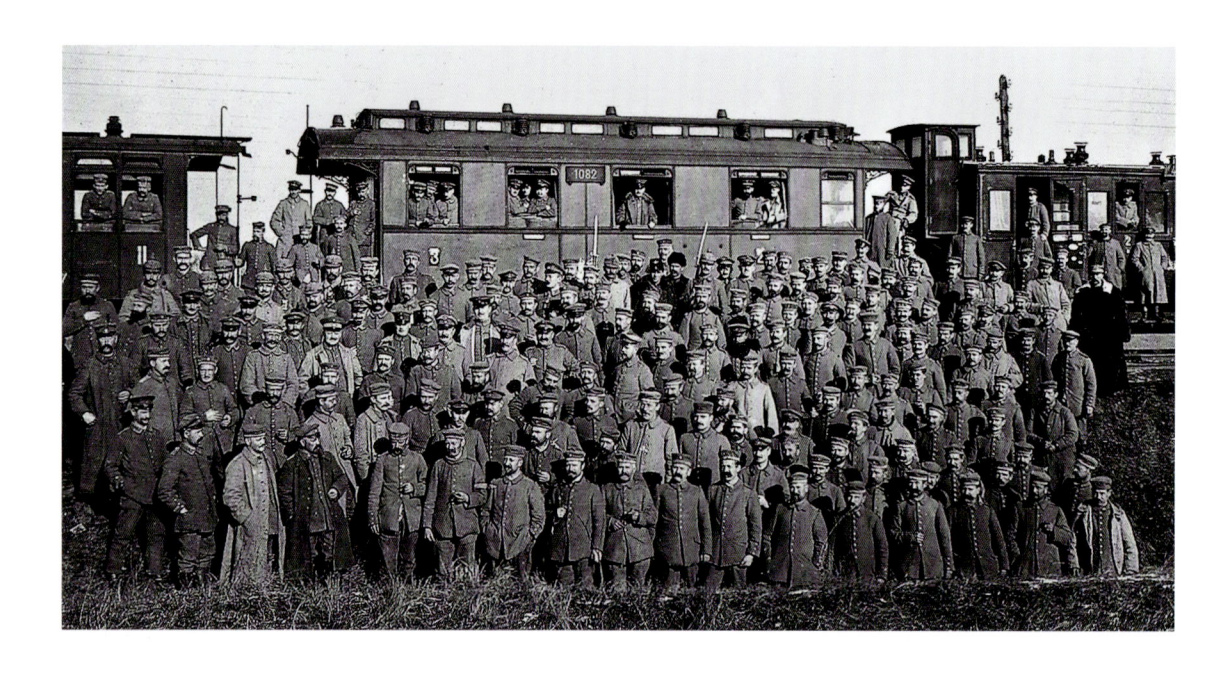

1914 年在法国，1915 年在俄国－波兰，1916 年在塞尔维亚和罗马尼亚，1917 年在上意大利，铁路先锋们不得不一次又一次地修复被炸毁的桥梁。没有大型起重机，没有液压系统，只靠成百上千军人和被迫干活的战俘，在几周内用打捞出来的零件和运来的钢铁、石头和木材，搭建出让人震惊的铁路临时结构。

一条同时用于公共客运和货运的军事铁路甚至由士兵运营了几十年。总参谋部精密部署，采购 600 毫米轨距临时铁路用的铁轨和货车，将国有铁路用作那场大战的发条，那场德国领导层一直期待、希望、准备并最终爆发的战争。

"施里芬计划"和萨拉热窝

20 世纪初，有必要暴力破除一个（自己挑衅出来的）由欧洲竞争势力组成的"包围圈"，这种想法在柏林变得更加根深蒂固。然而，同时击败英国、法国和俄国太过大胆。1905 年之前一直在任的冯·施里芬（von Schlieffen）将军，制定了一个计划，即用一支大军经比利时假意向法国北部推进，绕一圈后转向南方，"摧毁"那里的法国军队，然后才在东部边境击败动作迟缓的俄国军队。

1914 年 6 月 28 日，塞尔维亚民族主义者在波斯尼亚首都萨拉热窝刺杀了奥匈帝国皇储，欧洲火药桶的导火索被点燃了。奥匈帝国和德意志帝国根据同盟国义务，迅速将挑衅升级到连续宣战。1914 年 8 月 4 日，德意志帝国和奥匈帝国（"中央大国"）以 370 万士兵与法国、俄国、英国、塞尔维亚、黑山和比利时等"协约国"的 580 万士兵交战。

数百列专列匆匆忙忙地将德国和其他国家的度假者送回家。与此同时，应征入伍的预备役军人和热情的志愿者涌入军营。经过精心策划后，铁路部门停止了所有和平时期的交通。货运列车就地解体卸货。有顶的货运车辆装上了运输军人和马匹的设备。敞开式货运车辆拆除侧壁板，为运输车辆和大炮做准备。一个严格的军事时刻表开始生效，规定标准化的运输列车必须以相同速度连续通过。时刻表根据普鲁士 G7 的性能做了相应调整。1914 年 8 月的前三周，德国邦有铁路共发送 2.08 万列动员列车，载有 210 万名士兵和 11.8 万匹马，发送 1.11 万列战争部署列车，载有 310 万名士兵和 86 万匹马。而在 1870/1871 年的战争中，总共才使用了 1300 列列车！

从进军到阵地战

比利时很快被攻克，到 1914 年 8 月底，德国军队已经深入法国北部并威胁巴黎。但是，俄国人比预期的要快，行动迅速并深入东普鲁士。为了在东部坦能堡（Tannenberg）和马苏里亚湖取得胜利，夺回被俄国占领的德国领土，德国不得不从西部撤军。补给和通信问题以及法国开始反击让德国的西部攻势陷入了停滞。1914 年 9 月 10 日，随着德军向北退回马恩河，施里芬设想的进攻中止了，德国人的构想失败了。

德国在没有战略计划的情况下继续战争。为了对抗法军和英军日渐稳固的战线，陷入僵局的德军将自己藏进战壕和掩体，在与俄国的战线上也同样如此。1915 年 5 月 23 日，意大利向奥匈帝国宣战，在瑞士边境和亚得里亚海之间的阿尔卑斯山与这个二元君主国作战。与此同时，德军于 1915 年夏天在东部取得了胜利。俄罗斯 – 波兰和波罗的海诸国大

士兵和枪支，给养和弹药，有刺铁丝网和修战壕用的材料，所有战争补给必须通过铁路运到位于法国、俄国、意大利、罗马尼亚、马其顿和中东的六条临时战线上。在这张照片里，一列标准轨距的货运车上装载着一辆全橡胶轮胎的卡车和一个被戏称为"炖肉大炮"的战地厨房。

1914—1918 年的新型战争技术：不再是蒸汽铁路，而是内燃机，它在飞机、潜艇、坦克和机车中广泛应用。两轴燃油机车能确保牵引力和快速整备，而且不会产生易暴露的烟云和蒸汽云，更适合用于前线后方。

部分地区被征服了。俄国人从 1914 年占领的奥地利领土上撤退了。德国铁路部门不得不一次又一次地面对艰巨的任务。1915 年 2 月一个月内，仅柯尼斯堡铁路局就不得不引导 3220 列军用列车通过其所在区域，为东部攻势做准备。7500 千米宽轨线（1524 毫米）在进攻开始后被重新改为标准轨距（1435 毫米）。到 1915 年 5 月，在被征服的俄国领土上建成了 1100 千米新标准轨距线。德国和奥匈帝国获得了新的盟友：保加利亚和奥斯曼帝国。德国、奥匈帝国与保加利亚一起，在 1915 年秋季完全征服了塞尔维亚。此时的四国同盟统治着从英吉利海峡一直到巴勒斯坦的广大区域，并拥有一个具有各种不同轨距和设备标准的庞大铁路网。1916

在给临时铁路站和车辆命名时，士兵们经常表达他们的乡愁。因此，这台在俄国－波兰使用的机车成了"利普斯克－汉堡"（Lipsk–Hamburg）快车。

年，另一次军事胜利引人瞩目，但它也不能决定战争最终胜负：罗马尼亚在误判力量的情况下加入对中央大国的战争，结果被完全占领。

在庞大的占领区运营

德国和奥匈帝国势力范围扩大、战争不断持续，以及前线大规模增加人员和部署物资，导致运输任务不断增加，而这些任务几乎必须由铁路来完成。仅西线某段时间内发射的弹药量就相当于1870/1871年整场战争的弹药量。德军在占领区的铁路业务由野战军总参谋部铁道处处长负责管理。这个职位最初是由符腾堡人威廉·格罗纳（Wilhelm Groener）少将担任。根据19世纪制定的规章制度，11个军事铁路局分别负责相应的地区。布鲁塞尔、多尔帕特（Dorpat）、尼施（Nisch）和布加勒斯特（Bukarest）等的军事铁路局表明了德国军事铁路的扩张。后来又成立了三个军事铁路总局，作为铁道处处长和军事铁路局之间的管理机构。与国内铁路运营组织类似，军事铁路局下设运营、机械、维修厂和运输部。

1914年8月2日

第一次世界大战已经开始。从战争动员的第一天起，所有民用铁路交通都暂停；所有运力都用在西部边境部署军队。仅仅几周后，军事行动的实际需求就把所有计划抛诸脑后。临时安排成了最高命令。

对机车的需求超过了此前任何时候。到1914年底，仅西部战区就已经有1781台德国机车被划拨过去。从数量上看，最具代表性的是普鲁士

这门被损坏的大炮在轨距仅600毫米的临时铁路上运输。开放式和封闭式车厢，或者像图中这样用于重型运输的特殊支承装置，均可以放在统一的转向架上。

在铁路等级中介于标准轨距铁路和临时铁路之间的，还有比利时、法国、俄罗斯、塞尔维亚和罗马尼亚既有及扩建的小铁路，它们的轨距为 750 毫米、800 毫米或 1000 毫米。许多地方需要铁路军人从家乡带来的车辆。这列萨克森 IV K 用于奥地利 – 加利西亚和俄国 – 波兰之间的边境地区。

G7（927 台机车）、G5（289 台）和 G3（96 台）。此外还有战利品机车，1915 年 4 月 1 日西部战区统计有 2241 台。这些机车大都属于比利时国家铁路，其网络几乎完全由德国军事铁路局运营。东部和东南部只获得了少数战利品机车，因而奥地利和德国两国的机车不得不用于满足这里的需求。然而，在整个第一次世界大战期间，中央大国的铁路和军队没有要求生产用于标准轨距的"战争机车"，采购的重点转向了货运机车，特别是普鲁士型货运机车。

军用临时铁路系统

军事铁路部队不得不建造和运营许多窄轨临时铁路，来补充标准轨距网络。600 毫米轨距系统在战争发生前很久就已经标准化，并从马匹牵引升级为机车牵引。1914 年的军事铁路不缺乏运营和战斗经验，可以借鉴在中国和非洲的使用情况。有些线路甚至长达 100 多千米，配有带桥翼的浮桥、中心钢制的长桩排架桥和军事铁路渡船。1916 年，东部修建的新窄轨铁路总长已不少于 2900 千米。德国军队最远的军事铁路从德国出发，穿越土耳其东部的托鲁斯山脉，填补了战前巴格达铁路的空白。战时随机应变的例子有很多，比如在长隧道中使用窄轨储汽机车或将标准轨距机车拆解后运过山隘口。德军还在西线开展了如火如荼的铁路建设。与最初的计划相反，许多铁路是按照永久性小铁路的标准建造的，有路堤和排水沟，有压实的轨道，有庄严的接待楼和机车库，有电话线和信号并按照固定时刻表运营。与东部相比，西部的铁路建设和管理更

第一次世界大战时的窄轨铁路并非都能满足前线需要。战争经济的需求变得越来越重要。除了钢铁、煤炭、橡胶、硝石、铜、锡和锌，木材也变得紧张起来。图为新鲜的原木正从弗格森（Vogesen）运出。

常受到后方战斗的威胁和影响。第一次世界大战中死亡的数百万人中也包括许多铁路建设者。

法国人和英国人很欣赏德国人的做法，即让前往任务区的士兵乘坐火车免去步行的劳累；1918 年，美国人以敌人为榜样，利用他们所掌握的大量材料，让法国的 600 毫米轨距的客运和货运交通达到了很高的水平。

德国的铁路建设部队破坏设施时和建设时一样精准。1917 年春天，当德军放弃夏季战役中基本被摧毁的圣昆廷（St. Quentin）以西地区时，所有的铁路设施都被拆除或夷为平地，其他基础设施也一样。整个过程没有任何随意性，即使是爆破最后一个厕所和最小的人行桥，也准备了精确的图纸和流程图，而且往往有照片记录。铁路再次证明了战争的反复无常：大部分 600 毫米、1000 毫米和 1435 毫米的轨道系统，是德国的铁路先锋们自己建造并亲手摧毁，在 1918 年春天重新发起进攻时重建，然后在 1918 年秋天再次炸毁。

"双胞胎"和"伊林"

两辆驾驶室连接的 Ct 机车曾是普鲁士和巴伐利亚临时铁路机车的强制性标准形式。机车司机可以同时操控两部分。这种机车被称为"双胞胎"（Zwilling）。后来，当机车单独使用时，军中俗称它"伊林"（Illing[①]）。

[①] 译者注：Illing 为去掉了双胞胎 Zwilling 前面的两个字母。

克劳斯公司在 1890 年交付了第一批"双胞胎"机车。到 1914 年为止，它至少为巴伐利亚和普鲁士以及殖民地铁路和日本生产了 480 台这样的机车。随后出现了四联轴，带外框和径向可调克林 - 林德 - 空心轴（Klien-Lindner-Hohlachsen）的"部队机车"。到 1920 年，德国主要的机车厂生产了不少于 2573 台该类型机车。

> **1914—1918 年**
>
> 为了在多条战线上迎战越来越多的对手，邦有铁路的工人和管理人员、应征入伍的军事铁路工人、战俘和工业界的工人尽了最大努力，来维持和扩大帝国及其庞大占领区的铁路运营。除了在标准轨距铁路上的常规操作外，在前线后方使用 600 毫米轨距的临时铁路也变得非常重要。在这里，带内燃机的牵引装置（基于道依茨公司专利的两轴汽油机车）首次证明了自己的实力。
>
> 德国和奥地利的铁路先驱们在比利时、法国和意大利以及 1918 年后属于波兰、立陶宛、拉脱维亚、罗马尼亚和南斯拉夫的领土上修建铁路和桥梁。

当蒸汽机车在世界各地的铁路上仍然霸占统治地位时，内燃机车在战争中已经开始了它在临时铁路上的胜利之旅。来自道依茨（Deutz）燃气发动机厂的"机车 - 牵引车"在德国最受欢迎。它的首款机型诞生于 1896 年，由一台卧式单缸四冲程发动机驱动。第一次世界大战期间使用的型号，动力输出约为 12—14 马力。人们重视内燃机车是因为它不会产生任何明显的蒸汽云，但它的重量是一个缺点。在很多情况下，所谓的输送线是从临时铁路的终点站直接通到前线。在前线，只能依靠人或动物的肌肉力量来替代机车牵引力。

徒劳的努力

1917/1918 年冬天，德国军事铁路工人总计在西部运营 7942 千米标准轨距线路，在东部运营 8076 千米，在东南部运营 3637 千米，共有 6627 台机车和 17.8 万辆车辆投入运营。这项工作由 10.8 万名军人（其中许多是应征入伍的铁路工人）、7 万名德国平民铁路工人、4.5 万名战俘和 21.9 万名地方铁路工人共同完成。德国各邦有铁路管理局不得不将平均 37.5% 的工作人员派往战区。1917 年，西部的新线建成。其中投入最大的是亚琛 - 通厄伦（Aachen-Tongern）线，它改善了德国和比利时之间靠近荷兰边境的连接。盖尔塔尔桥（Geultalbrücke）是当时建造的最大的人工建筑（至今仍是比利时铁路干线网的一部分），长 1107 米，最高的桥墩高达 54 米。

1917 年 4 月，一列火车秘密地从巴登的哥特马丁根（Gottmadingen）穿过德国到达萨斯尼茨（Saßnitz）。苏维埃领导人列宁得到了德国最高陆军司令部的许可，从瑞士流亡到瑞典，再通过芬兰抵达正被二月革命撼动的沙皇帝国。德国的愿望实现了：1917 年 10 月，列宁为俄国的发展指明了新的方向，与德国签署了停战协议并开始和平谈判。但当谈判陷入僵局后，德国军队于 1918 年 2 月 18 日越过停战线，占领了白俄罗斯和乌克兰到黑海的大部分地区。这场"铁路战争"的行军是在宽轨铁路上进行的，甚至在苏联政府 3 月 3 日签署了《布列斯特－利托夫斯克和平协议》（Diktatfrieden von Brest-Litowsk）后仍在继续。两条战线上的战争近四年后才结束。德国军队 1918 年 3 月 21 日在西部发动了大规模的攻势。为了筹备这场战役，他们从 1917 年 10 月 1 日到 1918 年 3 月 31 日共建造了 931 千米 600 毫米轨距临时铁路和 273 千米 1000 毫米轨距小铁路。但疲惫不堪、饥肠辘辘的进攻者很快就停下了脚步。

由于罗马尼亚拥有石油资源，因此占领那里对战争经济很重要。这台机车在黑海附近牵引油罐车输送对汽车和飞机来说非常重要的燃料。

1916 年 11 月 24 日
"中欧卧铺车和餐车股份公司"（Mitropa）成立，成为"敌方资本"控制的 CIWL 的竞争对手。他们的顶级产品是巴尔干列车，从柏林和斯特拉斯堡经奥匈帝国、塞尔维亚和保加利亚到达君士坦丁堡。

对于施工连来说，火车车厢是他们的住所和车间、会议室和下班后的酒馆、仓库和摄影暗房、办公室和电话亭。图中，皮革匠们在两节连接车厢的缓冲器上方设置了一个传统工作台。

与此同时，西部战场上出现了一个新的全能型对手：美国。他们可以不断地在英吉利海峡沿岸调遣严阵以待、补给充足的部队，从而帮助法国和英国。1918 年夏天，随着一种新武器的应用，前线又开始行动了：越来越多的坦克越过了德国的战壕。

锋利的剑：生锈了

1918 年秋天，中央大国最终在各条战线上都溃败了。1918 年 11 月 11 日，具有议会合法性的德国政府不得不在法国贡比涅签署停战协议。这对德国铁路也产生了很大的影响。德国必须立即向协约国交出 5000 台机车和 15 万辆车辆。我父亲告诉我，当他的母亲试图向当时 8 岁的他解释德国的命运时，她哭了。将战败的部队迅速运回莱茵河后方，成了德国军事铁路人员的最后一项任务。根据《凡尔赛条约》，德国铁路部队被解散。

铁路的军事应用并没有达到很高的期望值。这其实并不意外。1866 年对奥地利和 1870 年对法国的突袭效果早已消失。法国人当然很清楚德国的计划，他们通过炸毁重要桥梁来破坏施里芬计划。俄国人曾用从德国进口的 750 毫米蒸汽机车进行军事运输。鲁登道夫（Ludendorff）和兴登堡（Hindenburg）在铁路的帮助下延长了战争，但最终被对手用飞机和坦克打败了。

铁轨上的德国

在铁路大炮发射后立刻拍的照片会模糊不清，这毫不奇怪。当有着8—12根炮管的巨型大炮发射30厘米口径炮弹时，大地都会震动。可是这种武器最终还是落伍了，飞机更容易将同样数量的炸药运到目标上空。

1917年

战争条件下，邦有铁路的主权消失了。G 12重型货运机车联合采购订单标志着相当大的技术进步，但同时也是对独立采购政策的一种背离。技术人员、钢材、煤炭，特别是润滑油的日益短缺常常导致运营受限或中断。

1918年11月7日至9日

水手和士兵们举行罢工反对继续战争，导致德意志帝国和各邦国纷纷废除了君主制。共和国宣布成立（后来以国民议会临时会议地点命名为"魏玛共和国"）。邦有铁路失去了它的"皇家"或"大公国"头衔。

1918年11月11日

在贡比涅的CIWL车厢里签署了停战协议。跨越莱茵河遣返西部军队成为军事铁路人员的最后一项重要任务。

在凡尔登（Verdun）、索姆（die Somme）河、伊普尔（Ypern）河和伊松佐（Isonzo）河畔，经历了大量消耗战后，铁轨经过的地方就像月球表面，铁路先驱们不得不更加艺术地在炮弹坑、粉碎的树桩和瓦砾堆周围铺设临时铁轨。

一列直达快车的两台机车正准备挪走一节直通车厢,第三台机车牵引着一节行李车厢进行调车,一台煤水机车牵引着一列客运列车,装配流线型高速机车的"亨舍尔－韦格曼列车"(Henschel-Wegmann-Zug)在尖锐的排气声中出发了(摄于德累斯顿主火车站,20世纪30年代末)。

高地和深渊

1920—1945 年：德意志国家铁路① 时期

一场失败的世界大战、大城市的街巷战、领土割让、敌人在国内驻军以及随后的通货膨胀和世界经济危机，这些对于地球上最大的铁路管理机构来说，并不是蓬勃发展的有利条件。然而，德国铁路却成功地实现了令人惊讶的投资和创新。但是，从1933年起它就沦为了独裁政权的工具，尽管为交通技术的辉煌做出了贡献，最终却只有一个目的：下一场战争。战争对德国铁路提出了过高的要求并进一步摧毁了它。还有那段最黑暗的记忆：将数百万人运往毒气室的货运列车上写着"德意志国家铁路"。

---

① 译者注：Reichsbahn 也有译为帝国铁路，但是事实上从魏玛共和国到1945年德国国营铁路一直使用该名称，而且二战后苏联占领区仍沿用该名称（简称DR）；此外1871至1949年德国的正式国号一直是德意志国（Deutsches Reich），因此本书将 Reichsbahn 译为国家铁路。特此说明。

危机年代

随着第一次世界大战的结束,帝国和各邦国的君主制也走到了尽头。诚然,推翻旧的统治阶级并不需要太多的力量,"十一月革命"的支持者们(主要是分裂为"多数社民党"和"独立人士"的社会民主党)却没有时间来庆祝人民梦寐以求的胜利。他们不得不把被从前的精英们开进泥沼的车拉出来。战争结束后仅几天,一场最终导致共和国垮台、独裁统治、新的世界大战和德国历史上最大的罪行的集体谎言就开始了:善于蛊惑人心的人声称德国在四年的战争中"在战场上从未失败",仅在最后一刻才被夺走了胜利,并捏造了容易为人接受的"背后一剑"说。从19世纪开始,德国资产阶级对历史进程的解释模式,来自齐格弗里德的传奇故事,而非政治逻辑。

1919年是动乱和饥饿的一年,几乎没有人对严重超载、缺煤而且总是延误的铁路感兴趣。管理人员无精打采地把徽章上的小皇冠裁掉,并把代表皇家的字母"K"从车辆的产权标记中去掉。1919年8月11日通过的《魏玛宪法》第171条(由于柏林的暴乱,1919年1月19日选出的国民议会在魏玛召开)规定,所有邦有铁路在1921年前移交给国家,

从1918年11月君主制垮台到1923年11月希特勒发动暴动的这段时间里,德国的政治前途和国家边界充满了冲突。1919年夏天,柏林的一次罢工导致仍在运行的少数列车极度拥挤。"公共秩序"的暂时动摇,比世界大战的所有流血事件更令资产阶级震惊。对"强者"的渴望开始萌芽了。

高地和深渊

1925 年 2 月 23 日，现代电力机车上插着蓝白色菱形旗帜。慕尼黑－加尔米什（München–Garmisch）线如今由瓦尔琴湖（Walchensee）发电站提供电力。不久以后，只有它一半大小的机车就能为八轴巨无霸（系列代号后为 E 52）提供动力。

这很难让人兴奋，尤其是当人们注意到邦有铁路的资产负债表时：1913 年盈利 10 亿马克，1918 年亏损 13 亿马克，1919 年亏损 41 亿马克。根据 1920 年 3 月 31 日的条约，普鲁士、巴伐利亚、萨克森、符腾堡、巴登、黑森、梅克伦堡－什未林和奥尔登堡于 1920 年 4 月 1 日将铁路移交给国家。拥有 53440 千米线路和 110 万名员工的世界上最大的运输机构由此诞生。这个作为国家权力机构直接运作的行政部门被称为"德意志国家铁路"。然而这一消息却淹没在其他主题新闻中：1920 年 3 月，大罢工导致了一场右翼军事政变，随之而来的是共产党派的浴血战斗。

1920 年 4 月 1 日
　　普鲁士、巴伐利亚、萨克森、符腾堡、巴登、梅克伦堡－什未林和奥尔登堡的邦有铁路成为共和国的财产和管理机构。"德意志国家铁路"经营着 53440 千米线路网，成为当时世界上最大的铁路管理机构。

1921 年 6 月 27 日
　　从此以后，铁路的运营车辆、信笺、邮票和印刷品均使用"德意志国家铁路"这一名称。

1922 年 7 月 6 日
　　从这天起铁路局被称为国家铁路局。

1920—1923 年
　　客运车结构改为全钢设计；新一代货运车（"更换设计"代替"复合设计"）产生。

1922 年 10 月 31 日
　　1835 年开通的纽伦堡－菲尔特铁路停止运营。

法兰克福（美因河畔）火车总站发生的一起事故不仅使几节普鲁士车厢脱轨，而且还造成了信号桥瘫痪。国家铁路很快就弃用了这种车辆，转而使用全钢制直通车。

在卡普政变和通货膨胀之间：国家铁路的投资

在政治和经济形势有所缓和的同时，国家铁路在经济上变得稳固，各邦有铁路的运营、商业、人事原则和规定也逐步规范。在世界大战期间取得了很大进展的世纪工程——技术标准化工作，现在可以由一个中央机构来统一负责了。为了弥补战争损失和支付停战赔款，国家铁路启动了一个庞大（在当时的情况下）且大胆的采购计划。数以千计的"邦有铁路"机车，特别是P8、G82、G10、G12、T141、T161、T18型普鲁士机车以及许多S3/6或G3/4型巴伐利亚机车，事实上都是早期的国家铁路机车，没有任何一台P10或T20型机车属于普鲁士。

直到1933年，随着最后一台GtL 4/5型巴伐利亚机车的出现，对邦有铁路机车的仿造才告一段落，而直到20世纪40年代，机车数量才超过替换的前代机型总数。

1922年12月1日
国际铁路联盟（UIC）成立，德意志国家铁路成为它的成员。

1922年12月2日
MITROPA推出了第一批普尔曼列车"斯堪的纳维亚快车"和"伦敦－柏林快车"，并与法国主导的国际卧车公司（ISG/CIWL）展开竞争。

1923 年 1 月 11 日
　法国和比利时军队越过莱茵河边的占领边界进入鲁尔区。共和国政府消极抵抗，一直持续到 9 月。占领者在自己的 "领导" 下接管了铁路运营，造成了非常混乱的后果。

1923 年 6 月 1 日
　国家铁路推出了第一批长途特快列车（FD）；这些列车只有一等座和二等座。

　在客车制造方面，全钢快车取代了传统木制结构；在巴伐利亚式客车发展为 "雷击车①" 之前，用于短途交通和支线的厢式客车的漫长历史已经结束了，两轴客车如今同样也是钢制的。货运车方面则开发并大量采购 "可替换结构" 类型，其中桶形车顶以及 15 吨和 20 吨成为设计要求。所有车辆都要用越来越多的纸币支付，这些纸币是在世界大战期间大量印制的，原本希望战争胜利后通过掠夺和征服来填补，现在却每天都在贬值。机车厂当然也用它支付工资，工人家庭就吃亏了，一捆捆钞票只能满足最基本的生活需要。

　1920 年后，铁路车辆的出口发展迅速。尽管德国不得不将数百台新

　　在车辆维修费用高昂和货物全国范围配送的时代，铁路成了在大城市中心名副其实的景观。在科布伦茨（Koblenz），我们看到一列来自特里尔（Trier）的火车正驶入。挤在摩泽尔（Mosel）线和莱茵河线之间的铁路机车维修厂有机车库、转盘、水塔和加煤站。那些被烟尘困扰的居民是否能预料到，有一天我们会羡慕他们拥有的风景？

---
① 雷击车，指德意志国 1921 年后制造的一种全铁制车厢，因没有绝缘装置而容易遭到雷击。

带"操纵杆"的联锁装置对体力要求很高，但不管是过去还是现在都很耐用。1900年前引入的这种开关和信号操作系统，即使在2010年也还没有完全被机电或电子技术取代。

机车作为战争赔偿交付给葡萄牙、波兰或南斯拉夫，但就业得到了保障，并为将来出口打开了渠道。来自苏联的700台货运机车巨额订单，让许多德国工人家庭免于饥饿。此时的法国已经感受到《凡尔赛条约》的成果有多么不可靠：法国铁路使用德国的"停战机车"，用德国赔偿的煤供暖，而法国的机车生产者和矿工则陷入了大规模失业。

1923年：鲁尔危机、通货膨胀和希特勒暴动：新危机

1923年发生的一系列事件似危机四伏。1月初，法国军队越过莱茵河，占领了鲁尔地区和莱茵河右岸巴登到威斯特法伦地区。受德国政府强迫"消极抵抗"的德国铁路工人与法国"Regie"铁路工人之间的争端导致危险状况频发。事故和不分青红皂白的破坏变得更加频繁，国家铁路饱受煤炭短缺的困扰并且被迫大范围绕行。从瑞士到荷兰的快速列车居然要经过卡塞尔！

货币完全贬值。1923年1月，1美元可以兑换18000马克（在1914年为4马克，1922年1月为191马克），8月为460万马克，10月为250亿马克，11月15日为4.2万亿马克（这可是一个有11个零的数字）。在此基础上，货币终于稳定下来了，一万亿纸币变成了1个"地租马克"——所有私人储蓄和保险资产都被消灭了。在11月，阿道夫·希特

这张照片也代表着延续性：在21世纪，从巴特多贝兰（Bad Doberan）到巴特库隆斯伯恩（Bad Kühlungsborn），人们仍旧可以通过蒸汽机车在900毫米的窄轨上旅行。

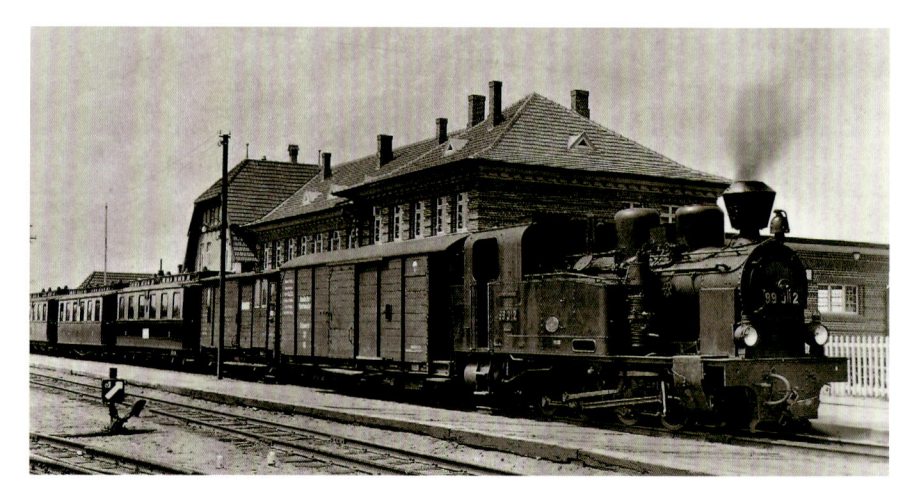

勒试图在慕尼黑发动血腥政变。

推出新型豪华列车的消息，听起来可能像来自另一个世界的东西：从1923年7月1日起，国家铁路公司推出了"FD"列车。

1923年11月15日
在恶性通货膨胀之后，纸币马克被"地租马克"（后来称为"国家马克"）取代。现金、存折和保险都变得一文不值。

1924年2月12日
《道威斯计划》对凡尔赛条约规定的赔款支付方式做出调整，国家铁路为此被抵押给了债权人，它开始从一个管理机构转变为一家国有的独立经济企业。在短短一年内，它的员工从100万减少到了77.5万人。

1924年8月8日
在柏林什切青火车站－贝尔瑙线上，第一辆用于公共交通的动车在800伏直流供电轨上运行。

1924年8月30日
运营和交通管理移交给新成立的"德意志国家铁路公司"（DRG）。他们的收入用于今后的维护。为了确保兑现这一承诺，外国代表加入了董事会。

1924年9月21日至10月5日
德国工业界在塞丁（Seddin）举办了一个铁路技术展，展出了120台机车、150辆车辆以及调车和信号设备。

1924—1929年：德意志国家铁路公司以新的法律形式取得成功

从1924年起，与法国不同的是，英国在德国实施更合理的战胜国路线。"达威斯计划"（Dawes-Plan）至少允许德国分期（长达数十年）支付仍高得离谱的1320亿金马克[①]赔偿金。国家铁路既是这一要求的抵押品，也是每年还款的部分来源。为此，1924年8月30日成立了一家私营经济的德意志国家铁路公司。它可以在逐渐多样化的交通市场上实现最佳经济效益，而不受国家限制。1924年10月11日，

这列P8车将一车移民送到不来梅港，他们将从那里乘坐蒸汽船前往美国。在世界大战战败之后犹太人遭到迫害之前，也有许多理由让人们选择去陌生的大陆重新开始。

① 译者注：金马克是德意志帝国在1873—1914年发行流通的货币。

铁轨上的德国

线路网在1914年之前就已达到最大范围。德意志国家铁路时期的大多数新建工程都是为了改善当地的环境。此外也有一些雄心勃勃的项目,但和线路长度无关:比如高效的主干线经过海上延伸到舒尔特(Sylt)岛和吕根岛(Rügen),南北向的城市快线穿过柏林市中心的地下等。图中是"兴登堡大坝"(Hindenburgdamm)上一列开往舒尔特岛的火车。

德意志国家铁路公司获得了国家铁路的运营权。这家新公司相当成功,从1925年起它每年能够创造近10亿帝国马克[①]的利润。

1924年11月
国家铁路公司拿回了法国军事铁路人员在鲁尔区运营的最后一条线路。

1925年
改了两稿后,德意志国家铁路公司28405台蒸汽机车的重新编号计划(1926年1月1日版)开始生效。"从01到99"的编号系统变得流行,在某些领域甚至直到21世纪仍然有效。

1925年5月18日
德意志国家铁路公司第一条货运线投入运营。

1925年10月
四缸快速机车02001的交付标志着标准化机车时代的到来。第一批双缸快速机车01以及货运机车43和44的样车很快就出现了,为了进行比较,这两种货运机车分别配备了两个和三个汽缸。

1926年4月1日
货运车辆装备坤泽(Kunze)-克诺尔(Knorr)制动器,至少装上连续气压制动器。货运列车的最高时速从30千米提高到40千米,快速货运列车的时速甚至可以达到60千米。数以千计的司闸员失业了。

1926年
带发电机单元的车辆电气照明取代了从前的煤气照明。

1926年5月15日
在私下发行了很多版本之后,第一本与国家邮政联合发行的"国家行车时刻表"出现了。

---

① 译者注:德国在1924—1948年发行流通的货币。

在 20 世纪 20—30 年代，乘坐火车长途旅行仍然是一种特别的体验，尤其是当你坐在二等座甚至一等座时。当时在德国只有极少数富人能够买得起"软座"票。

1923 年的 "FD 车"、1928 年的 "莱茵之金" 和 1933 年的 "飞行的汉堡人" 排列在一起就像年度代表一样，这些列车以 120、140 和 160 千米/小时的速度，超越了几乎所有同时代人的生活现实。普通人的铁路旅行仍然是在三等车厢内，在木质长椅上与对面的乘客相对而坐，腿放在局促的空间里，体验着一次又一次轨缝撞击。

1926 年
　　德意志国家铁路公司开始测试一种设备，当列车闯过停车信号时，它能强制列车停止。与将光束反射进敏感光电器件的光学保护 "Opsi" 相比，利用电场工作的电感式列车保护 "Indusi" 获得了普遍支持。

1927 年 5 月 15 日
　　时刻表中引入了 24 小时计时法。不再用 "1–12 h nachm." 来指下午和晚上的时间。

1927 年 6 月 1 日
　　连接舒尔特的兴登堡大坝落成。

1927 年 7 月 26 日
　　继巴伐利亚州南部几条长途线开始电力运行后，共有 1219 千米线网开始使用交流电运行。

　　在货币稳定后相对平静时期，第一批标准机车于 1926 年交付了。人们并没有过多强调，这些导风板非常醒目的机车象征着那些年的繁荣和自信。但是从香烟收藏卡到两个轴的玩具模型，从镇纸到工会徽章，"01" 代号无处不在。最初，只生产了少数标准机车：在缺乏新的硬通货的情况下，客运和货运都没能充分利用现有运输能力，数以百计的邦有铁路机车逐年被淘汰，有的运行了还不到 20 年。一些不太显眼的创新，如货物列车的连续气压制动器和客运列车的电气照明，反而比新一代机车影响更广。

德意志国家铁路公司的模块化原则：
标准机车时代

后期的帝国喜欢文化成就上所谓的确定性，但是处于技术变革和社会动荡时期，在灾难和权力更迭的前夜，没有什么是能确定的。被视为契约自由和所有权圣经的1900年《民法典》，或者被视为家长制资本主义社会良知的1911年《帝国保险法典》，应该一直有效，它们标志着世界上组织得最好的国家的文明高度。尽管第一次世界大战导致很多确定性崩塌了，但它也让那些有着长远影响的智力成果更加成熟，比如"德国工业标准"（DIN）。出于标准的特性，它从没有幻想可悲的永恒，因此对政治波动不敏感。机车部件标准化的子项目，让刚成立的德意志国家铁路公司开始对所有应用领域的蒸汽机车标准化进行系统思考。铁路工程师和工业工程师已经意识到，蒸汽机车1914年前通过过热器和给水预热达到的热效率优化水平，已很难被超越。因此，由运营和工场服务专家组成的"小型机车委员会"认为应该放弃许多技术上的边际发展，如带连接管的双圆顶、蒸汽干燥器、倾斜式汽缸、分体式发动机或驱动轮直径的精细分级，转而依靠可靠的双缸机车。人们以为多缸发动机只是邦有铁路消遣的小玩意并不假思索地宣布锅炉的进一步发展可有可无时，相当于把婴儿与洗澡水一起倒出去了。

调车机车80型：制造精良、装备优化，但与现有的普通机车相比，价格太高。

概况：标准化机车及后续采购的重要邦有铁路机车

性能数据均基于官方公告。经验表明，由于维护状况、煤的质量和车辆特性不同，存在着很大的差异。标准机车系列在表中加粗标注。

系列	制造年份（年）	数量	结构型式	牵引力（吨）	典型爬坡能力	速度（千米/小时）	最高速度（千米/小时）	特点/应用目的
39^0	1922—1926	260	1'D1'h3	570	2‰	85	110	普鲁士 P10，快速列车和客运列车
95^0	1922—1924	45	1'E1'h2t	830	10‰	35	65	普鲁士 T20，大坡度路段的牵引和推送
01	1926—1938	231	2'C1'h2	410	2‰	110	120	快速列车
02	1926	10	2'C1'h4v	320	2‰	110	120	01 型的变体（与 01 型相比，性能下降，不稳定）
44	1926	10	1'Eh3	1010	2‰	60	70	货运列车的预系列
18^5	1926—1930	40	2'C1'h4v	305	2‰	110	120	巴伐利亚 S 3/6 的仿造品
43	1927—1938	35	1'Eh2	1095	2‰	60	70	44 型的比较型
87	1927—1928	16	Eh2t				45	用于汉堡港口铁路的特殊设计，带有径向可调端部轮对
80	1927—1929	39	Ch2t	775	2‰	35	45	轻型调车机车
81	1928	10	Dh2t	1240		35	45	重型调车机车
24	1928—1940	95	1'Ch2	405	1‰	80	90	长支线的客运列车
62	1928—1932	15	2'C2'h2t	600	1‰	90	100	干线的客运列车
64	1928—1940	520	1'C1'h2t	420	1‰	80	90	短支线的客运列车
86	1928—1943	775	1'D1'h2t	580	4‰	50	80	用于大坡度支线的列车
99^{73}	1928—1933	32	1'E1'h2t				30	750 毫米窄轨
98^{10}	1929—1933	45	D1'h2t	610	2‰	35	45	支线用的巴伐利亚 Gtl4/5
03	1930—1938	298	2'C1'h2	345	2‰	110	130	用于轨床未加固线路的快速列车
99^{22}	1931	3	1'E1'h2t				40	1000 毫米窄轨
99^{32}	1932	3	1'D1'h2t				50	900 毫米窄轨
04	1932	2	2'C1'h4v				130	试验机车"中压" 25 at
85	1932—1933	10	1'E1'h3t	670	10‰	35	80	用于海伦塔尔铁路
44	1932	2	1'Eh4v				80	试验机车"中压" 25 at
71^0	1935/1939/1941	6	1'B1'h2t	420	1‰	60	90/100	动车组的替代型
89^0	1935/1938	10	Cn/h2t	715	2‰	35	45	轻型调车机车，用于热蒸汽和湿蒸汽的比较

续表

系列	制造年份（年）	数量	结构型式	牵引力（吨）	典型爬坡能力	速度（千米/小时）	最高速度（千米/小时）	特点/应用目的
05	1935	3	2'C2'h3	195	1‰	160	175	高速试验机车，试验速度达200千米/小时
61	1935	2	2'C2'h2t/2'C3'h3t	110	1‰	160	175	亨舍尔-韦格曼列车的特殊机车
84	1935/1937	12	1'E1'h2/3t	880	10‰	35	70/80	用于穆格利茨塔尔铁路
41	1936/1939—1941	366	1'D1'h2	660	2‰	80	90	用于快速货运列车
44	1937—1944	1977	1'Eh3	1230	2‰	60	80	轴压为20吨的重型货运机车的最终版本
45	1937/1940	28	1'E1'h3	965	2‰	60	90	重型快速货运机车
06	1939	2	2'D2'h3	440	2‰	130	140	重型快速货运机车，流线型外壳
50	1939—1944	2540	1'Eh2	885	2‰	60	80	适用于加固轨床的货运机车
01[10]	1939—1940	55	2'C1'h3	345	2‰	120	150	01型的流线型变体
03[10]	1939—1941	60	2'C1'h3	255	2‰	120	150	03型的流线型变体
23	1941	2	1'C1'h2	395	2‰	95	110	客运机车的样车
52	1942—1945	6151	1'Eh2	895	2‰	60	80	由50型演变而来的战争机车；只统计了1945年前的DRB机车数量
42	1943—1945	877	1'Eh2	1060	2‰	60	80	轴压15吨的战争机车，只统计了1945年前DRB机车的数量

带巨型导风板的人尽皆知的标准机车：用于快速列车的01型。惊讶的围观者并不太清楚它的重量和锅炉问题。

最佳的三缸驱动，较少过载的旧式锅炉以及精心护理的特殊外壳：流线型机车 01^{10} 和 03^{10}，与其说证明了"标准机车"项目范围之广，不如说证明了它的局限性。战后经过德国联邦铁路（DB）和民主德国国家铁路（DR）几十年的大规模改造，这两款机型方才大放异彩。

从技术扎实的、高度差异化的型号方案到焊接流水线生产的、彻底简化的战争机车：从1925年的计划到1942年的大规模采购，这条路走得太快了。

1926 年开始生产的型号在实际运行中并不像人们所希望的那样理想。01 型特快机车和 86 型支线煤水机车对许多运营线来说太重，43 型和 44 型货运机车以及非常成功的 62 型客运列车煤水机车当时还并不真正需要，24 型和 64 型支线机车以及 80 型和 81 型调车机车相对于它们有限的用途来说太过昂贵。在对轻型 03 型车进行改进后不久，随着火车速度的提高、焊接技术的进步以及随后的备战和战争，趋势又发生了变化。三缸发动机、更高的锅炉压力和流线型外壳成为补救措施。随着战争机车的出现，标准机车项目尚未完成就结束了。

当时的标准机车在世界范围内还是很成功的。总体而言，它满足了 1925 年至 1975 年轨道及现代维修工程的要求。它对德国铁路系统的象征意义毋庸置疑。1935 年沿着莱茵河前往瑞士或意大利的英国工程师，早已在技术文献中认识了标准机车的长锅炉和大导烟板，而 1945 年跨过莱茵河的美国军官也一样，早在战前就已经在同学昂贵的马克林铁路模型上见过这种机车。每一代旅客和旅行梦想家、铁路路堤园林养护工和技术娴熟的扳道工都认识 01 型和 03 型，41 型、50 型和 52 型。2021 年还被允许运行的蒸汽机车，大多数都属于 20 世纪 50 和 60 年代生产和改造的机车，它们是"1925 年"标准机车家族的扩展。

专门为弗赖堡到黑森林的霍伦塔尔大坡度铁路设计的 85 型机车，是动力最强劲的标准煤水机车。

快速货运列车的提速使得开发和生产与 03 型密切相关的 41 型变得十分必要。事实证明，它是应用范围最广的标准机车，覆盖范围从重型货运列车到丘陵地区的快速列车。

1941 年，柏林机械制造公司成功生产了 50 型机车。1939 年夏天，埃斯林根（Esslingen）机械制造公司的工程师沃尔夫冈·迪塞尔巴特（Wolfgang Distelbarth）看到为劣质燃料和轨道设计的货运机车图纸后，在战争开始前就得出了这样的结论："现在要向东而行了"。

带五节全钢车厢的 03 273 型机车在乌珀塔尔（Wuppertal）急驰。这一型号对 20 世纪 30 年代长途交通影响很大，在民主德国和联邦德国直到 60 年代都还很常见。世界上没有哪种蒸汽机车，能在 120 千米/小时的速度下跑出比 03 型更多的千米数，能拥有更多的样车，1930—1980 年共制造了 298 台 03 型样车。

正如预期的那样，流线型设计减少了蒸汽机车的空气阻力，从而提高了速度。但是，局部过热问题和覆盖层下的积水、积雪和积灰问题仍然无法解决。交付时非常考究的金属板，在战争年代却一副破败的景象：腐蚀、凹陷并部分脱落。图中是 1936 年夏季奥运会时带奥运五环标志的 05 001 型。

铁轨上的德国

1928 年 5 月 15 日
德意志国家铁路公司和米特罗帕（MITROPA）铁路公司启用了他们最高质量的列车，即荷兰角和巴塞尔之间的长途特快列车（FFD）"莱茵之金"（RHEINGOLD）。

1928 年 6 月 11 日
波茨坦和埃尔克纳之间的柏林市域铁路开始使用直流电运行。

1928 年 10 月 7 日
四等车厢取消了。

1928 年
第一套用于通知乘客的扬声器系统在柏林动物园车站安装并运行。

1929 年 5 月 15 日
柏林环线铁路上开始直流电运行。

1929 年 6 月 21 日
轻型货运列车在某些条件下（特别是连续制动时），最高速度允许达到 100 千米/小时。

1930 年 6 月
最后一批法国占领军离开莱茵河地区。

1931 年 6 月 21 日
在尚未通车的汉诺威-策勒（Hannover-Celle）新线上，一辆由弗朗茨·库肯贝格（Franz Kruckenberg）设计的带螺旋桨驱动装置的超轻型动车，创造了 230 千米/小时的轨道车辆世界纪录。

1932 年
国家铁路公司用合理化来应对收益下降。1928 年到 1932 年，它的员工减少了 14 万，只有 56.3 万名工人和管理人员，从而导致了大规模的失业。

1933 年 1 月 30 日
共和国总统保罗·冯·兴登堡（Paul von Hindenburg）任命阿道夫·希特勒（Adolf Hitler）为联合政府总理。2 月 3 日，希特勒向帝国国防军领导层宣布，他发动战争的目的是为"征服东方新的生存空间"。1933 年 2 月 27 日国会大厦纵火案后颁布的紧急法令、1933 年 3 月 24 日的《授权法》和针对政治对手发动的一系列政变及恐怖袭击，让希特勒和他的政党从 1933 年的 5 月开始在德国拥有不受限制的权力。德意志国家铁路公司已经开始解雇犹太员工。像所有其他工会一样，铁路工会也被解散了。

1933 年 3 月 15 日
20 年代初开始的将落后小作坊升级改造为

兴登堡总统踏上征程！他每年都会在上巴伐利亚度假吗？作为第一次世界大战的军队指挥官，他享有很高的声望，但当他 78 岁成为总统时，其实对共和国并不了解。1933 年将国家政权交给希特勒后，他彻底成了一个悲剧性人物。他输掉了战争，将皇帝流放，还把国家交给了公认的敌人。

画家汉斯·巴鲁谢克（Hans Baluschek，1870—1935）为德意志国家铁路公司的出版物创作了许多美丽的作品。这幅画描绘了普鲁士 P10 牵引着直通快车经过城市屋顶一侧，展示了人们对铁路及其专业知识的热爱。

独立核算的国家铁路大型专业维修厂的工作，终于结束了。10个国家铁路分局被赋予了"维修厂主管部门"职能，每个分局负责几个区域。

1933年5月15日

1932年，伍马格（Wumag）和迈巴赫（Maybach）制造的877型两厢柴油动车开始在汉堡－柏林线上提供定期服务，非官方称为"飞行的汉堡人"。它的最高时速为160千米，是当时全世界公共交通领域最快的列车。

1933年6月27日

共和国政府下令成立"国家高速公路公司"，作为德意志国家铁路公司的一个子公司。从那时起，铁路的财力和人力还要用于修建铁路的竞争对手——公路。

1933年

经过几年的测试后，开始大规模生产柴油发动机驱动的标准小型机车Kö（f）。从那时起，它负责众多小站的调车作业，从而减轻了货运机车的负担。焊接技术已在车辆制造中广泛运用。

1929—1939年：独裁与新战争之旅

1929年世界经济危机摧毁了稳定政治的一切努力。600万失业者几乎得不到国家援助，还有数百万人面临生存威胁，他们都很容易相信希特勒的仇恨言论和承诺。许多身在政府、学校、企业、科学机构、教会和新闻界的处境不错的人，本应从所受的教育中获得更多洞察力，但却在1918年（或许更早的1914年，甚至1871年）以来培养的专制－民族仇恨中为"元首"的毒种准备了土壤。孤立无援的民主力量因德国共产党的盲目而被进一步削弱，共产党人只与社会民主主义中"工人阶级的主要敌人"作战。选举成功并未让希特勒赢得大多数人的支持，但是第一次世界大战中如此失败的元帅兴登堡却成了共和国的总统，还在1933年1月30日将共和国最大的敌人任命为总理。在不受法律约束的情况下，纳粹在所有的国家机构和社会组织中大肆掠夺，几周内就夺取了所有市政厅和警察局的权力。社会民主党人和共

高速动车也展现了德意志国家铁路时代转瞬即逝的辉煌。世界交通史上首次按计划以160千米/小时的速度提供服务，具有历史意义，但由于车辆短缺，这项耗资巨大的项目也就勉强完成。1939年8月即终止。

产党人的鲜血在集中营和刑讯室里流淌，犹太人在街上被嘲笑，而那些希望希特勒能让德皇回归的德意志民族梦想家们却视而不见，尽管几个月来挂在慕尼黑–达豪区间车后面的囚车真的无法让人忽视。德意志国家铁路在经济大萧条期间经历了最严重的衰退。铁路部门没能躲过大规模裁员，采购量几乎为零迫使许多供应商放弃或选择合并，看看博尔西希、玛菲、洪堡、哈根斯或霍亨索伦等传统企业的情况就知道了。"第三帝国"给德意志国家铁路公司带来了虚假的繁荣：军备订单、开发国内自然资源以实现对外经济独立、修建国家高速公路，分布在全国各地的空军"军用机场"使货运量再次增加，国家规定的娱乐项目（"通过欢乐获得力量"）和"运动"带来的大规模游行（特别是一年一度在纽伦堡举行的党代会）也使乘客人数显著增加。

1934 年 5 月 15 日
预告信号机和主体信号机间距延长，"Indusi"的安装和刹车的改进，使许多长途线路上快车的最高时速从 100 千米提高到 120 千米、130 千米，特殊情况下甚至可达 140 千米。用于快车的主要为 03 型机车。

1934 年 8 月 2 日
兴登堡去世后，希特勒也以"元首兼共和国总理"的身份承担起国家领导职能。

1934 年 12 月 31 日
全球经济复苏和政府信贷投资加上冻结工资，使失业人数大幅下降。德意志国家铁路公司再次雇用了 65 万人。

1935 年 3 月 1 日
萨尔（Saar）地区经过公投重新并入德国后，那里的铁路也成为德意志国家铁路的一部分。德意志国家铁路特里尔（Trier）分局迁回普鲁士时代就已有的位于萨尔布吕肯（Saarbrücken）的总部。

1935 年 5 月 21 日
在快速重整军备的过程中，重新引入了 1920 年被条约禁止的全面征兵制度。国家铁路开始承担越来越多的军队运输任务。

1935 年
为了纪念德国第一列火车行驶一百周年，德意志国家铁路公司在 1935 年 7 月 14 日至 10 月 13 日期间在纽伦堡举办了展览会，展示了许多新的牵引装置，包括高速蒸汽机车 05 和 61，时速达 150 千米/小时的 E18，第一个带液压传动装置的大型柴油机车 V 140 001（福伊特）以及各种电力和内燃机车。客运车辆已过渡为焊接的全钢四轴车。带有开放式平台的两轴车已停止生产。人们复制了用"阿德勒"机车牵引的第一列德国火车，准备在周年纪念日投入使用。1935 年 12 月 8 日，庆祝活动以"元首"出席的车辆游行结束。

铁轨上的德国

德意志国家铁路公司和卧铺餐车制造商 MITROPA 公司的顶级产品，是 1928 年开始投入运营的"莱茵之金"，它被视为荷兰和瑞士之间的最舒适的交通工具。现在的火车已经完全取消了真正的豪华包厢。人们就如此确信，类似奢华产品无法像酒店或邮轮一样找到尽管很小却有支付能力的客户群吗？

德国铁路在185年的历史中,像1935年这样以持续的方式向公众展示仅此一次。阿德勒运行百年纪念和一大批令人骄傲的新设计,为宣传德国技术的领先地位提供了机会。但是,图中博尔西希1841年的第一台机车和现在的01型机车之间的尺寸比也太夸张了。

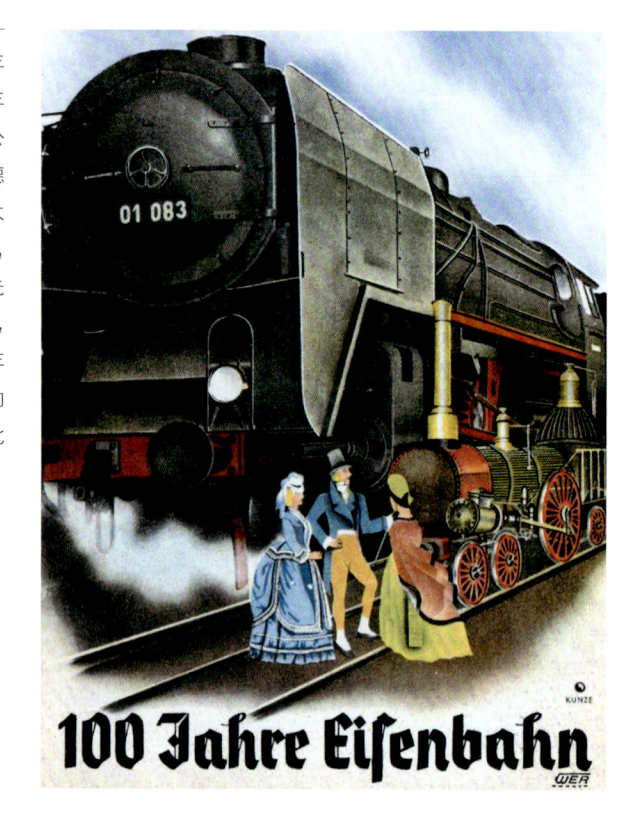

当统治者毫不掩饰地将每一项技术成就,如1933年的"飞行的汉堡人"或1935年的"05号机车",当作他们的功绩大肆庆祝时,德意志国家铁路公司却不得不组织和投资高速公路的建设,把铁路的投资排在后面。德意志国家铁路公司1924年确立的私营公司地位被纳粹取消了。1936年11月30日,名称改为"德意志国家铁路"[①],1937年2月10日颁布的一项法令将其重新置于国家直接管理下。朱利叶斯·多普穆勒在魏玛共和国时期就被任命为国际化的德意志国家铁路公司总经理,现在又被希特勒任命为帝国交通部部长。每个驾驶室和每件铁路工人制服上的"纳粹"标记很快就表明了铁路的"国家"特征。

萨尔地区1935年重新回归仍然符合《凡尔赛条约》要求,希特勒的外交政策在1938年变得更具扩张性。3月12日,德国国防军占领了奥地利,并从10月1日起占领了捷克斯洛伐克的德语地区,几天前《慕尼黑协定》将这些地区划给了德国。当新闻媒体将获得这些领土称为和平秩序的"千年"基石时(貌似从国家边界角度来看是可信的),

---

① 译者注:Deutsche Reichsbahn这一名称从魏玛共和国时期一直沿用至盟军占领时期,民主德国成立后仍继续沿用,为以示区分,民主德国时期称德国国营铁路。

国家机构和私人军火公司正为即将到来的战争疯狂挖掘新领土的潜力。除了能让服兵役的人数大幅增加外，还有"东马尔奇"的铁、铝和石油以及北波西米亚的煤炭和矿石。（从入侵后一周开始）因为翻新经济危机中被遗弃的机车而找到工作的人，或者稍后在铁路建设项目（韦尔斯－帕绍第二条轨道）中或因车辆订单而找到工作的人，可能会暂时对"元首"的"和平重建工作"表示感谢。从奥格斯堡到伍珀塔尔的德国国家铁路局的字母缩写清单里又加上了林茨、维拉赫和维也纳铁路局，奥格斯堡、布雷斯劳、德累斯顿、慕尼黑、奥佩恩和雷根斯堡的铁路局也扩大了。德意志国家铁路只能艰难地满足所有要求。

早在1939年3月15日，希特勒就毫不犹豫地将手伸向了德语区边界之外，占领了"其余捷克地区"。德国人在那里建立了"保护国"，该区域内的铁路仍然由"波希米亚－摩拉维亚铁路"独立运营。

1936年5月11日
博尔西希制造的05 002型机车创造了200.4千米/小时的蒸汽机车世界纪录。

1936年5月15日
柴油和电力运行的两节和三节高速动车组以及蒸汽机车牵引的亨舍尔－韦格曼列车，将快速交通系统提速至160千米/小时。吕贝克－布钦纳铁路公司（Lübeck-Büchener Eisenbahn）使用流线型蒸汽机车和双层车厢开始了汉堡－特拉维明德的穿梭列车服务。

1936年6月18日
弗莱堡－诺伊施塔特线（Höllentalbahn）开始试运行，电压为20kV/50Hz。

1937年2月2日
法律废除了德意志国家铁路公司的法人地位。缩写DRG被DRB（通信）和DR（车辆）取代。总经理多普穆勒也成了帝国交通部部长。

1938年3月11日
一场纳粹政变和德国国防军的入侵让长期以来一直受威胁的奥地利与德国"合并"了。奥地利联邦铁路公司（BBÖ）由DRB接管。为了给战争做准备，"东部边境地区"的铁路部门紧张地投入建设。

1938年10月1日
英国、法国和意大利屈服于希特勒的战争威胁，允许他在《慕尼黑协定》中吞并"苏台德地区"。从1938年11月起，"走廊"直通快车穿过已经缩小的捷克斯洛伐克在柏林和维也纳之间运行。1938年，国家铁路网增加了8300千米。德国国防军的行军、在法国边境建造"西墙"、为军备工业提供服务以及迅速将占领的铁路网改造以适用于战争，已经使德意志国家铁路公司的能力达到了极限。

铁轨上的德国

国家铁路时代让人难忘的标志之一是"铁路飞艇"。在螺旋桨驱动下,1931年6月21日它在汉诺威郊区创造了230千米/小时的世界纪录。随后一路行驶至莱茵兰,吸引了无数围观者。当时正处于世界经济危机期间,许多人希望现代技术能提供积极的动力。汽车、飞艇、飞机和快速列车大受欢迎,赫曼·奥伯特(Hermann Oberth)在1923年和1929年间写了第一批关于太空火箭的书。

展望未来：
国家铁路时代电气化产品的经典之作

在 20 世纪 20—30 年代，蒸汽机车在第一次世界大战前就已经达到的技术水平上已经无法得到根本性的提升。通过将锅炉压力提高到 2.5、6 甚至 12 兆帕，或者使用涡轮机和废汽冷凝来获得更高的温度和压力梯度，从而显著提高蒸汽机经济性的尝试，都和流线型设计一样失败了。除轻型调车服务用的小型机车外，柴油机驱动系统仍处于大规模试验阶段。

电力列车牵引取得了相对惊人的成功。1923—1924 年生产的七轴电力机车装配了低速发动机，在行驶途中和在维修厂里都必须精心维护，它的功率重量比达到 21—25 千瓦/吨。1925 年开始生产的更为简单的 E 32/52/60/77/91 的功率重量比低于 18 千瓦/吨。从杆式驱动过渡到单轴驱动带来了巨大的改进潜力。功率特性系数得以从 1928 年 E17 型的 25.1 千瓦/吨，进一步发展到 1935 年 E18 型的 28 千瓦/吨，而战争开始时交付的 E19 型则达到约 36 千瓦/吨。没有一台蒸汽机车能在丘陵地带赶上或者超过装配这种机车的重载列车，此外它们在平原地区完全具备直通快车才有的良好行驶性能，速度可达 120 千米/小时至 130 千米/小时。为了简化机车司机的操作，E18 型车还改用了电动变速箱来调节速度等级。必须站着操作的方向盘变得可有可无了。但是，由 AEG 公司负责的电力机车高性能生产线太昂贵了，而且还不完整，因为无运行轴的转向

根据空气动力学原理做的外部设计，让电力快车机车 E18 在 1935 年的百年庆上吸引了许多人，业界对机械集中装置和发动机与轮对之间灵活的"弹簧套筒弹性传动"尤其关注。这种机车最后一次生产是在 1954 年，一直服役到 1984 年。

1932—1954 年制造并一直服役到 1991 年的 E44 型车的设计创新点有：底盘带两个转向架在曲线上能理想运行，电机直接安装在四个驱动轮对旁，在两个运行方向上同样可用，而不用像以前那样区分"向前"和"向后"。

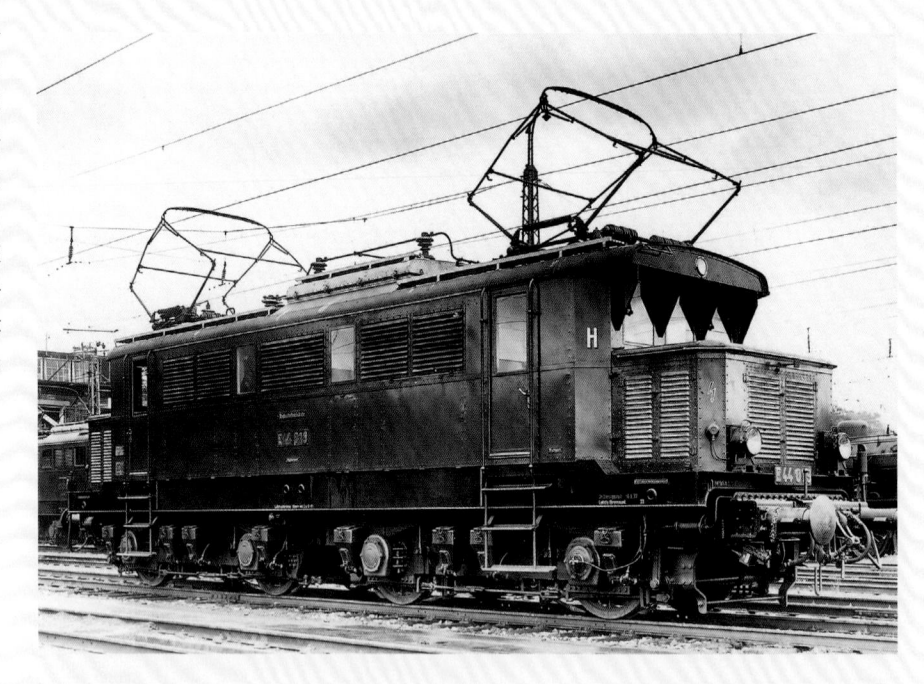

架机车是由西门子和亨舍尔负责设计和生产。1933 年投入量产的 E 44（额定功率 28.2 千瓦 / 吨）时速 90 千米不适用于快速列车，但普遍适用于客运列车和中等重量的货运列车。E44 型机车证明了焊接技术能完全取代之前的铆接技术。AEG 公司紧接着推出了六轴的 E93，然后在 1940 年凭借在此基础上开发的 E94 大获成功。E 44 简单又便于运行的车辆技术与电动集中装置、高性能发动机以及发动机与轮对之间灵活的动力传输，以 E 18 的方式相结合，这种做法为第二次世界大战期间的瑞士机车制造商和 1952 年以后的德国联邦铁路（DB）及其供应商所沿用。我们现在的 101、146、182 或 189 轴式仍是老式 E44 的 Bo'Bo'，即使现在每吨的功率高达 75 千瓦。

柏林走的是一条完全不同的进化路线。经过 20 年的审议和试验，1921 年柏林决定对城市铁路、环城铁路和郊区铁路进行电气化改造，采用供电轨和 800 伏直流电。在对试生产车进行测试后，"城市铁路车型"在 1927 年量产。到 1932 年，已经生产了 689 辆该型号及随后出现的万湖（Wannsee）型动车和同样数量的驾驶车和附挂车。无论是在魏玛共和国后期，在纳粹党控制和战争期间，还是在柏林分裂时期和统一以后，那特有的三面端板一直是柏林的象征。这一型号的机车直到 1997 年才结束正常运行！20 世纪 30 年代，还有 670 辆车采用了同样流行的圆形端面。

70 年中，在波茨坦和厄克纳（Erkner）之间、特尔托（Teltow）和奥拉宁堡（Oranienburg）之间运行的千米数来看，柏林 ET165 比其他任何交流电力机车都更重要。这 70 年它还经历了独裁、世界大战、分裂、民主、煽动、隔离墙、护照协议，经历了兴登堡、希特勒、路透、乌尔布利特、肯尼迪、勃兰特、昂纳克以及科尔时代。1957 年，它从弗里德里希大街向斯特劳斯堡方向出发时，很大程度上仍保持战前状态，只有一个信号灯和两个置于顶部的尾灯。

在国家铁路时代，蒸汽机车的开发工作在保守的管理与实验性的工业设计两极之间摇摆，这些设计很少能在正常运行中保留。最具创新性的流线型机车是亨舍尔的 19 1001 型机车，它直到 1941 年才完成，装有四个高速蒸汽机。战争阻碍了它的进一步发展和生产。

2010 年在德国 19000 千米的线路上，电力机车提供了超过 92% 的总运输能力，E 44、E 18 和 ET 165 等老将功不可没。

1939—1941 年：在"闪电战"的阴影下

1939 年 9 月 1 日，早已厌倦了非战斗性行军和外交考虑的希特勒，命令国防军向波兰进军——他已经在一周前与布尔什维克宿敌斯大林就互不侵犯和东欧分治问题达成了协议。德意志国家铁路接管了波兰国家铁路（PKP）的大部分，重建了但泽（Danzig）和波森（Posen）的国家铁路分局（BRD），并扩大了奥佩恩（Oppeln）国家铁路分局的范围。波

1935 年，克劳斯 – 玛菲公司和福伊特公司推出了世界上第一个柴油液压干线机车。有了福廷格（Föttinger）的液力传动装置，柴油机和驱动轮对之间的动力传输问题就得到了解决。

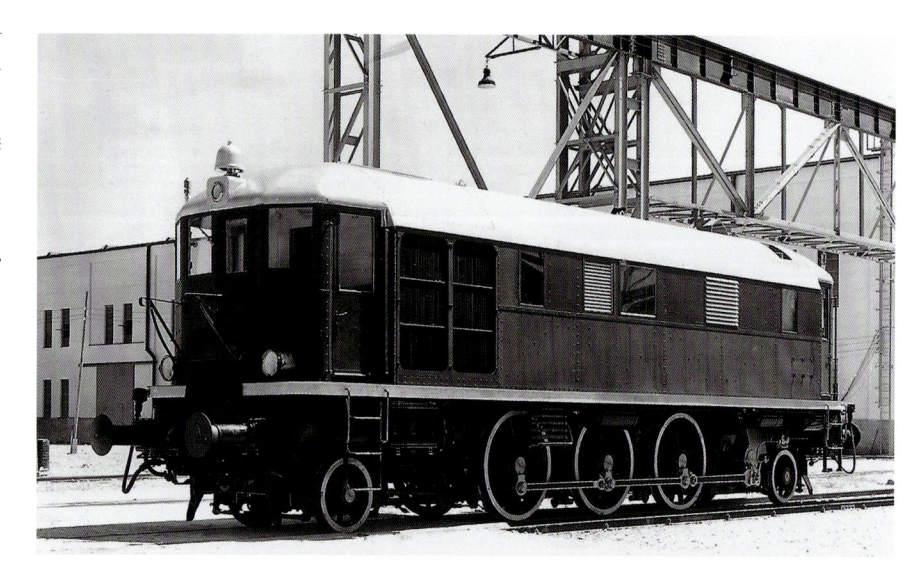

1939 年生产的高速电力机车 E 19 12，试运行时达到 200 千米 / 小时的速度。

兰中部成立了"总督府"，那里的波兰人过着暗无天日的奴隶生活。铁路系统移交给"东部铁路总局"，它在克拉科夫、华沙［以及后来的伦贝格（Lemberg）①］均设有分局。

1939 年 3 月 15 日
　　希特勒让德国国防军开进波希米亚和摩拉维亚这些主要由捷克人居住的核心地区，并在那里建立了一个"保护国"。"波希米亚－摩拉维亚铁路"（BMB）被帝国交通部控制。另一方面，柯尼斯堡国家铁路分局从立陶宛接管了梅梅尔领地（Memelland）的铁路。

1939 年 8 月 22 日
　　为了确保进攻波兰的军队部署，国家铁路改用紧急时刻表。由于燃料短缺，几乎完全停用了公共交通用的柴油动车。许多特快列车被取消，剩下的连接线延长旅程时间。

1939 年 9 月 1 日
　　"波兰战役"揭开了第二次世界大战的序幕。在几个星期内，德国国防军就到达了与苏联商定的边界。波兰广大地区被吞并；波兰中部以"总督府"形式成了殖民地的一种。那里由"东方铁路公司"负责。空袭保护条例在国家铁路生效。

1939 年 12 月 22 日
　　德国历史上最严重的火车事故发生在根廷（Genthin）附近（柏林－马格德堡线）。一列 D180 车撞上了停在车站的一列 D10 车，事故导致 186 人遇难和 106 人受伤。

---

① 译者注：现乌克兰的利沃夫。

1940 年

为了对丹麦、挪威、卢森堡、比利时、荷兰和法国发动"闪电战"，德意志国家铁路必须继续保持高效运转。在战争的头几年，41、44、50、86 和 E 94 型货运机车的交付也只是杯水车薪。这年秋天，德国开始大规模投资波兰东部的铁路设施，为进攻苏联做准备。除了接收了东比利时和卢森堡以外，这一时期管理区域几乎没有变化。

1941 年 4 月

德国国防军在南斯拉夫和希腊也很快取得了胜利，但随之而来的是一场损失惨重的游击战。维拉赫（Villach）和维也纳的国家铁路分局（自 1937 年起多用大写字母缩写 RBD）将它们的线路网扩展到斯洛文尼亚（"下施蒂利亚和上卡尔尼奥拉"）。

在这些年里，为了满足军事需要并为中东欧发展落后的铁路提供紧急援助，"旧帝国"铁路在人员和技术方面不得不动用储备。50 型机车远远超出了原本作为"G10 替代品"的预期，成为 1940—1942 年最重要的新型机车。它的轴荷载为 15 吨，在占领区的铁路上普遍适用，而五联轴可以满足重型货运列车需要，最高速度为 80 千米 / 小时，在许多情况下也能满足战时客运列车的需求。另一方面，曾经声名在外的长途交通彼时已不复存在，原本人们可以将 1940 年左右交付的 01^{10} 和 03^{10} 流线型机车、E 19 以及裙板车用于此。

1940 年 7 月 5 日，两台 01^{10} 型机车在电影新闻片中隆重亮相：它们载着希特勒从贡比涅返回，在那里他要求法国人在与 1918 年一样的车厢内签署屈辱的停战协议。通过一场已经在波兰实践过的（大规模空袭、空降在敌人的边界工事后方、装甲部队快速推进）"闪电战"，德国在六周内打败了第一次世界大战的主要敌人。不久前，德国国防军没有宣战，就顺带攻克了丹麦和挪威，如今还攻占了荷兰、比利时和卢森堡。胜利越过 1914—1918 年间数百万人流血而死的战场，让希特勒的声望达到了顶峰。1941 年春天对南斯拉夫和希腊的"闪电战"看起来赢得毫不费力，进一步加固了人们对其不可战胜的信念。1940/1941 年被占领国家的铁路仍然保持独立，但比利时和南斯拉夫一些被吞并地区除外；阿尔萨斯 - 洛林和卢森堡的铁路后来被德意志国家铁路接管。

"东部运输战"和 1941 年战争转折点

从 1941 年 6 月 22 日起，随着对签约伙伴苏联的进攻，希特勒让他的国防军、经济储备以及所有运输能力都捉襟见肘。通过俄国的公路网，无法确保对不断推进的前线的供应。苏联人撤退时带走了铁路材料。德国人不得不匆忙地将占领的铁路与欧洲的宽轨连在一起。幅员辽阔的俄罗斯消耗了越来越多的普鲁士邦有铁路机车、稀缺货运车辆和国家铁路各级人员,其中许多人再也见不到他们的祖国了。早在1941年秋天,雨水就令德军在莫斯科郊外泥泞的道路上停滞不前,此后不久,只穿着夏季服装的德国士兵在俄罗斯的冬天为生存而战,而不是为胜利而战。对红军的任何奇袭优势都耗尽了,来自俄国远东地区的军队休整后开始了反击。"东部"(这样称呼苏联领土,是为了故意忽略那里的人民)的德国交通系统已经崩溃了。德意志国家铁路的38型、55型和57型车停在停放线上,有的冻坏了,有的深陷雪堆,有的被游击队埋设的地雷炸翻在轨道外。数以万计装有重要战略物资的车辆被搁置,在许多地方甚至没有任何形式的通信。

希特勒除了在1941年12月向美国宣战外,没有其他更好的办法。狂热、盲从和恐惧结合,使绝大多数德国人选择与独裁者一起走向深渊。直到1945年,德国还有很多报纸文章宣称在如此巨大的牺牲中取得"最终胜利"是"德国的使命",还有很多法官用死刑来惩罚任何质疑,还有很多铁路工人为延长战争而竭尽全力。

1941年6月22日
在运送了33800列车的士兵后,对苏联的战争开始了。德意志国家铁路不得不向"东部"派出许多铁路工人和车辆;被征服地区的线路从宽轨改为标准轨。

1941年12月
"东部战役"在红军的抵抗下和俄罗斯冬季条件的影响下停滞不前。数以千计的普鲁士邦有铁路机车因冻坏被搁置,等待回国修理。

德意志国家铁路以外的地方铁路和工业铁路反差相当大。城市电气化快速铁路与地方小铁路一同运营。货物的日运输量在这边能用几千吨硬煤或褐煤来衡量,而在那边则只能用几桶啤酒或酸菜来衡量。光是看看这些机车就能说明问题:左边是私人运营常用的普鲁士T3型车,最早于1878年制造;右边是在国有轨道上同样没有位置的上西里西亚砂回填铁路的巨型机车,它为已开采的矿井隧道提供填充料。

博尔西希高速机车 05 001 和 002，驱动轮为 2300 毫米的红色流线型机车，在 1936 年 5 月 11 日创造了 200.4 千米/小时的世界纪录，成为不朽的传奇。而照片上刚完工不久的使用煤粉做燃料的姐妹车型 05003，却是彻底的失败之作。开展这一实验的目的是为了让快速交通使用国内燃料，而不像动车组一样使用石油。

1942 年 1 月 20 日

由当时德国国务秘书、高级官员和职能部门组成的"万湖会议"（Wannsee-Konferenz）对在欧洲范围内谋杀犹太人进行了统一协调；整个体系包括从剥夺财产和集中处置到驱逐出境和强迫劳动，最终到毒气室的"特殊处置"。国家铁路被赋予了一项核心职能，即为大屠杀提供交通工具，并以其一贯的效率履行这一职能。

1942 年 1 月

开发和采购车辆的责任从多普米勒（Dorpmüller）的帝国交通部移交给阿尔伯特·施佩尔（Albert Speer）的军备和战时生产部。他任命的铁路车辆主要委员会向希特勒承诺在两年内生产 15000 台"战争机车"。

1942 年：战争机车来得太晚了

1942 年成为了机车技术人员之年。铁路车辆的开发和采购职责从柏林的国家铁路总局和交通部移交给了军备部部长阿尔伯特·施佩尔（Albert Speer），与年迈的交通部长多普米勒（Dorpmüller）相比，领导层对他的政治狂热和年轻活力抱有更高的期望。在 50 型蒸汽机车的基础上，军备部和工业界（他们在"铁路车辆主要委员会"中共事）开发了简化和防冻的 52 型战争机车。当然，开发和生产转换需要时间；就目前而言，人们不得不首先采取临时解决方案，如使用已被改为"过渡性战争机车"的 44 型、50 型和 86 型机车，同时

冬天的火车原本应是一副温馨舒适的画面，因为人们可以想象自己待在一个温暖的车厢里。然而，1941 年秋天在莫斯科以及战后的几年里，大雪和零度以下的低温成为铁路运营的核心问题——对于列车运送的军人、囚犯、被驱逐的人以及难民来说是致命的威胁。

高地和深渊

一台战争机车：比利时编号为 6205 的普鲁士 S10 型机车。第一次世界大战后曾作为德国给比利时的停战赔偿，现在为"大德意志"国家铁路服务及宣传。

开展客运和货运机车、工程和矿山机车、电力机车和城市有轨电车的类型化研究。法国和比利时的"租赁机车"并不太适合国家铁路，为了缓解车辆短缺问题，所有锅炉的使用期限都延长了一年。1942 年 9 月，52 型车终于出现在轨道上。制造厂主要依靠来自被占领国家的无数强迫劳动者奴隶式的劳动，在 1943/1944 年实现了每月 500 台的交付量，这个数字在此前的世界机车制造领域是无法想象的。媒体对在"生产战"中取得的成功充满了宣传热情，但战争机车本应打的"运输战"在 1941 年就已经输了。52 型机车由于大量使用焊接技术成为一个里程碑，并成为几乎所有欧洲国家都赞赏和使用了数十年的机车类型，这是后话。

随着 1943 年 2 月斯大林格勒战役的失败，1942 年取得的所有前期胜利都功亏一篑。52 型机车以及一年后才出现的更重的 42 型机车，变成用于撤退、弥补轰炸的损失以及那个可怕项目①的机车，即便战争失

在这种情况下，我们在 1945 年 3 月再次看到了第 148 页（上图）中的 05 003 型。作为一台标准设计的快速机车，它应该牵引帝国政府的特殊列车，却因为缺乏应用领域，不得不停用。仅仅去了一趟起初并没有受到"敌人威胁"的石勒苏益格－荷尔斯泰因（Schleswig-Holstein）之后，它就被搁置了。

① 译者注：指将犹太人运至集中营。

铁轨上的德国

两次世界大战中都有许多关于士兵和火车的故事，他们不得不推着火车上坡，因为机车的物理特性又一次不服从军事命令。相关的图片留存得很少。这里是1939—1945年一些运输过程中普鲁士厢式货车人力辅助的证明。

空袭过后，一名士兵和一名铁路员工无助地看着一列正在燃烧的汽油车。战争即将结束时，燃料短缺成为所有作战国的首要问题。根据制服的颜色，"灰色"铁路工人被征召到德国国防军，而"蓝色"铁路工人则被国家铁路派往占领区。

败了,希特勒仍然有足够的时间。

1942 年 9 月 12 日
博尔西希推出了 52 001 战争机车。和平时期生产的各系列机车转换为"精制"的战争机车时,中间的"过渡战争机车"(ÜK)阶段(ÜK 作为 44、50 和 86 型运营编号的补充)比原计划持续了更长时间。

地雷的影响:苏联、南斯拉夫、希腊和法国的游击队每天每夜都在不停地干扰占领行动。

正如图中所示,1944 年 12 月 19 日人们在哈勒(Halle)进行了毒气战的演练。然而,与 1914—1918 年的战争不同,毒气战并没有发生。

1943 年 1 月 /2 月

随着被困在斯大林格勒的第 6 集团军投降，希特勒的败象尽露。随后，部队从苏联南部的大部分地区撤离。

1943 年

对科隆、汉堡和鲁尔区的猛烈空袭造成了"烽火暴"，成千上万平民死于其中。车站和维修厂遭到空袭对铁路运营的影响不断增加。对人员日益增长的需求通过雇用妇女（1943 年底为 18.2 万人）和使用强迫劳动者来解决。52 型机车的大规模生产来得太晚了，无法在对苏联的战争中为德国赢得转机。

1943 年 7 月至 9 月

当德国国防军被逐出北非，盟军在西西里岛和意大利南部登陆后，意大利脱离了与德意志帝国的联盟。德国国防军试图减缓英美军队在意大利中部的推进速度。布伦纳（Brenner）线仍是战争中德国最重要的供应线之一。

1943 年 12 月 7 日

宣传部长约瑟夫·戈培尔（Joseph Goebbels）首次举办了"德国铁路工人日"，感谢 160 万国家铁路工人做出的贡献。

作为死刑室的火车车厢：
乘坐帝国火车前往毒气室

即使在战争转折后的1941年12月，纳粹的影响范围仍然大到足以在所有战线后方对手无寸铁的平民执行那个"战争目标"，世界史上任何其他罪行都无法与之相提并论：那就是屠杀欧洲的犹太人。无法比较，不仅仅是因为暴行罄竹难书、受害者数目大到让人难以想象，还因为它发生在20世纪中期文明的欧洲，是由无数杀人犯在无数证人面前，在一个现代国家的所有政府部门协同影响下，像政府的其他"措施"一样付诸"实施"。

20世纪30年代德国法学家急切地将剥夺犹太人的权利写入法律条款中，德国税务部门大肆掠夺犹太人财产，在"政治上"深信不疑的国家铁路以同样的热情在40年代完成了它的任务，将犹太人驱逐到灭绝之地。

当德国国防军在1941年入侵苏联时，"突击部队"紧随其脚步，在几个月内当着普通德国士兵的面射杀了数十万名俄罗斯、乌克兰和波罗的海犹太人。1941年底，数以百万计的犹太人仍然处于德国势力范围内，他们在很大程度上被排除在合法工作和食品券系统之外，被剥夺了财产和行动自由，大部分还被剥夺了住房，被羞辱性地打上了犹太之星烙印，有的甚至被关进监狱。1942年1月20日，在臭名昭著的"万湖会议"上，各部委的官员就一项"最终解决方案"的细节达成一致：将所有能确定的犹太人"带去东部"。没有劳动能力的犹太人或那些通过"劳动消灭"计划无法奏效的人，将在特别的"集中营"中受到毒气"特殊待遇"。从1942年初到1944年年底的三年时间里，来自法国、比利时、荷兰、卢森堡、意大利、南斯拉夫、希腊、罗马尼亚、匈牙利、斯洛伐克、"旧的帝国""东部边境""苏台德"和"保护国"的火车开往波兰的犹太人区和劳改营，然后从那里到处决坑和毒气室。上西里西亚的小镇奥斯维辛的名字成了犹太屠杀的代名词。还有恶名远扬的"淘汰机制"，让人觉得选择强制劳动这条"正确"的路，兴许还能有一线生存机会。然而，在特雷布林卡（Treblinka）、迈达内克（Maidanek）、索比堡（Sobibor）和贝尔泽克（Belzec），没有军工厂，没有工人营房，只有毒气室。

在德国的势力范围内，只有丹麦、保加利亚、罗马尼亚以及最初的意大利保护他们的犹太居民不被谋杀。

为数不多的战后接受审判的铁路员工，声称对此事一无所知。成千上万的"Da"（估计是"运难民的直通快车"这几个字的缩写）列车在战时条件下长途旅行，居然没有人为此负责。奇怪的收费情况（总是单程票、减免团体票和货运车皮使用费），没有让任何人感到困惑。在调车场停留的数小时内，拥挤不堪、戒备森严的列车上对水和面包的呼喊，居然从来没有人听到过。报纸、杂志、文学作品和互联网上有许多类似的说法。

与纳粹德国作战的国家、中立国和梵蒂冈政府以及公众对德国谋杀犹太人的看法，他们帮助犹太人的能力和意愿，这些都是异常复杂的问题。

毒气室中的蓄意谋杀始于1942年上半年，不仅发生在奥斯威辛－比尔凯诺，也发生在"总督府"的灭绝营里。当时的情况是，英国和美国的轰炸机只能从英国起飞。直到1943年秋天，他们才能使用意大利南部的基地，1944年夏天才能使用法国的机场。在1942/1943年，每一次进入德国领土的飞行都要穿越数百千米的敌方领域，并面对仍然强有力的对空防御力量。因此，这时的空袭主要针对德国西北部。当科隆、埃森、多特蒙德、吕贝克、慕尼黑或汉堡早已经历了猛烈的轰炸时，柏林和莱比锡却较少遭到轰炸，上西里西亚、波希米亚和下奥地利的重要工业区也未受其害。

顺便说一句，纳粹非常聪明地选择了剥削和谋杀的物流中心。柏林、丹泽、华沙、克拉科夫、布达佩斯、维也纳、布拉格和德累斯顿的主要铁路线在奥斯威辛附近的枢纽交汇。那里也不乏道路连接、通航河流和运河。直到1918年还属于普鲁士－俄罗斯－奥地利而后属于德国－波兰－捷克斯洛伐克的三角地带，现在成为帝国和总督府之间的边界地区，是一个煤炭资源丰富的地区，有着密集的基础设施，便于劳动力的输入和在当地大型工业中应用。

此外，空战经验表明，即使有大规模和不间断的攻击，一个城市或一个地区的铁路发展也几乎不可能长时间中断。大型桥梁未被击毁的话，施工人员通常能够在24小时内恢复路线的临时通行。盟军仅有两次成功地摧毁了大面积的铁路基础设施，但每次都付出了巨大的代价。第一次是在1944年6月6日登陆前在法国北部，第二次是在1944/1945年前后，为阻止德国人从鲁尔区运走煤炭。前提是每次的飞行路线都必须很短。

然而，1944年5月以后的情况更为清晰。当时犹太人被从已被占领的匈牙利向北驱逐，奥斯威辛是他们唯一的目的地。那个时候，自由世界已经清楚德国谋杀的规模和计划了。火车运行局限在一个相当狭窄的通道上，尤其是从布达佩斯经斯洛伐克到奥斯威辛这一段。这一时期，经常性的空袭能够切断通向死亡的铁路线，从而为受害者赢得宝贵的时间。当然，这样的空战行动不会是非常容易和毫无风险的，从法国或意大利中部出发，仍然有相当长的一段距离。

所有这些事实表明：盟军只有以冒险的长途飞行为代价，他们的轰炸机才能抵达集中营，而且他们只有通过非常猛烈和不间断的攻击，才能使周围的铁路网瘫痪。他们是否应该这样做，不是这里要讨论的问题。但是我认为有充分的理由去反驳下述观点，即对盟军来说轰炸通往奥斯维辛的铁路是件非常容易的事。

"牲畜车"——一个被滥用的概念

在记忆和纪念文学中总是（出于好意）反复出现的一些表述，模糊了人们对驱逐和谋杀的过程及其感知的理解。**牲畜车**仿佛成为通往犹太人居住区、击杀坑和毒气室的交通工具的标准术语。因为文学作品必须要凸显差异。

至少大多数犹太人并不是用货运车从帝国和西欧运到"东方"的，而是使用大城市短途交通常用的老式客运车。即使用这种车进行长途运输，也并非一开始就是不人道的。然而，"运输"条件被故意弄得更糟，因为车上挤满了人以及他们携带的行李。应用到长距离线上时，这种列车无法（也不允许）提供足够的通风、取暖和足够容量的厕所。

每节客运车辆都属于某地区国家铁路局固定库存的一部分。因此，以"斯图加特""德累斯顿""埃尔富特"或"慕尼黑"开头的车辆号码，能提供关于运输出发地的一些信息，但是未必是完整和准确的信息，因为列车也被用于多边交通。例如，一列由慕尼黑国家铁路分局车辆组成的列车可以先把巴伐利亚的劳工带到鲁尔区，然后把科隆的犹太人送到特莱辛施塔特（Theresienstadt），最后再把波兰的强迫劳动者带回柏林。

有篷货运车辆是被吞并和占领区内独特的交通工具，被用于从总督府和波罗的海国家的犹太人居住区和强迫劳动营或"波希米亚和摩拉维亚保护国"的特莱辛施塔特集中营到灭绝营。欧洲所有铁路管理部门总共采购了数百万节两轴木制车厢，在很长一段时间里这些车厢的顶是平的，从20世纪20年代开始，才变成拱形。作为货车，它们当然没有窗户，可以通过两边的滑动门进行装载。这些车辆被用来运输各种对水分敏感的货物，如袋装土豆、谷物、面粉、糖、人工肥料或水泥、成捆的布、成卷的纸、桶装啤酒、葡萄酒或酸菜、堆放在箱子里的水果和蔬菜、机器零件等。

这些车辆也适用于运输大牲畜，为此设有专门的通风挡板。根据外面的温度，滑动门不完全关闭，而是锁止在某个位置，一方面可以增加通风，另一方面可以防止牛群或马群逃跑。

也有专门的牲畜车。那是些双层车，有镂空的车壁，用于运输绵羊、山羊、猪和鹅。他们在运输人员方面之前没有发挥任何作用。

用货运车运送人并不是纳粹的发明。参加过1914年之前的演习和后来的第一次世界大战的每个士兵都曾乘坐货运车。对于货运车皮的军事用途计划，铁路管理部门也写下了相应的容量：最经常采购的尺寸对应的说明是德语或法语的"6匹马/40人"。运输人时，可以把特制的横板搁起来作为长椅，大小便可以用桶，沿途因运营原因或补给需要多次停留，也给了人充分的机会去"灌木丛里解决"。

同样的运输方法也适用于第二次世界大战的士兵、战俘和强迫劳动者。

货运车是在"执行"死亡运输任务时特别不讲道义才成为"带有德语铭文的移动棺材"（贝拉·索尔特，《九个手提箱》，布达佩斯1946/1947年）。

如果60—80人挤在一节货运车厢里，而非40人，如果即使是夏天车门仍然紧锁（长达数小时，空战时甚至长达几天），如果夏天不提供水，冬天没有暖气甚至连热水也不给提供，那么到达目的地后就会卸下许多尸体，然后返回的车辆处于极糟糕的卫生状况，德意志国家铁路的官员们偶尔会向预定运输的帝国安全总局、盖世太保或党卫军抱怨。欧洲铁路上通风挡板上有铁丝网的有篷货运车因而成为纳粹浩劫的象征。

从车厢上的一个城市名就断定那里是这列火车的故乡或这趟运输的始发地，这是错误的。1933年前后，德意志国家铁路公司庞大的货运车辆队伍在整个网络上自由使用。从1939年起，来自被占领国的车辆也是如此，南斯拉夫的车辆可以在任何时候被放置在从华沙到特雷布林卡的列车上，来自法国的车辆可以被放置在从萨洛尼基到奥斯威辛的列车

与其他所有大型集中营一样，布痕瓦尔德（Buchenwald）也可以通过铁路到达。国家铁路网为迫害和谋杀提供了不可或缺的后勤保障。只有在运送残疾人或其他被伪医学宣布"不值得活下去"的人时，才会选择不同的方法。10万名这样的受害者被深灰色的公共汽车送往杀人机构。

上，完全没有任何问题。即使在和平时期，德国货运车上的城市名称也不代表家乡，而是代表着某些制造类型。"斯图加特"是一种带折叠侧壁和插入式支柱的扁平货运车，适用于军用车辆的运输，"埃森"是鲁尔区典型的用于煤炭运输的开放式货运车，"什未林"或"纽伦堡"是容量较小的老式货运车。从19世纪末开始采购的平顶有篷货运车，最常用于驱逐出境，德意志国家铁路会给它们标上"慕尼黑""卡尔斯鲁厄"和最常见的"卡塞尔"等名称。更现代的设计"不来梅"和"奥波莱"也有使用。货运车上的城市名只是每个调车员和客户都熟悉的方便称呼。没有哪本书介绍过货运车的具体使用情况。也没有人知道在20世纪六七十年代逐渐退出服务的那些货运车中，有哪些曾被用于驱逐犹太人出境。

　　人们不应该把"运输车"出发时的场景想象得过于戏剧化。在慕尼黑或美因茨，站台上的监督员或相邻轨道上火车里的乘客看到的并非将尖叫着的人残忍地塞进牲畜车，而是在严密看守下将沉默又惊恐的人送上常见的绿色短途车。机车司机会带着他们经过一段80千米或120千米的路。在经历了几次换人之后，来自奥波莱国家铁路分局或总督府东部铁路的机车司机才会接管列车，这些人（通常是波兰人）知道旅途的目的地，这一点经常被记录在案。

　　然而，这些人从未见过他们在旧帝国的同事们。

"履职"到底：1943—1945 年

即使在斯大林格勒战役之后，帝国的经济和军事力量仍然足以延缓不可避免的衰退。德国军备工业直到 1944 年年底产量仍在增加。

尽管个别机车厂、运营中心和维修厂遭到了多次破坏，但直到 1944 年，铁路运营每次也只是明显受影响几天，甚至在关键阶段和关键地区也是如此，运营网络因正在进行的东部撤退缩小了，反而缓解了车辆短缺状况。长期以来一直被认为最容易发生故障的电力运营，也出乎意料地运转良好。

直到 1944 年初夏，盟军开始对经济目标进行集中空袭，这对战争起了决定性作用。第一个目标是德国的燃料生产，它在几周内就陷入了停滞状态。在经历了严重的权力之争以及对德国战争经济的冗长分析之后，盟军终于在 1944 年秋季就更大更集中的空袭目标达成了一致：调车场。对鲁尔区调车场日夜不间断的空袭导致军备工业的煤炭运输、发电厂和铁路运营崩溃，从而使国民经济的核心领域陷入瘫痪。

与此同时，东线正势不可挡地接近德国旧的边界；在诺曼底登陆的盟军解放了第一个德国主要城市亚琛。当铁路工人们转而将一长串被堵住的货运车厢推出轨道时，工业界仍在交付战争机车。

盟军的轰炸从 1942 年开始不断增加，许多铁路设施变成了废墟。图中为 1945 年 2 月 27 日空袭后的奥格斯堡火车总站。

高地和深渊

1944年年底国家铁路迎来了一项前景暗淡的新任务：运送东普鲁士和锡本布尔根①（Siebenbürgen）之间为了躲避苏联红军而拼命往西逃的德国妇女和儿童。

1945年1月23日所有直通快车和特快列车服务中断，是德国战争机器持续崩溃的众多明显迹象之一。铁路管理机构以一种怪诞的方式继续发展，它没有解散那些已经完全丢失的地区的总部，而是选择"重新安置"。1945年2月，当俄国人到达奥得河边、美国人到达莱茵河边时，盟军的传单呼吁德国铁路工人通过罢工和破坏行动来缩短战争时间。1973年，德国铁路公司的一份官方文件简明扼要地指出："但是德国铁路员工仍继续履行他们的职责。"

对于来自东部的难民来说，即使是敞开的货运车厢也能成为他们临时的家（1945年4月摄于什切青）。

1944年10月
在亚琛地区和东普鲁士，盟军军队和苏联红军接管了第一批国家铁路线。很快来自帝国东部地区的难民列车也纳入了德国国家铁路管理范围。

---

① 译者注：今罗马尼亚的特兰西瓦尼亚。

1945年3月7日

在雷马根（Remagen）附近的铁路桥上，盟军首次成功跨越莱茵河。

德国不惜一切代价延长战争的策略招致对德国城市持续不断的猛烈空袭。在战争的最后几周，奥格斯堡、克赖尔斯海姆（Crailsheim）、德累斯顿、哥达（Gotha）、格拉茨、曼海姆、普拉特林（Plattling）、特鲁赫特林根（Treuchtlingen）、维也纳新城、维尔茨堡以及鲁尔区和柏林的铁路设施遭到严重破坏，成千上万的铁路工人和乘客被杀害。德国国防军在被盟军攻占前几小时将许多地方的大型桥梁炸毁，从而造成进一步的永久性破坏。

1945年4月25日

苏联和美国军队在易北河的托尔高（Torgau）附近相遇。

1945年4月30日

希特勒自杀。

1945年5月8日

德国国防军无条件投降。德国铁路的中央管理机构不复存在。铁路运营由盟军接管，但在1945年晚些时候移交给了民政当局。

西部占领区的铁路管理部门直到1949年仍被称为"德意志国家铁路"。苏联占领区、民主德国和柏林的四个区则一直保留着这个名字。①

德国铁路员工在面对1945年5月以来的艰巨任务时，没有受到1918年后民族独裁妄想的羁绊。德国国家铁路在战争结束后名义上幸存下来，但并非还是一个完整的组织结构。1945年5月8日之后，他们管理的铁路网被移交给不少于12个国家和地区的铁路管理机构。在德军投降四年后，占领国认为"德意志国家铁路"这一名称不再适用于各区。

---

① 注：这一时期我们通常称之为德国国营铁路。

铁路线旁的日常生活：
20世纪的铁路宇宙

　　1945年5月8日发生的重大国家政治事件，推翻了等级制度，撕下了罪犯脸上的面具，真相就像空气从爆裂的气球中溢出一样，从欺骗性的术语、令人生畏的制服和伪法律条款中出来了。但是，1918年的失败、1933年开始的独裁统治、1941年12月以来一连串灾难以及后来的货币改革、德国社会统一党（SED）①政权的确立、1968年联邦德国的骚乱以及最后民主德国的垮台，都有着类似或显性或隐性的影响。

不断变化中的坚持：日常生活

　　但是在伟大的意识形态口号、杰出的名字、人人称颂的纲领、重组的宪法之下，日常生活还是极其艰难地维持着和悄悄变化着。1957年，我父亲买了他人生中第一辆车，一辆当时最流行的白色车顶蓝色款欧宝Rekord，他很自然地把它停在慕尼黑施瓦宾的公寓楼前。仅仅四年后，当他和家人在这个郊区社区签下房屋租约时，停车状况已经恶化到他不得不绕着街区去找一个合适的停车位。当我在1961年以孩子的好奇心探索这个郊区社区时，我注意到，除了带有平板车的E44（当时还没有S-Bahn）以外，小溪边有不间断的木制小路，家庭主妇们可以在流水中清洗衣服。同样，只用了几年时间，洗衣机的普及就彻底改变了这种自古以来的习惯。

　　铁路是德国20世纪日常生活的一部分。外行人可能不关心技术数据和

---
① 译者注：原民主德国的政党。

漂泊、安静和孤独的线条在平交道口交叉。1991年10月，根廷（Genthin）附近的柏林－马格德堡线。

机车编号，即使帝国或联邦铁路的绝大多数员工，也并不关心他们列车的行李车是萨克森还是符腾堡设计，不关心那些在时刻表变更后突然无人关注的小铁路会变成什么样。小人物和他的妻儿的"铁路史"并非一串关于技术方向和性能的珍珠项链，而是一些伴随着生活的大多为灰色的印象，包括拥挤或空荡的车厢、冰冷或闷热的火车、站台上的雨或阳光，以及夜间刺耳的哨声、缓冲器的砰砰声和冲向黑色天空的蒸汽云。不仅昏花的老眼会想起童年时五颜六色的特快列车，疲惫的耳朵会想起铁路的震动和声音大得不可理喻的广播，乘客的座位会想起木质长椅和塑料座椅，调车员的手会想起油腻的螺丝接头和冰冷的开关杆，车辆清洁工的鼻子会想起肮脏的厕所和刺鼻的清洁剂，一直都有乘客的候车室会想起香肠、淡咖啡和啤酒，线路工的脚会想起橡木、钢型材和混凝土制成的枕轨……而这一切和眼下的事情似乎关系不大。

对于1900—1960年出生的人来说铁路不是新事物，而是"一直都存在"的，但对于年轻一代（我期待其中很大一部分能成为这本书的读者），铁路什么方面会让他们感兴趣呢？不是只造了一台样车辉煌了几周的"螺旋桨推进动车"，也不是拥有优秀动力装置的巴伐利亚 S 3/6，不是那些关于标准机车加热面比例的争议，也不是车辆制造焊接技术的进步。我们应该把目光从铁路的"传奇"挪开。

护栏在1963年确保了客运列车从巴特山道（Bad Schandau）到德累斯顿的道路安全畅通。

一个编号高达535a的岗哨。这一定是一条很长的长途铁路，在联邦铁路的早期，一位不知名的作者拍到了栏木和警告十字后疾驰的P8。

不接触的观察：平交道口

　　即使不想、不能或不允许旅行的人也在等待火车，他们站在大城市或小城市的平交道口栅栏前，或在树林和田野中支线的简单十字路口前，观察机车和车辆，了解它们的形状和声音。在那里，他们或耐心地等待，或徒劳地抱怨，或利用时间闲聊，或让马匹和破旧的货车休息一下，或对铁路表示惊叹。上班或散步的行程不得不在火车经过时暂时停下，几分钟后才能恢复，而在疾驰的火车上乘客们的安宁则继续着。屏障树确保了快速列车穿过城市街道或在有十条轨道的车站不停调车时的安全，它们标志着北德平原上笔直的大路和铁路线之间的交叉口。平交道则常常位于在丘陵地带小城镇的葡萄园、斑驳的城墙和半木结构房屋之间的狭窄处。那里有现代的钢制护栏，上面挂着叮当作响的挂件，防止孩子和狗溜过去；那里有参差不齐的木制护栏，自动的半护栏系统，能为司机提供准确无误的警告信号；那里还有牧场和松树林之间孤独的圣安德鲁十字架上生锈的标志。数十年来线路关停、道路网络集中以及新立交桥和地铁的建设，让平交道口变少了，但它始终没有绝迹。

运输工厂的大厅：火车站的大拱顶

　　"铁路的庭院"① 最初只是铁路轨道上具有商业或技术功能的公用建

---

① 译者注：即德语中火车站Bahnhof这个词的字面意思。

柏林东站有一个经典的桶型拱顶。1963年7月25日，度假的人们正在登上直通快车，估计是前往民主德国南部。38型车并没有停靠在月台轨道上，它几乎完全由行李车和邮车组成，不提供公共交通服务。

筑的集合。19世纪的最后几十年里出现了有代表性的火车站建筑。柏林、法兰克福（美因河畔）、慕尼黑或莱比锡的总站经常被人们形容为"大教堂"。从城市争夺（由砂岩、砖块、钢和玻璃建成的）最美建筑头衔，对比中世纪争相修建最高拱顶和塔楼的情况来看，这种比喻是直观的；从神圣的奉献角度来看，如果把现代人在无情的大钟下对机车发动机、刹车连杆、餐车冰箱、暖气管、电瓶车、邮袋和行李电梯提供的服务解释为对工业时代新上帝的服务，那也有合理性。将大型火车总站比作机车工厂车间同样贴切，那里发生的一切可以解释为分工协作共同生产服务

右边和中间是三列客运列车，左边是一列直通快车，许多穿着20世纪30年代服饰的人穿梭在这个忙碌的终点站。遗憾的是，我们无法通过这个站的标志牌知道它的名字。

高地和深渊

1962年9月8日，汉堡火车总站的大厅停满了列车。我们看到前面是一列26.4米长的两车厢等级德国联邦铁路标准车，后面是意大利国家铁路公司的两列车，其一为战前设计。直达车也属于大火车站和大火车时代。早在廉价航班发明之前，人们就可以乘坐"阿尔卑斯山快车"从哥本哈根经汉堡到罗马。这段旅程耗时33个小时。

和准时性。与早期铁路相比，文化史上引人注目的是火车站将技术职能（专业术语是"运营"）和乘客相关活动（"交通"）统一在了一个屋檐下。乘客不再害怕机车的轰鸣声和烟雾，司机也不用再担心有人因为没经验而从站台边掉下去。

在刚停下来还咯吱作响的列车旁问候和在已经开动的直通快车敞开的窗户旁告别，成为躁动的20世纪的原始画面，因此经常在故事片中再现。另一个同样经久不衰的主题是淳朴的郊区人们的渴望，他们每天跟着去向牌上写着文蒂米利亚（Ventimiglia）、卡尔斯巴德（Karlsbad）、阿

这张战后早期同样摄于汉堡火车总站的照片表明，战前的科隆快车被德国联邦铁路重新激活为VT 06。

姆斯特丹或布达佩斯东站的高级车辆跑，而自己却没有去过帕珀大街、施普洛霍弗或穆萨赫以外的地方。

将汉堡-阿尔托纳这样的车站重建成省级车站，对德国联邦铁路来说没有什么好处。在新的时代，车站大厅更受欢迎，但是在敞开的窗口用手帕告别才是人们心目中永恒的告别。遗憾的是快速交通用的全空调车辆所有窗户都是密闭的。

货运站的命脉

无论你是自己贩卖啤酒花、汽车轮胎、卫浴陶瓷品或腌黄瓜，还是在一家贩卖这些东西的公司上班，或者你只是在有轨电车上透过铁栅栏观察装卸平台上和铁路货棚旁的繁忙景象，这都不重要。每个人都清楚，货运站对于充实商店货架和填饱肚子是多么重要。诸如"大市场大厅""屠宰场""海外港口""奶牛场"或"煤码头"等铁路配送目的地名已说明了一切。如果没有日夜准时抵达的货物列车，没有货运站的起重机、手推车、传送带和叉车，人们就别指望得到土豆和面粉、洗衣粉和灯泡、甲壳虫和卫星小汽车、收音机和彩色电视、《大众观察家》《新德国》和《莱茵水星》、牛奶和啤酒、练习册和圣诞装饰

1930年左右货运站抽烟休息时间。忙着运送黄瓜的五位男士体形、五官和服饰都各不相同。只有一点相通，他们工作时都打了领带！

柏林使用的褐煤煤球来自尼德劳斯茨（Niederlausitz）。尘土飞扬的装载燃料工作雇用的妇女人数和男子一样多。这些燃料没有打包，而是作为散装材料处理。摄于1953年东区东南边界的格吕瑙（Grünau）车站。

球。"铁路滚动运输"（这一奇妙的新词汇曾出现在马拉货运站的木板墙上）、装载小型集装箱的货车运输，特别是装载整个货运车厢的重型载货汽车，有些地方甚至是电动有轨电车，都承担了货物的精细分配工作——这种情况在德国西部一直持续到大约30年前，在东部则持续到20年前。今天的铁路货运主要为从煤矿到电厂和从港口到工厂的大运量运输。

"货物处理"和"装载侧线"已经成为历史术语。

P8——流行的机车

本章并非旨在培养机车崇拜，而是考证哪种型号的机车在城市大众交通电气化之前使用得最多。从机车的数量、使用寿命和具体用途来看，结果很明显：五轴热蒸汽客运机车，型号标志为P 8，后来成为德意志国家铁路的38^{10}系列，在1906—1923年共制造了3438台，直到1974年才退出常规服务。在1936年年底，德意志国家铁路共有2683台这种类型的机车，在1958年年底，德国联邦铁路仍然有1069台，德国国营铁路有656台。在德国干线上，"P 8"或"38"是1920年至1965年期间客运列车标配。即使人们对机车类型了解不多，P8的那张"脸"也为大家所熟知，它的加厚烟室设在长锅炉对面两块"乖巧"的导风板之间而且没有高出缓冲梁太多。因为格式一目了然，该系列的命名也很受欢迎：人们认识和赞叹01型，拥有89型（作为模型），乘坐38型。几乎每个为了转运鲁尔区的煤炭，已经使用了各种技术，但运输之路还是很复杂！自装载车辆在柯尼斯伯恩（Königsborn）和瓦内－艾克尔（Wanne-Eickel）之间的某个地方装满煤炭，到叙科（Syke）后得把煤炭转到窄轨上的滚轴小车上；在布鲁豪森－菲尔森（Bruchhausen-Vilsen）通过传送带重新装载后，由哈诺玛格（Hanomag）牵引车及其木制拖车完成最后一段旅程。

德国联邦铁路现代标准P8，带槽式煤水车，但仍只有两个列车头部信号灯。图中的38 3705车在1958年年末由戈斯拉尔车厂维护。

高地和深渊

联邦铁路1950年日历封面强调了货运和客运交通对工业和国家经济的重要性。当然不能少了经典形状信号机的象征意义，这些信号机在2010年仍未绝迹。

图中的 P8 装配的是德国联邦铁路临时导风板，仍然有点高，而且距离烟室相当远。1958 年末 38 3158 型车在曼海姆维护。

这台 P8 的导风板是战前设计。1958 年年底 38 2650 回苏斯特（Soest）维护。它正在一条非电气化线路上牵引着一节 E 50。

德国居民在 20 世纪的前三分之二时间里都乘坐过 P8 型车，虽然这一事实尚无任何官方证据。

涂漆的金属板和煤油灯：信号

尽管没有人在艺术教育中向十四五岁的孩子详细说明"信号"的含义，但当其他同学按照 20 世纪 60 年代的审美，用鲜艳的色彩进行这样或那样的抽象加工时，一位中学生的发明："Hp 1 加 Vr 2"的现实组合，翻译成专业语言即"45 度角位置带红边白翼的主体信号机和指向右边垂直位置带橙色信号盘的预告信号机"，得到了最高分。很遗憾 1971 年这幅画并没有交给毕业生，而是作为学校公共财产销毁了。

"水平"代表"停止"和"倾斜"代表"行驶"，今天仍然与"红灯"和"绿灯"的含义一样普遍。

在过去的 100 年里，每个学龄儿童都曾用手臂向木制火车、三轮车或滑板车上的伙伴们发出过信号。这种象征意义是如此明显，以至于让人很难相信，在以前的英国和意大利信号翼无力下垂以及德国邦国铁路时代容易让人混淆的"白灯"，居然代表着"自由通行"。总的来说，信号的种类不管是过去还是现在都具有多样性。其中不仅包括通过钢丝吊车移动的桅杆上的翼板和盘片，而且还包括黑色和白色、橙色和红色的静态面板。在文化记忆中信号比铁路堤坝和运营要求扎根更深。自古以来，边防哨所、旗杆、军队的旗帜、铃杆或防御塔都代表着远处可见的所有权和颜色特权。

2006 年 2 月，在上施瓦本的小站洛斯贝尔格（Roßberg）前，一个基本结构已有 100 年历史的进出站信号机组合。

铁路辖区内现在仍然有很多信号灯，大多只显示彩色灯光。但是在新建线路上人们已经放弃使用它们了。在那里，机车司机早在看到地平线上的信号灯之前就已经从屏幕上知道速度要求了。

铁路公务员

"总理呼吁公务员按业绩计薪"。自1918年以来，人们经常会读到这样的新闻标题。很明显，公务员由于其任务性质，不能像流水线上的工人"按照量"来支付工资。在没有计件工资标准的地方，对服务的客观评价总是很困难。对于一个在职教师或养老金管理者或列车乘务员来说，与其他公务员没有什么不同，更不用说政治家和管理人员了。根据18世纪和19世纪作为忠诚的政府机构而出现的公务员群体来看，公务员们没什么反抗精神这一判断无疑是准确的。另一方面，恰恰是他们的地位，让他们在民主条件下除了政治之外多了一份专业严肃性。公务员的懒惰和农民的愚蠢或旅馆老板的贪婪一样，成为大众调侃的话题。然而，这种民间创造并没有为公务员社会学或公务员现代化提供任何方向。当人们嘲笑警察、税务检查员、警察局长和站长时，肯定是因为心怀嫉妒。铁路公务员的伟大时代，在我们看来是一个社会进步的时代。如果祖父作为来自中欧东部的移民劳工在莱茵河和奥得河之间某个地方参与了早期铁路建设，父亲是大型私营铁路公司的司闸员或车间工人，儿子现在被任命为普鲁士皇家机车司机，并最终成为高级机车司机，他虽没有权力或衣食无忧的收入，但却获得了仅次于贵族和有产阶级的安全感和认可。人们可以嘲笑或责骂铁路公务员，同情或鄙视他对头衔和制服的小资产阶级崇拜，从工人运动的角度出发把他们当成听从政府的罢工破坏者来攻击，但不管怎么说：在20世纪德国多事之秋，有

洛登夹克下的小肚子和马夹，严肃的表情，手放在刹车阀上。摄于1926年全新的E52型车上，机车司机是铁路职员的缩影。

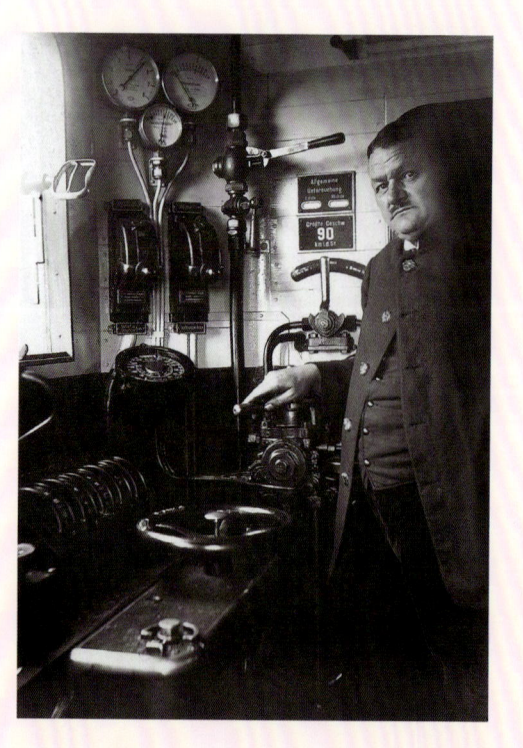

高地和深渊

人靠衣装！在柏林 S-Bahn 的动车前，左边是穿着马甲、戴着表链和尖顶帽的公务员，右边是一名工人；而中间这位先生可能是机械工程服务领域一位未来的硕士工程师，为了留作纪念，他让人拍下了这张照片。

一位国家铁路高级官员或联邦铁路中级官员作为父亲、丈夫、儿子和女婿，往往相当令人放心。奇怪的是，意识形态上按说与普鲁士公务员制度相去甚远的民主德国，却继续授予其铁路员工一排排像风琴管似的过时头衔。

卧铺车和餐车

1994 年，我和一位大约 60 岁的同事一起从巴伐利亚去萨克森，途中硬拉着他到餐车吃午饭。令人惊讶的是，他说他以前从未进入过餐车！日常生活中常常会有这样一个不争的事实，即大部分奢侈的生活方式，尽管在欲望的驱使下很受欢迎，但几乎不可能被大多数人接受。谈论"东方快车"和远洋客轮、霍希和迈巴赫、阿德隆饭店和 1957 年的摩泽尔葡萄酒，是多么容易啊！现实中

新造的米轨机车 99 223 的司机明显比他的巴伐利亚同事们吃得更好，他正按照规定戴着帽子穿着高领外套，在图林根的埃斯菲尔德（Eisfeld）展示自己。

1958 年，一对看起来相当小资的夫妇在餐车里用餐。

能够享受到这些东西的同时代人却很少。你可以在旅馆里梦想着大饭店，可以在三等车厢的木椅上、在三明治和啤酒瓶之间，梦想着餐车的菜单和卧铺车厢的软垫。20 世纪 30 年代、50 年代和 70 年代，这些都是小人物的憧憬和养尊处优的中产阶级的标准。这不是德国铁路文化最糟糕的记忆，同样也不是欧洲铁路文化的记忆。

小铁路

"这是一个特别小的车站。实际上它只是一座小房子，但它看起来是那么庄严肃穆，让人忘记了它是一座房子。那里还有两条铁轨，因为它们也属于车站，车从后面气喘吁吁地过来。这里没有列车——只有一节机车。它的小烟囱在冒烟，这样人们就相信它（是火车）了。"库尔特·图霍尔斯基（Kurt Tucholsky）在 1931 年的不朽著作《格里普斯科尔摩城堡》（*schloss Gripsholm*）中这样描绘"小铁路"。要塑造人们眼中蒸汽机车时代的田园风光，他无须描绘叮当作响的袖珍版窄轨和高大的烟囱，只需要将那个时代的小火车呈现在人们眼前。

2004 年在迪特·福特（Dieter Forte）[《在世界的另一端》（*Auf der anderen Seite der Welt*），第 28 页及以后] 的记忆中也有类似的主题："广场中央令人惊讶地矗立着一座工业史纪念碑，那是一辆生锈的铁路客车……棱角分明的铁皮框架孤零零的，窗户模糊不清，尽管出发时间早已过去，它还停在泥土中已经生锈的铁轨上。"在描述了乘客们上车

直到 20 世纪 20 年代末，夜间长途旅行还是在"提速客运列车"的木椅上完成；后来，特快列车和直通快车提供了更多舒适的选择。对于高收入者来说，另一种选择是托马斯·曼（Thomas Mann）曾经赞叹的"雪白宽阔的床……躺在这张床上，就像在家里一样，夜里它会有一点晃动，然后早上你就发现已经身在德累斯顿了"。

斯普伦堡（Spremberg）城市铁路的这种汽油机车，只在1925—1933年才在下卢萨提亚（Niederlausitz）使用。它的最高速度是36千米/小时。它的生产和退出时间恰好与库尔特·图霍尔斯基短暂的一生重合。

第一批使用内燃机的动车中，数量较多且获得成功的是"维斯马轨道动车"（Wismarer Schienenbus），它的特点是有一个福特卡车鼻子。图上的样车属于东汉诺威铁路。

有多么困难之后，作家还告诉我们，那个仍然经营着"殖民地商品店"的光头商贩是如何跳进车内，并将"一箱玻璃瓶装烧酒"带进去。"他在仪表盘上放了一个像指南针一样的灯，喝了一口鼓劲的酒，敲了几下操纵杆，踩了一下踏板，机器开始嗡嗡作响，铁路客车像一辆旧货车一样'嘎嘎'作响，似乎想了很久，到底该不该启动，但最终还是动了。司机翻出一份报纸，打开后开始阅读。在他从事过的许多工作中，只有开火车给了他茶歇机会，当火车在无人监督的情况下在乡间崎岖不平的轨道上静静地行驶时，他很享受这种休息。"

无论是在森林和田野中穿梭的小型蒸汽机车，郊区沿着木质电线杆"隆隆"作响的城际电动有轨列车，还是文学作品中描绘得很精彩的动车（它不一定是狭义技术上的轨道车），即使在铁路出行仍是现代交通普遍选择的年代，人们也能在20世纪的铁路宇宙中，在时刻表和时钟的约束下，感受到一种永恒的空间，这个空间既有家的感觉，也有压抑的感觉。

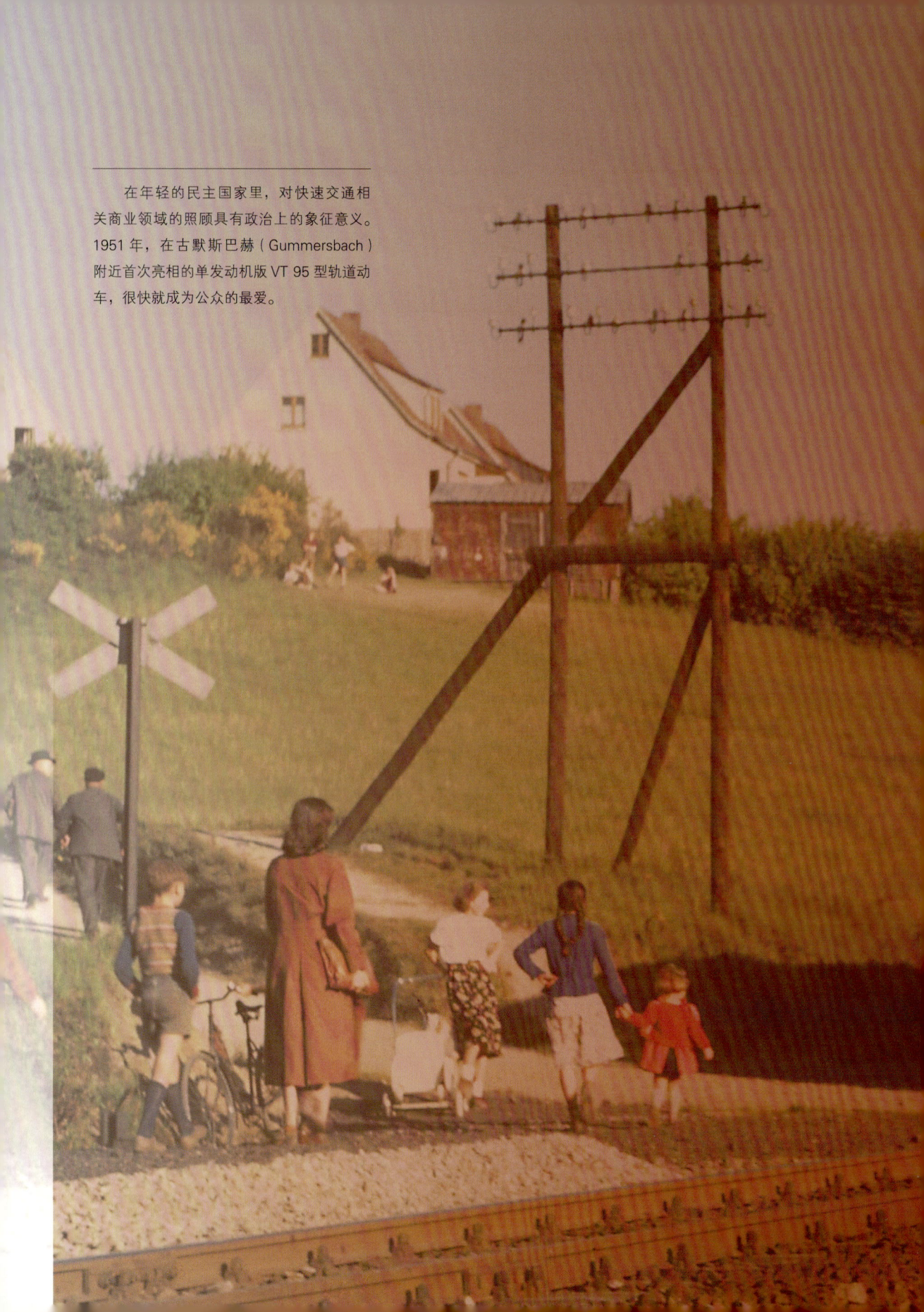

在年轻的民主国家里，对快速交通相关商业领域的照顾具有政治上的象征意义。1951 年，在古默斯巴赫（Gummersbach）附近首次亮相的单发动机版 VT 95 型轨道动车，很快就成为公众的最爱。

两个德国时期的铁路

1949—1989 年：国营铁路和联邦铁路

第二次世界大战后，国家铁路是四个占领区饥寒交迫的德国人的生命线。它刚刚克服了重建的困难，就不得不奋起抵抗西方几乎压倒性的竞争。通过现代化和合理化，它也仅仅只能勉强保持市场份额，客运和货运的无限增长发生在公路上。东部的统制经济和稀缺经济暂时保护了铁路交通的狭窄空间，但也使民主德国国家铁路难以胜任。但蒸汽机车漫长的衰落期和后继者的早期辉煌期，仍无与伦比的美丽。

在本书的开头，我们介绍了煤炭对现代工业的重要作用。1945年以后，它和面包、土豆、油脂及牛奶一样，成为生活必需品之一。尽管来自鲁尔区的运煤列车有专人看守，但是孩子们还是像这张摄于汉堡的照片里一样，爬上敞开的货运车，将煤扔下，然后从轨道上把它们捡起来，并把它发展成了一项运动。

纳粹的遗产和重建

在德国国防军摧毁了半个欧洲之后，希特勒的战争招致半个世界的力量来对付德国以及德国的铁路。执政的犯罪团伙完全有理由推迟投降，因为他们知道只能选择接受惩罚或自杀。随着对伦敦使用了V1制导导弹和V2火箭弹，特别是在1944年年底的阿登战役中，希特勒对西方盟国的挑衅再次达到了极致，从而激起了盟军对德累斯顿和维尔茨堡等地猛烈的空袭，这样的空袭在军事上几乎无用。现在我们知道德国的拖延抵抗其实是冒着被投掷原子弹的风险，1945年8月，原子弹爆炸在日本变成了残酷的现实。

1945年7月1日起
四个战胜国接管了商定的占领区；美国人和英国人将图林根州和西萨克森州拱手让给了苏联人，苏联人则撤出了柏林西部地区。但苏维埃区的国家铁路（DR）继续在首都柏林的四个区运营。

1945年7月19日
"美国占领区运营总指挥部"在法兰克福（美因河畔）成立。

1945年8月11日
苏联下令，1945年9月1日起将苏联占领区的铁路业务移交给德国铁路工人；因此民主德国后来出现了"在人民手中"建立国家铁路的神话。

1945年8月20日
英国占领区国家铁路总指挥部在比勒费尔德成立。

1945—1948年
苏联占领军下令从几乎所有干线上拆除一条轨道并彻底拆除许多单轨线路；直到三十年后才再次达到让人满意的双轨标准。根据1946年3月15日的命令，德国中部所有电力列车牵引设施均被拆除，所有电力铁路车辆被挪走，造成的后果影响深远。

1946年1月8日
"德国铁路总局"在法国占领区的施佩耶尔（Speyer）成立；从5月底开始，铁路运营再次由军方负责。

1946年10月1日

"双占区"（Bizone）成立了"美国和英国占领区铁路管理总局"；地点设在比勒菲尔德（Bielefeld），后来改为奥芬巴赫（Offenbach）。

铁路设施和火车损坏的画面给同时代人留下了深刻的印象。铁轨和桥梁、机车和车厢，在光景好的时候为人们出行服务，现在却变成了一堆古怪的废品，这一事实具有很高的象征意义。"为了胜利，车轮必须滚动"标语变成对废弃车辆的一种苦涩讽刺。

几年前长途客运量曾达到无法想象的低点：1945年，德意志国家铁路允许乘客乘坐返回鲁尔区的空运煤列车。谁如果像照片里一样从汉堡上车，就得在敞开的货运列车上直面风雨数小时。

铁轨上的德国

战后头几年,客运车常常被乘客"包围"。老式普鲁士车厢有连通的踏板和许多门把手,为乘客们挂在车厢外一起旅行提供了可能性;玻璃顶棚提供了舒适的座位,如果能抢到制动小室的位置那就太幸运了。

然而,铁路已经完全破坏的印象其实具有欺骗性,助长了"归零"的传说。在远离主要城市的地方,铁路基础设施很大一部分完全可以使用,许多车辆不需要太多钱就能修好。工厂的能力,尤其是训练有素的技术人员(必须等待他们从崩溃的前线或被俘虏的地方返回),成为战后宝贵的财富。

1947 年 4 月 1 日
萨尔地区成为自治区,经济上受法国控制;那里的铁路独立了,就像 1920—1935 年一样。

1947 年 6 月 1 日
法国占领区成立了"德国西南铁路协会"。

1948 年 6 月 20 日
货币改革为西德经济复苏奠定了基础,毫无价值的帝国马克(RM)变成了坚挺的德国马克(DM);几天后苏联占领区也开始使用自己的货币。德国开始分裂首先对柏林产生了影响。

1948 年 6 月 21 日
苏联开始封锁西柏林:西区的铁路交通在东区被禁止。

1948 年 9 月 12 日
双占区铁路管理总局更名为"统一经济区德国铁路管理总局"。

1948 年
　　重新引入国际货物运输协议 RIV。
1949 年 1 月 1 日
　　苏联占领区的大多数小铁路和私营铁路并入德国国营铁路。
1949 年
　　杜塞尔多夫－德伦多夫（Derendorf）线首次使用带轨道照明盘的继电集中联锁装置。
1949 年 5 月 12 日
　　柏林封锁结束；西部占领区和苏联占领区之间以及前往柏林的铁路交通恢复。
1949 年 5 月 23 日
　　《德意志联邦共和国宪法》颁布。

铁路生命线

　　对于德国四个占领区和柏林四个区的每一位居民来说，铁路都位于生活和生存的中心。道路交通缺乏车辆和燃料。国家铁路为企业、机关和家庭提供最低限度的煤炭，为大城市饥饿人口提供稀缺的食物。没有人为了享乐而旅行。尽管如此，为数不多的火车上常常挤得水泄不通，经常有人像葡萄一样一串串踩在踏板上和挂在制动室外。返乡的人在缩小的德国境内徘徊寻找亲属，难民和 1946 年起来自奥得河和奈瑟河以东地区以及苏台德地区的流离失所的人，都在寻找住处和工作机会。许多"和平时期"通过信件、电话、包裹或铁路货运就能搞定的，战后都得亲自坐一趟火车才行。城市居民带着面粉、牛奶和鸡蛋乘坐"囤积者列车"从乡下返回。任何想在当时混乱局面中挽救自己公司的人，都不得不帮德国和盟国的办事处处理黑市物品。要办迁入邻区的许可证？想从苏占区取回珍贵的邮票集？所有这一切只有通过国家铁路才能做到，甚至 5 千米、1 万米的旅程也需要铁路，因为根本没有自行车轮胎。而且，人在饿着肚子的情况下，也不具备在坑洞和鹅卵石上骑行的体能。

　　政府各自为政，在很大程度上继续被饥寒交迫的德国人忽视。1948 年，战胜国之间的激烈争论导致了对西柏林的封锁和

　　1945 年后，玻璃窗户也是一种"稀缺商品"——这个词早已消亡，就像"正常消费"或"分配期"一样。许多铁路车厢和有轨电车不得不使用木头或纸板制作临时防风墙。

"空投"，德国成了"冷战"的焦点。随着东部和西部各自开展货币改革，已经可以预见国家会分裂。

1949 年
　　苏占区的机车普遍使用粉状褐煤；汉斯·温德勒（Hans Wendler）发明的这项技术，在没有推进器的情况下，只通过烟室的负压就能将煤粉吸进去。1945 年后，在失去来自鲁尔区和上西里西亚的硬煤的情况下，如何维持完全依赖蒸汽机车的铁路运营（只有柏林的 S-Bahn 除外），一直是困扰民主德国的一个关键问题。

1949 年 9 月 7 日
　　西部国家铁路更名为德国联邦铁路（DB）。

1949 年 10 月 7 日
　　苏占区成立了德意志民主共和国。

1950 年 5 月 15 日
　　柏林外环线上开始施工，民主德国的铁路交通改道至西柏林周边。

1950 年
　　DB 的子公司德国餐车公司（DSG）成立；米特罗帕公司继续在民主德国运营。DB 拥有了第一台新型蒸汽机车（82 系列）。

1951 年 5 月 20 日
　　德国联邦铁路开始建设轻型长途特别快车（F 列车）网络；"莱茵之金"作为 F 列车重新投入使用。

德国联邦铁路

联邦铁路和经济奇迹

　　除了名称之外，西部的国家铁路保留了传统的管理结构，包括部门、办事处和局。位于比勒费尔德的双占区总部取代了柏林的旧总局，负责最顶层的管理。1947 年，它搬到了奥芬巴赫，位于法兰克福（美因河畔）经济委员会附近。法国占领区在其辖区内禁止使用"国家铁路"这一名称。该区域由施佩耶尔（Speyer）的"南德意志联邦共和国铁路公司"（SWDE）负责运营管理。因联邦共和国于 1949 年 5 月 23 日成立，1949 年 9 月 7 日，原双占区国家铁路公司更名为"德国联邦铁路"（DB）。1951 年，SWDE 也整合进来。

　　公众怀着感激之情对 20 世纪 50 年代的进步表示欢迎。现在，人们又坐上了有暖气的客运列车，即使车厢破旧不堪，有时会以步行速度穿过临时桥梁或停在连玻璃都没有的车站大厅。现在，德国联邦铁路能按

两个德国时期的铁路

计划提供所要求的货运列车了；货物按时到达，运输过程中没有损坏，也没有被偷。

德国联邦铁路的新车显得有些不真实：1951 年的蓝色 F 列车和红色快车，1952 年的 E 10 系列电力测试机车，1953 年作为新产品的柴油机车 V 200 和柴油动车 VT 08。在 1953 年的慕尼黑交通展上，联邦铁路公司和车辆制造商展示了一系列令人难以置信的新产品。那些亲眼

桥梁建设的对比：1945 年后黑森林地区重建了撤退时炸毁的桥梁，1963 年，通往费马恩（Fehmarn）的具有未来感的桥梁已经作为新"飞行线"① 的一段开通。

① 译者注：从汉堡至哥本哈根（越过费马恩岛）的最短交通线。

1950 年前后，要在整个欧洲完全取代蒸汽机车，无论是技术上还是财政上都难以想象。新设计如德国联邦铁路的 23 系列，优先考虑的还是对不可缺少的蒸汽操作进行现代化和精简。

见证这一切（还包括远离大城市的新型轨道动车）的人相信会有奇迹发生。

联邦铁路公司的新动车和车辆具有相当宽泛的风格：在实用性方面，新的蒸汽机车让人联想起战时的机车，20 世纪 50 年代的新电力机车则相对呆板，而另一方面，柴油动车 V 200 和 VT 08 则具有飞机的魅力。他们总是成功地创造出自己的特色，而不是抄袭国家铁路或美国风格。事实证明，建筑师们的工作也得心应手。例如，海德堡或慕尼黑新建的车站建筑，代替了被毁坏的繁荣时期宫殿式建筑，线条清晰，功能透明。它们比当时仍然保守并固守权威的社会更加现代和"民主"。

战前的线路结构并没有恢复。铁路有超过 56 个点在民主德国的铁丝网前就结束了（或进入其戒备森严的边境站）。与其说需要恢复通往柏林的老式主干道，不如说必须扩建南北的连接线。汉堡 – 汉诺威 – 哥廷根 – 贝布拉 – 维尔茨堡线曾经分几段建设，中间因丘陵地带没有连通。如今它已成为北海和阿尔卑斯地区、斯堪的纳维亚和意大利的欧洲主干线。

1951 年 12 月 13 日
《联邦铁路法》通过。

1952 年 1 月 9 日
德国国营铁路展示了首批双层列车。

1952 年 5 月 26 日—6 月 2 日
民主德国下令暂停西柏林到民主德国的客运列车交通以及德国境内分界线附近的边界交通。

1952/1953 年
德国联邦铁路拥有了新的电力机车样车（E 10 001–005）、新的大型柴油机车 V 80 和 V 200，以及用触线、蓄电池和柴油机运行的新动车（如 ET 56、ETA 176、VT 08 以及系列生产的轨道车辆 VT 95）。

1954/1955 年
德国国营铁路收到了第一批新蒸汽机车并开始对现有机车进行现代化改造（"设备更新"）。

1955 年 9 月 1 日
德国国营铁路首条重新电气化的线路哈勒–科腾（Halle-Köthen）线投入使用；其他路段也开始重新电气化，直到 1961 年使用的基本是苏联提供的战前车辆。

职业生涯的延续

与德意志联邦共和国的行政、经济和科学领域一样，纳粹时代的职业之路也不间断地延续到了联邦铁路公司。汉斯·盖特曼（Hans Geitmann）作为奥波莱（Oppeln）国家铁路分局局长，一直负责向奥斯维辛集中营大规模运送物资。他成为纽伦堡联邦铁路局局长，后来甚至成为联邦铁路理事会成员。阿尔布雷希特·扎恩（Albrecht Zahn）签署了"东部铁路"前往特雷布林卡（Treblinka）灭绝营的列车时刻表调整令。这对于这位后来的斯图加特联邦铁路局局长来说不是问题。而马丁·扎贝尔（Martin Zabel），曾经负责克拉科夫（Krakau）货物列车时刻表，现在是卡塞尔联邦铁路局副局长，他只模糊地记得"迈尔先生"的职责。许多"迈尔先生们"在《基本法》的保障下完成了他们在德

一张 20 世纪 50 年代联邦铁路的广告图片。图片的力量往往比记忆更强大——50 年前的每一次火车旅行，是否真的如此快乐？

在非联邦所有的轨道上，铁路交通的包容性仍然很大。雷根斯堡多瑙河港口的铁路已经从克劳斯－玛菲公司购买了现代化的柴油机车。

德国两边的国有铁路在改造现有蒸汽机车方面都表现得得心应手。联邦铁路颇具野心的项目是用意大利 Franco-Crosti 的烟气预热器，在从烟囱排出前更好地利用废热。这个设想最终失败了，因为冷却时凝结的酸具有腐蚀性。

国联邦铁路的职业生涯，而 20 世纪 50 年代和 60 年代初的媒体和法院都没有意识到这是个问题。

当时的头条新闻都是关于其他问题的。自 1948 年以来，一切都围绕着步履维艰的德国马克。战争结束后，人们仍然对饥饿的铁路工人在勉强能开的线路上驾驶满载的火车心存感激。现在，有些火车一半是空着的，因为人们可以从商店里直接买到土豆而不再需要坐火车去农民那里购买。当然，铁路货运在经济上的地位是不可替代的，只是政府的定价并没有给铁路运输带来足够收益。

1955 年
德国联邦铁路开始使用新标志（"饼干"①），由慕尼黑图形艺术家爱德华·埃格（Eduard Ege）教授设计。

1956 年
随着 E10、E40、E41、E50 和 V200 系列机车的交付，德国联邦铁路开始系统地更换蒸汽机车。

1956 年 6 月 3 日
整个欧洲都取消了"一等"豪华车厢。原二等和三等车厢提升为一等和二等。

1957 年 1 月 1 日
萨尔（Saarland）铁路并入 DB。

1957 年 6 月 2 日
泛欧旅客快车（TEE）在 7 个国家之间有 14 条连接线；DB 提供与比利时、法国、瑞士和意大利的连接。

西区国家铁路和联邦铁路都依赖于收入，因为它们必须支付工资。不仅要付给在职的铁路职工，还要付给从东部国家铁路局逃过来或被驱逐的工人和官员们。甚至那些来自柯尼斯堡、布雷斯劳或德累斯顿的早已退休的高级顾问或巡视员，也能向美因茨或汉堡联邦铁路局要求支付退休工资。DB 有段时间在养老金上的支出甚至超过了在职工工资的支出。DB 必须通过自己的力量重建设施，并从目前的运营收入中支付这笔费用。对早期铁路来说，让许多车辆保持工作状态并准备大量材料和备件库存至关重要——只有这样，才能在国内生产吃紧和进口受限时不受影响。但现在精简才是当务之急：一些投资只能用卖废金属的钱来支付，而废金属被大量卖给钢铁工业——有些废金属其实是一台 1947 年饥寒交迫的铁路工人还修理过的机车。从 1950 年起，新电气化线路接触线的铜

---

① 译者注：因为 DB 的标志长得像块饼干（Keks），所以戏称。

铁轨上的德国

一张具有象征意义的照片：汽车已经在雷根斯堡（Regensburg）以东瓦尔哈拉（Walhalla）米轨铁路旁的快车道上与火车并肩行驶。现代化只给这条铁路带来了短暂的喘息机会。德国联邦铁路在1968年关闭了这条线路，并在1969年报废了才17年历史的柴油机车V 29 951。

全来自退役蒸汽机车的火箱。

1957 年

在法兰克福（美因河畔）火车总站的第一个德国联邦铁路中央信号机投入使用。告别蒸汽机车早已注定，克虏伯公司的两台部分覆盖式快车蒸汽机车样车 10 001 和 10 002 一同面世。铁路合作组织（OSShD）成立，成为一个由苏联主导的与国际铁路联盟（UIC）平行的组织。

现代的德国联邦铁路

尽管合理化和现代化没能实现政治家们让德国联邦铁路经济复苏的愿望，但它在铁路变得更现代化的过程中所取得的成就不可否认。例如，联邦铁路公司大范围地解决了改变牵引方式问题。从1950—1958年，它的电气化网络总长增加了一倍，从1500千米增加到3000千米。到1960年，蒸汽机车数量减少了近一半，从14000台减少到7250台；电力机车数量翻了一番，从439台增加到1000多台，并且增加了146台大多只用于调车作业的柴油机车，使能承担高级线路运营任务的机车超过1000台。新的动车类型（包括最后的蒸汽机车新设计）经得起与任何国家比较。如柴油液力的机车和动车就吸引了全世界的关注；它们的功率重量比在几十年后才被柴油电力传动机车超越。

1962年乌尔姆（Ulm）的现代联邦铁路。E10 231此时仅一年历史，18 619是在六年前改造的。但是，蒸汽机车只剩下几个月活跃期了，而电力机车仍将运行到2011年。

这是E10机车的驾驶室。几乎每个蒸汽机车司机或司炉都期待能在电力机车里坐着工作。以今天的眼光来看，方向盘和刹车装置质朴得感人。21世纪的驾驶室则是一个计算机工作台。

1959年
新的德国联邦铁路信号本取代了1907年的信号条例。
德国联邦铁路收到第一批用于运输卡车的低平台货运车（背负式运输）。

1959年12月4日
德国联邦铁路收到了最后一批新蒸汽机车23 105型。

1960年
首批双系统机车E 320开始用于德国和法国网络。

1960年3月9日
民主德国制造的第一台大型柴油机车V180 001试运行。

1960年10月2日
德国国营铁路开始启动城市快速交通。

在蒸汽机车剩余的时间里，联邦铁路公司继续对车库和车辆维修厂相关设施进行投资；它们使用更方便更节省劳力的设备来维护和保养机车。此外，工厂开始为牵引力转换做准备。众所周知，完全电力和柴油牵引将不再需要那么多车库和车辆维修厂。但人员更迭必须与系统更新换代时间一致。公司不能在短时间内解雇或重新培训蒸汽机车司炉和车棚工，也不能把他们调到100千米以外去。让火车上的工作人员感到不舒

服的是，现在没有了以往线路和车辆的约束，他们要前往的范围越来越广，不得不接受离家过夜和长途旅行。

根据波恩政府的要求，德国联邦铁路在现代化的同时必须削减劳动力。铁路工人数量从1949年初资产负债表上的54万减少到1968年的40万，但几乎没有造成任何社会问题，因为当时劳动力稀缺（甚至不得不从国外招募数百万人——其中也包括DB）。此外，剩下的许多工作岗位变得更有性价比了，工作时间缩短，还成立了职工委员会。工资也增长了，但仍比在私营企业要少。

在接触网延伸到北海海岸前的十年里，柴油快车经历了它的第二个全盛时期。战前车辆由VT 08补充，在引入"DB"新标志之前，VT 08上的标志仍带有翼轮。

1960年12月28日

50 4088是德国国营铁路官方最后一款蒸汽机车；此后的几十年里，在劳戈里茨（Raw Görlitz）人们假装在重修蒸汽机车，实际上却制造了新的窄轨机车。

1961年1月4日

德国国营铁路收到了在民主德国制造的第一批电力机车E 11 001和E 11 002。

1961年8月13日

随着柏林墙的修建，所有通往城市西部的路线几乎都中断了；那里的S-Bahn只能孤立运营。联邦共和国和（西）柏林之间的快速交通与联邦共和国/民主德国的区域交通是分开的；火车在严格的警戒下从德国境内的边界运行到柏林-动物园站，中途没有任何交通停顿。

1962年

泛欧货物列车（TEEM）连接线建立，作为泛欧旅客快车（TEE）的补充。

班贝克-纽伦堡线以200千米/小时的速度试运行，并成为第一条配备连续式列车自动控制系统（LZB）的线路。

德国联邦铁路用新的机车（E 1012）和新的车辆将"莱茵之金"F列车升级为顶级产品；自1939年以来，首次按照时刻表提供时速160千米的客运服务。

1963年5月14日

从德国到斯堪的纳维亚半岛的"飞行线"（Vogelfluglinie）开通；其中最重要的建筑是通往费马恩（Fehmarn）岛的桥梁。

1965年5月30日

作为慕尼黑国际交通展的配套项目，德国联邦铁路开通了前往奥格斯堡的特别线，使用E 03试生产系列，以200千米/小时的速度运行。

德国成为继日本（1964 年）之后，世界上第二个公共交通达到这个速度的国家。

1967 年 9 月 28 日

作为 1945 年后的第一个新网络，莱茵河 / 鲁尔的 S-Bahn 开始运行。

旅行中也有"全民繁荣"

高质量客运列车服务取得了巨大进展，由此联邦铁路很快就找到了重返世界之巅的方法。除了蓝色的 F 列车系统，联邦铁路还参与了国际顶级服务"泛欧旅客快车"（TEE，从 1957 年开始）项目，该项目从 1962 年开始最高运营时速为 160 千米［由新的 F 列车"莱茵之金"（Rheingold）首先实现］，并在 1965 年夏天（在慕尼黑交通展期间）将时速提高到 200 千米。

1953 年，德国联邦铁路首批 200 辆系列化生产的新型车投入使用。在这些带有端部和中间车门的客车之后，又出现了许多用于快速列车服务的类型，标准长度都是 26.4 米。它们也成为向外国铁路供货的模板。1959 年，第一辆"Silberling"[①] 样车面世，这种使用"明登－道依茨"转向架的 26.4 米长的列车占领了短途交通市场。在全面更新所有车辆之前，德国联邦铁路用改装旧车来应对。1953—1958 年，在拆除

这是作者 1963 年用蜡笔描绘的德国联邦铁路动车全景图，除了 VT08，还有当时仍普遍使用的 38 型、TEE 以及新款"莱茵之金－E 10"。

---

① 译者注：一种银色外观的火车

铁轨上的德国

20世纪50年代的联邦铁路：鲁尔区（这是从盖尔森教堂拍摄的）的电气化才刚刚开始，V200型机车牵引着优雅的蓝色长途特别快车（F列车）——煤炭和钢铁的结合是国民经济的基础。

腐烂的木质车厢后，德国联邦铁路在16种类型的三轴邦有铁路车辆共6172个车底上安装新钢制车厢。1955—1960年，又接着对大约1800辆四轴车进行了改造。车辆维修厂在战役接近尾声时放弃翻修旧的普鲁士式底盘，而是完全新造了这些车辆，这在很长一段时间里一直是一个秘密，因为会与私营车辆制造商发生竞争，而这一行为是被禁止的。"铁路上的民主"的一个代表事件是，在"东方快车"推出70年

两个德国时期的铁路

现代牵引力的一些代表型号比大部分蒸汽机车还要古老！在慕尼黑火车总站拍到的这台116型，已经有近50年历史……

后，1953年开始制造最初由私人旅行社运营的卧铺车，终于让普通收入者也能在夜间舒适地旅行了。同时，客运车辆上的木质长椅变得越来越少。德国联邦铁路从1956年起完全取消三等座；从那时起，车厢只有两个等级，都使用软垫座椅。但铁路旅行出现了一个强大的竞争对手：仅1950—1960年，在联邦共和国注册的乘用车数量就从50万辆上升到450万辆。

铁路网络建设虽然不像新机车那么引人瞩目，但也成绩斐然。战后几乎所有的临时桥梁都替换为耐用结构——在战争结束时共有3149座受损或完全毁坏的桥梁。线路的上部建筑得到了全面修复，越来越多地使用无缝焊接铁轨，并铺设在混凝土轨枕上。轨道重建从繁重的手工作业

德国联邦铁路最重要的蒸汽机车类型，即50型，于1939—1942年间生产，1961年仍有2139台在运行，1977年2月21日，该型号的最后一台机车停用。

铁轨上的德国

1970 年左右"现代德国联邦铁路"出现在宾格布吕克（Bingerbrück），然而 40 年后，一切都不同了。莱茵河边的 F 列车没有了，城际快车（ICE）在新的法兰克福 – 科隆线上运行着，调车场则成了一片荒地。

变为机械化作业。感应式自动停车装置被广泛用于铁路干线，明显提高了安全性。此外，还安装了 1000 多个有轨道照明盘的继电集中联锁装置，从根本上减少了平交道口的数量。但是，尽管采取了这么多措施，联邦铁路还是气喘吁吁地落在了道路交通后面。仅 1960—1970 年间，联邦政府就将高速公路网从 2551 千米扩展到 4110 千米，而铁路在客运中的份额，以客运千米数计算，从 16.6% 下降到 7.8%，在长途货运中的份额则从 38.3% 下降到 33.2%。到 1980 年，高速公路网已扩展至 7292 千米，整个公路网则将近 5 万千米，达到 479492 千米，铁路网则逐年萎缩。从 1970 年到 1980 年，德国联邦铁路的货运量从 753 亿吨千米下降到 699 亿吨千米。

1968 年 1 月 1 日 /1970 年 7 月 1 日
德国联邦铁路和德国国营铁路先后采用符合 EDP 标准的机车命名新系统；系统化的车辆编号已经在整个欧洲应用。

1968 年 3 月 3 日
莱比锡 S-Bahn 开通。

1971 年 9 月 26 日
德国联邦铁路用每两小时一趟的城际列车网络取代了 F 列车网络。

1971 年
德国联邦铁路引入了火车无线电系统，用于机车乘务员、列车员和中央调度室之间的交流，吕贝克 – 普特加登（Lübeck-Puttgarden）线首先使用了蒂森 – 亨舍尔 /BBC 制造的第一台交流电驱动柴电机车。

1972 年 5 月 28 日
奥运会前夕慕尼黑 S-Bahn 开通；该线路的核心段是火车总站到火车东站间的隧道部分。

两个德国时期的铁路

1972 年 9 月 25 日
德国联邦铁路和德国国营铁路签署了铁路边界协议。

1973 年 8 月 10 日
用于高速交通的新汉诺威 – 维尔茨堡线开工。

1973 年 9 月 13 日
103 118 机车以 252.9 千米 / 小时的速度创造了德国轨道车辆新纪录。

1976 年 10 月 25 日
德国国营铁路引入了城市快车。

1977 年 10 月 26 日
联邦铁路蒸汽机牵引时代结束；从此时起，联邦铁路的线路上禁止使用蒸汽机车。

1979 年 5 月 27 日
德国联邦铁路按照"每个等级，每个小时"的口号启动了两个车厢等级的 IC 79 城际列车。

泛欧旅客快车是 1957 年轰动一时的跨国界旅行服务产品，虽然只经历了短暂的辉煌。在越来越长的电气化线路上用柴油运行是不经济的。它与飞机在一等座领域的竞争尤为激烈。但德国的 VT11 仍是欧洲最可靠最舒适的柴油快车。照片中来自米兰的 MEDIOLANUM（一种 TEE 列车），很快就将抵达慕尼黑。

> **1979 年**
> 德国联邦铁路收到五辆采用新交流电技术的 120 系列电力机车样车。

货运的防御

为了应对来自道路交通的强大竞争，德国联邦铁路尝试了很多条路。第二次世界大战前就已经开始的在铁路货运车和卡车之间通过集装箱转移运输方式，得到了迅速发展。这种"门到门"系统成为世界范围内集装箱运输的先驱。1954 年，联邦铁路开始了"背负式"运输，即用低平台铁路货运车装载卡车和挂车。在货运车辆中，运输煤炭、原木和甜菜的经典"O 型车"① 份额逐渐下降。特种货运车辆构成了一个越来越大的群体；它们包括用于运输新汽车的双层车、车顶和车壁可移动的车辆、集装箱运输车和运输各种燃料和化学品的罐车。但兔子（铁路）和刺猬（公路）的故事② 再一次上演：从 1948—1960 年，卡车的数量从 26.6 万辆上升到近 70 万辆。

> **1980 年 9 月**
> 民主德国以（西）柏林的铁路工人罢工为契机，大面积关闭了那里濒临崩溃的 S-Bahn 网络。1984 年 1 月 8 日，柏林运输公司接管该业务，并再次逐步扩展。

作为火车竞争者的汽车，大多都是通过铁路运输的，比如图中 1958 年颜色各异的"戈戈汽车（Goggomobile）"（它们是汽车大众化的先驱之一），以及前页图的大众运输车（它们使农村小型货物运输从铁路转向公路）。

---

① 译者注：载重量 15 吨，边板高 40 厘米以上并带倾翻设备的二轴敞车。
② 译者注：指《格林童话》里兔子和刺猬的故事。

1980 年 10 月 17 日
120 001 型车在奥格斯堡和多瑙沃特间试运行时速达到 265 千米。

"私营"铁路

除德国联邦铁路外，还有其他铁路公司，即"非联邦所有铁路"。他们的产品范围很广，给少数铁路旅行爱好者带来很多惊喜。有的拥有庞大的区域网，如威斯特伐伦铁路和东汉诺威铁路；有的拥有高效电力郊区铁路，如科隆－波恩铁路和上莱茵铁路，在许多地方还有各种不同轨距和牵引方式的短支线。这些铁路大多源于小铁路，现在由地方当局占多数股权，"私营铁路"专注于解决当地铁路交通问题。虽然他们在现代化过程中并不缺乏速度和独创性，但在与公共汽车、卡车和小汽车的竞争中大多不具优势。只有那些能够融入城市群短途交通或拥有大量工业客户和高货运量的铁路，最终幸存了下来。

铁路的生产

从 20 世纪 40 年代到 50 年代，车辆的生产商和零部件供应商经历了巨变。战后初期（这种情况后来在民主德国继续），公司无法为客户订单采购到足够的钢材、铜和红铜，客户发现自己处于祈求者的角色。随着

为了给农村地区创造更好的交通服务，德国联邦铁路还提供了许多巴士。图中停在慕尼黑斯塔恩贝格支线站前的都是重型车辆；后来才出现轻型结构车辆。

"每个等级，每个小时"是 IC 79 的口号。红米色和蓝米色列车构成德铁长途交通新的基础并终于将钱带回了干瘪的口袋。然而，想通过它让基于工人和学生月票的公共交通财务完全复苏，仍然是一种幻想。

IC 系列最重要的机车是 103 型。在平原地区以 200 千米/小时的速度牵引重型列车，在丘陵地区以高达 160 千米/小时的速度牵引重型列车，这样的双重要求，无疑限制了这 145 台机车的使用寿命。

货币改革的进行，这一角色突然转移到了生产商身上。他们现在不得不争抢订单，在资金紧张的情况下，订单金额总是达不到他们的期望。

联邦铁路始终受其产业政策义务约束。它购买蒸汽机车，不仅是因为需要机车，还因为像荣格和埃斯林根这样的机车工厂需要订单。大的车辆系列都必须分配给几个制造商生产。当然，也不能"忘记"柏林和两德边界地区的制造商。

工业界和铁路之间的技术合作富有成效。联邦德国的机车和车辆由德国公司建造，并由位于明登或慕尼黑的联邦铁路中央科研采购局进行测试，质量须获得各界认可。失败的试验车则由私营铁路或工厂铁路接管，它们也会发起一些自己的运行试验。

1985 年
为了庆祝"德国铁路 150 周年"，德国联邦铁路自 1977 年以来首次使用蒸汽机车。
纽伦堡的展览会上展出一种新型高速动车试验车——城际快车（ICE）。

1987 年 5 月 31 日
有两个车厢等级的欧洲城际列车取代了 TEE；传统的"莱茵之金"

两个德国时期的铁路

"落后地区"的田园诗：20 世纪 70 年代初，许多蒸汽机车仍在东巴伐利亚运行，如照片中 1971 年 7 月瓦尔登－埃斯拉恩（Weiden-Eslarn）线上的 064 448。1969 年 12 月 31 日，德国铁路公司仍然拥有 1865 台 001，003，011，012，023，038，041，042，043，044，050-053，055，057，064，065，078，082，086，094 和 098 型蒸汽机车。1977 年 10 月，最后一台蒸汽机车停止服务。

也取消了。

1988 年 5 月 1 日

在富尔达－维尔茨堡新建线路上，城际快车（ICE）时速达到 406.9 千米；这一轨道车辆世界纪录很快就被法国高速列车（TGV）打破。

1988 年 5 月 29 日

富尔达－维尔茨堡新线投入使用，这是第一次世界大战以来德国首条新干线铁路。

1988 年 9 月 25 日

在旅客列车服务向节拍式交通转换的框架下，德国联邦铁路推出了区际列车（Inter Regio）网络；直通快车变得罕见。

1988 年 11 月 29 日

DB 公司首个电子控制集中信号楼在穆尔瑙（Murnau）投入使用。

1989 年 9 月 26 日

克劳斯－玛菲公司推出城际快车（ICE）系列首辆头部动车。

位于汽车天堂和生态觉醒之间的德国联邦铁路：
赤字时代

没有哪一种技术能永远没有竞争对手。有些技术适应了，有些在特定领域获得了成功，有些则消亡了。这与达尔文的进化论何其相似。将蒸汽机安到轮子上是那么具有创造性，但它却一直鼓动人们寻找更具独创性的替代方案。有了精炼燃料后，难道不应该把化学能转化为热能并产生压力这一过程转移到机器本身的汽缸中去，从而省去燃烧室火箱以及装水和蒸汽的压力容器吗？19世纪末，使用气体燃料的内燃机已经开始批量生产。它的质量更轻体积更小，尽管不能在几秒钟内达到全功率，但可以在几分钟内达到全功率，而且正好可以用于那些在铁路时代刚开始时因蒸汽机太重和太难携带而失败的道路车辆。

在第一次世界大战期间，汽车已经从富人的玩具和运动器材变成了适合日常使用的运输人和货物的工具。许多士兵掌握了操作和维修机动车的常规方法；许多工厂和维修厂已经通过加工枪支和手榴弹，达到了制造和维护苯系、汽油和柴油发动机所需的精度。这使得私人机动化浪潮在20世纪20年代的美国就已经开始了。铁路的垄断地位日渐式微。

私人机动化，从轻便摩托车、迷你车以及在德国具有传奇色彩的大众汽车开始，最终却变成了城市发展和景观保护、能源政策和空气污染防治方面几乎失控的问题。矛盾的是，恰恰是汽车交通让我们认识到：铁路是不可或缺的。

当DB还没有把钱花在外部顾问上时，它被认为在设计方面最有一手。二等客车采用深绿色，一等客车采用高贵的蓝色：这至少比20世纪70年代的"海洋蓝－米色"更有说服力和启发性。

两个德国时期的铁路

地铁、S-Bahn、城市快速铁路、有轨电车：到 1960 年时，它们只剩下尚无汽车的退休老人那一小块市场份额。但不久以后，它们就被认为是拯救城市生活质量不可或缺的。图为 1972 年刚开通的慕尼黑 S-Bahn，当时它刚刚经受了奥运会的考验。当时预测该系统平日满载量为 22 万人次。1973 年，实际平日乘坐的乘客有 43 万，而 2003 年则不少于 72 万。

在本身没有足够石油储备的欧洲，战争、经济危机、第二次世界大战和国家强制管理的后果将这种发展推迟了整整一代人，在东欧和民主德国甚至推迟了两代人。

经济奇迹和汽车奇迹

1948 年货币改革后，当联邦德国能以硬通货参与到当时仍有廉价石油的自由世界市场时，当美国变成最重要的盟友时，来自汽车的冲击加速了。在这个国家，汽车驾驶早已成为生活方式的一部分。今天，我们可能会感慨和嘲讽 20 世纪五六十年代的自我中心主义。在那些日子里，如果说我们的祖辈有什么不能忍受的，除了饥饿和大段的政治话语外，就是军营、电车、候车室和火车车厢的木椅上邻座的胳膊肘。从知识的角度来看，自由可以被定义为政治、宗教和艺术表达以及行动的权利。联邦德国的新国民们对自由的理解，没有任何讽刺意味，只是不必在售票处排队，不必翻阅时刻表，不必在有穿堂风的站台上等待，可以直接出发，即使是在很小或很旧的汽车里，即使是在部分仍相当危险的道路上。民主德国的新国民们也有同样的渴望，但不得不推迟数年或数十年实现。

货物运输也促使汽车配送深入每个村庄。我们不能把道路货运快速增长的原因简单归结为交通政策调控缺失。在经历了几十年的战争、危机、匮乏和独裁统治后，经济在和平时期终于蓬勃发展，这也意味着产我在概述之初写了很多关于煤炭的内容。这种能源的没落使铁路失去了其最重要的货运业务；随着石油经济的崛起，交通市场的直接竞争开始了。这张波鸿康斯坦丁（Konstantin）煤矿的照片尽管不能证明"鲁尔区的蓝天"，但确实表明了铁路仍然无可厚非的重要性。

品的无限多样化。面粉、土豆、胡萝卜、牛奶和腌制鲱鱼可以在货站安全卸货；种类繁多的精制食品、家用电器、家具、流行商品、玩具和休闲产品都需要更精细的分销。在所有这些迹象下，铁路部门为逐渐萎缩但仍然巨大的剩余市场提供了保护。学生和退休老人仍然乘坐火车，煤炭作为最重要的能源来源，仍然必须通过火车运输，高速公路网络仍然过于零散，国家公路网络对于公司车辆和重型货物车辆来说仍然不够舒适，而且仍然有很多人买不起汽车。有太多"仍然"了！但是趋势对铁路不利。

20世纪50年代的政策和行为总是矛盾的。口头上，铁路公司（除了德国联邦铁路，还有特别窘迫的私营承运商）被认为是公共利益的重要仆人，并表现得非常团结；实际上，根据选民的意愿，道路总是优先的。在1970年之前，没有任何公民反对新的水泥路；相反，每个议员都在努力为其选区争取新高速公路和绕行公路，区议员和市长就是那些请愿队伍的首领，他们向铁路局和交通部恳求拆除嘈杂又烟雾缭绕的窄轨铁路以及危险的平交道口，并承诺为建立现代公交连接提供一切帮助。他们认为科学只能帮助铁路减少噪音。美国不就在没有铁路的情况下很好地实现了交通系统的正常运行吗？直到1960年前后，整个铁路的未来仍然充满着争议。

交通堵塞问题出现

　　转机开始于20世纪60年代。数以百万计的家庭在大城市的郊区和周边小城市定居。通勤者的汽车每天早上和下午都会遇到交通堵塞。城市规划者已经为城市高速公路牺牲了住宅区和绿地，让成熟的社区不得不处于高架桥阴影下，甚至在大教堂旁建多层停车场，所有这些肆无忌惮的做法都没能解决这个问题。堵车的时间一年比一年长。终于，慕尼黑、法兰克福（美因河畔）、鲁尔区和斯图加特等大都市的首个S-Bahn网络方案出炉了。虽然许多支线逐年被关闭，但新方案并不与此相冲突。至少对人口稠密地区的通勤交通而言，铁路优先这一政治承诺，是在铁路从一般供应商发展为专门供应商之后才做出的。偏远省份的每一位孤独的乘客和每一袋化肥并非一定要通过铁路运送，即使车站离村庄只有一千米远，因为当时农村贸易合作社已实现机动化，那些红色或黄色的公共汽车能通过新公路从铁路或邮局开往市场，但铁路的新未来正在城市群出现。从60年代末开始，S-Bahn、地铁和城市快速铁路相继建成。

　　体制上采取行动的需求越来越多，因为铁路正受到汽车的挤压，很快还受到飞机的挤压。对国家和纳税人来说，铁路的成本越来越高，它应该满足更多的要求和愿望：比如用自己的力量修复战争损失；为发展落后地区服务；订购不再真正需要的蒸汽机车，为行业创造就业机会；向西柏林发出订单；给多子女家庭特殊优惠；继续保持从自己的选区到州府的直达快车连接；拆除该地区城镇里已永久关闭的平交道口；以能被社会接受的方式缓慢削减工厂关闭后的剩余劳动力；继续在边界地区创造尽可能多的就业机会……

　　每年的票务和货运收入都不够，媒体要求改进，政府委员会讨论结构改革却没有结果，铁路公司自己也承诺通过更有力的合理化措施来补救。"减员"成为一个神奇的字眼。更少的铁路，但也得是更好更有效并最终盈利的铁路。但是，尽管关闭了一些重要的地方和大型工厂的线路

即使在汽车狂欢时代，铁路对于分裂的德国之间的交通连接也是不可或缺的。1966年，在民主德国制造的03 135将D 135带到了它的故乡。

衔接，并且逐步考虑削减铁路网的原始省级分支机构，成功却并未如期而至。

新的要求：生态学

1973年，汽车的狂欢来到了痛苦的边缘。由于中东战争，石油价格突然上涨，公众注意到了对其他国家资源的依赖。从那一年起，"能源"和"能源价格"就成为德国政治和商业的固定术语。几乎与此同时，关于空气和水的令人担忧的科研结果和预测已无法再压制。食物中的铅、有毒的大气、河流上的油膜、被视为常见病的噪声损害、历史建筑腐蚀的外墙和裂缝，让抱怨声不绝于耳，而汽车交通显然要负主要责任。长途铁路新线的建设开始于这一时期。高速网络应具备客运的竞争力和货运的新能力。然而，联邦的政策仍然是矛盾的：对于越来越多具有环保意识的选民和议员们来说，甚至对于1979年成立的"绿"党来说，火车不够用；但对于财政预算大臣和财政部长来说，几乎每列火车都是多余的，因为德国联邦铁路仍然无法覆盖成本，尽管非常不经济的蒸汽运营、手摇护栏以及在巴伐利亚森林最偏远村庄卖票的情况现在已经不复存在。

美好的旧时光？

人们不必像今天这样经常嘲笑"公务员铁路"，也能意识到 20 世纪七八十年代的情况不尽如人意。联邦铁路服务于一系列细分市场，其中过低的要求和过高的要求以一种奇怪的方式并存。要求过低是指，客运和货运长途交通不用再证明其微观经济营利能力。要求过高是指，基于长期票的短途交通和基于结构需要的支线交通要做到根本不可能的成本覆盖。

能证明德国联邦铁路主动争取经济效益，从而在官方内部推动交通政策改革的，不仅仅是铁路爱好者。德国联邦铁路是否故意让每列车提前五分钟发车，从而气走了支线上的最后一名乘客？当然！施工部门发现支线桥钢梁生锈或挡土墙松动时，也非常高兴！很快路线被关闭了，建立起了有时刻表的巴士交通，奇怪的是，火车的时刻表可从来没有这么友好过。

老联邦铁路一个几乎被遗忘的细分市场是外籍工人交通。D 410"希腊快车"在 20 世纪 80 年代初的一个夏日，开始了从多特蒙德到雅典的漫长旅程。这趟旅行需要两天两夜。那时还无人谈论巴尔干半岛的廉价航班。

民主德国和柏林的德意志国家铁路

经济奇迹的反面模式

在战争的最后几天，美国军队已经到达图林根和萨克森。1945 年 7 月，根据盟国协议，美军撤回到"它的"领土。这时的苏维埃占领区，简称 SBZ，已经完整了。它的铁路网主要由原德意志国家铁路线组成；再加上一百多条小铁路和私营铁路。苏占区和后来的民主德国的国家政策从第一天起就是，将自己与柏林西部地区和西方占领区以及新奥得河 – 内塞河边界上的邻国波兰隔离。只有少数仍然活跃的线路跨越分界线。

1945 年 7 月 18 日，柏林的德国国营铁路总局成为总指挥部。几天后，国家铁路总指挥部并入中央交通指挥部。1948 年 4 月 5 日，指挥部再次成为总局，其结构多年来数次变化。从 1949 年 10 月 7 日起，它隶属于民主德国交通部（部分时间为铁道部）。在此期间，它的管辖权已经扩大：1949/1950 年，它已经接管了几乎所有私营铁路和小铁路。

（德国）国营铁路（DR）是最大的交通运营商，拥有约 24 万名员工，是民主德国最大的企业。它拥有一个超过 14000 千米的线路网，并负责高达 75% 的国内货运。五分之四的列车在 7500 千米干线上运行。与联邦德国一样，战争的破坏是巨大的。除了要克服这点以外，柏林西

自我划界不仅需要关闭和拆除，而且还需要昂贵的新建筑。绕过西柏林的外环线（照片为该线在填筑路堤），是德国有史以来最贵的铁路线之一。

两个德国时期的铁路

在没有幻灯机、视频演示和投影仪的年代，历史事件、异国丛林、科学主题和社会教育在学校里通过不断更新的壁画来形象展示。根据这类画的传统，这幅画——刻画了有序的农业、繁忙的货运和客运、年轻的少先队员们和关爱他们的父母，他们和谐地围绕着 74 型蒸汽机车。

部地区的绕行也是一项艰巨的任务，这个大胆的项目计划了数十年，最终要让柏林市立铁路、安哈尔特火车站和坦佩尔站在易北河和奥得河之间的线路网中具有中心功能。

赔偿与重建

尽管严重缺乏物资和技术人员，桥梁建设计划还是完成了，部分工期还缩短了。另一方面，车站和服务楼一直没有得到足够的投资。一些临时建筑一直使用到 20 世纪 90 年代。对铁路员工来说，最严重的倒退来自苏联的命令，即拆除设施用来赔偿。这不仅涉及轨道和完整的线路，而且还涉及普罗布斯特泽拉（Probstzella）和马格德堡（Magdeburg）之间整个交流电牵引列车系统以及所有机车、动车和供电固定设备。其中大部分在八年后以更高的价格购回。交通匮乏越来越严重，因为几乎没有卡车和公共汽车。由于拆除了部分轨道，车辆流通变得缓慢，行程时间增加；对机车、车辆、人员和煤炭的需求不断增加。直到 20 世纪 80 年代，双轨线路却只有一条轨道和旁边闲置的道砟床，是民主德国国家铁路网的典型特征。

在通过现代化改造和制造新机车来振兴过时的车队方面，德国国营铁路进展比德国联邦铁路缓慢。由于当时的实际困难，蒸汽机车改用了技术上非常出色的褐煤粉燃烧系统。从 20 世纪 50 年代中期开始，

铁轨上的德国

一个停满蒸汽机车的机务段：直到60年代中期，这在民主德国并不罕见。最重要的技术细节是照片中央的581415型车的煤水车，它已被改装为装煤粉。

有800多台机车和几千辆车辆被"改造"。01、03[10]、39、41、50、52和58系列蒸汽机车装上了新的高性能锅炉，客车（特别是邦有铁路时代的客车）装上了新的车厢和内饰。在很多情况下，这么做的成本已经和新造机车相当。新机车和动车的采购直到50年代末才从数量上产生影响。这方面的例子有蒸汽机车2310和6510系列，内燃机车V 6010、V 180和V 100，电力机车E 11/E 42以及作为民主德国铁路客车变体的LVT支线动车。新车从官方角度展示了全民所有制企业的"世界标准"（这也体现为轨道车辆巨大的出口量），从非官方的角度也

民主德国铁路的日常：

1976年3月31日，65 1011蒸汽机车带着短途列车N 8042在图林根森林的鲍林泽拉（Paulinzella）往阿恩施塔特（Arnstadt）方向的长坡上行驶。战后被苏联占领军拆除的第二条轨道的痕迹依然清晰可见。5000千米主干线倒退回单轨。和反对者以及部分支持者想的不一样，现在的蒸汽机车不会在行驶过程中让沿途的天空变得昏暗。合适的燃料、维护良好的机车和专业的加热技术，让机车基本无烟运行。

展现了东西方间永无止境的技术交流。就这样，两边的德国铁路共同构建了内燃机电力世界中的一个内燃机液压的岛屿。德国国营铁路和全民所有制企业黑尼格斯多夫汉斯·贝姆勒（Hans Beimler Hennigsdorf）公司（前身为 AEG 公司）也能够凭借技术上更优越的交流电系统，来抵御苏联、波兰和捷克斯洛伐克模式直流电技术的制度诱惑。

组织永远是对的

政治规定仍然十分严格。庞大的官僚机构（"德意志国家铁路政治管理委员会""运营党组织""运营工会领导小组"……）都在忙着鼓动和监督。在"社会主义竞赛"旗帜下，铁路工人必须以一流的个人表现来弥补客观不足。"重型列车运动"进行了大量宣传。5000 吨重型列车从下卢萨提亚（Niederlausitz）褐煤矿到柏林的精确效用计算，却被明智地忽略了，因为这些列车需要绝对的"绿色线路"，而且机车和人员都被过度消耗。不愿意驾驶危险破旧机车的人，很快会被贴上反动者标签。另一方面，使用不良设备造成事故的人会被谴责为破坏分子。

社会民主党和国家安全部给国家铁路员工施加了相当大的压力。在"第一个德国工人和农民国家"[①] 早期，对帝国主义特务的搜寻导致有人被逮捕、入狱，甚至被判死刑。在这种情况下，许多民主德国铁路员工很快就变成了联邦德国铁路员工。他们熟悉时刻表、边境车站、

德国国营铁路必须一直履行宣传职责，尽管宣传内容会有所改变。这辆战前的柴油动车用不带民主德国国徽的黑红金色旗帜来宣传德国统一。这是 1951 年的官方政策，25 年后被严格禁止。

44 1040 号车驾驶室上的红色"鲁宁旗"（Lunin-Wimpel）也是一个文化元素。它代表着工作人员对机车的"个人关怀"，从而将车间管理缺陷的责任转移到最低的操作层面。

---

① 译者注：指民主德国。

穿过哈尔茨山脉的秘密路线以及柏林市郊快速铁路，柏林市郊快速铁路在1961年8月12日之前可以确保迅速获得自由。

由于存在不断造成本国公民流失的漏洞，民主德国从1951年开始修建外环线，让长途交通绕过西部占领区，这条线所有的立体交叉建筑和路段跨越柏林西南部沼泽和湖泊地区，是德国有史以来最贵的线路之一。1961年柏林墙建成后，为了从建设和运营上将东西柏林的郊区铁路网分开，并通过外环线建立从柏林西部的断点（尤其是波茨坦）到市郊快速铁路（东部）的高效客运服务，也同样投入巨大。

隔离墙建成后，政治压力稍有缓解。这一时期中央计划的重大失误影响更大。1965年，社会民主党不顾DR的建议，决定依靠柴油机车进行结构改革，接触网只覆盖民主德国18000千米线路中的2850千米。从短期来看，这一决定是可以理解的。电气化的成本会高得多，而且必须进口铜。另一方面，当时石油很便宜，而且仍由苏联以有保障的固定价格供应！电力机车的生产减缓了，柴油机液压系统原本充满希望的发展道路也停滞了。当时规定，只能从苏联采购高性能机车，更确切地说是采用柴电技术（顺便说一下，这些机车也含有很多吨铜！）。电力运行的性能和清洁度不言而喻。从1955年的哈勒－科滕线开始，德国国营铁路不仅将莱比锡和马格德堡之间的历史线路重新电气化（其中一些线路在第一次世界大战前就已经电气化），而且还将通往爱尔福特的干线和"萨克森三角"莱比锡－韦尔道／茨维考－赖兴巴赫－德累斯顿－莱比锡线路重新电气化。这从根本上缩短了旅行时间，提高了牵引力，并将稀缺的高性能蒸汽机车腾用于其他线路。所有这些进展都因政治上希望放弃

1946年交付给苏联的电力机车在1952年又被买回来了。经过长年存放和粗糙的试验运营，它们的状况很糟糕。图中的E 21 51没有被重新激活。

这种用来通知亲朋好友抵达时间的明信片，第一次世界大战前就很受欢迎。一家民主德国的出版社采用了现代双层客车主题。

就像在许多领域一样，民主德国在国际快速交通领域中也致力于表现和挑衅。表现——它在北部的波罗的海轮渡站、中部的柏林和南部的布拉格、维也纳和布达佩斯之间提供舒适列车服务；挑衅——它不允许自己的公民去斯堪的纳维亚、柏林动物园和奥地利旅行。

电气化而放缓。而20年后，要求又一次逆转。

全面恢复运营尚无法做到。例如，从莱比锡到克兰扎尔（Cranzahl）的特快列车145千米行程时间超过3小时，这在当时能接受，只是因为汽车竞争力仍然很弱。与联邦德国的交通政策不一样，偏僻地区被忽视的铁路网也随之开始清理。当然，"封线"一词是严格禁用的。相反，人们在匈牙利进口的伊卡路斯（Ikarus）巴士旁挥舞着小旗子庆祝"交通工具的变化"。

除了一些小的残余，曾经长达500多千米的萨克森窄轨铁路网消失了。1949年德国国营铁路接管的几乎所有窄轨小铁路和许多标准轨距线路，特别是位于民主德国北部的，也被关停。

柏林的设施获得大量投资，似乎只有东部占领区特别青睐"民主德国的首都"（根据宪法，东柏林不属于民主德国，就像西柏林不属于联邦共和国一样)。德国国营铁路为了保持它那不合时宜的名称① 的权威性，不时对西部占领区的铁路主权提出挑衅看法。甚至当昂纳克（Honecker）因为"德意志，统一的祖国"这句歌词不允许人们唱"国歌"时，每台机车仍然让人想起"德意志国"。西柏林的保护势力更不会接受德国国营铁路将名称改为"民主德国国家铁路"。

能源转型——民主德国经济崩溃的开始

20世纪70年代末开始，电气化再度成为德国国营铁路的主题。早在1973年第一次石油危机之后，苏联就将价格调整到了世界市场水平——对社会主义兄弟国家也如此，因此德国国营铁路不得不承担相当高的额外成本。1977年，民主德国国家计划委员会要求交通部从1985年开始减少柴油消耗。因此，德国国营铁路提出了一个1500千米线路的电气化方案；同时，蒸汽机车被重新激活或从烧油改为烧煤。1979年，另一次石油价格冲击接踵而来，使民主德国陷入系统性危机。高层政策同样需要巨额的特别投资。波兰已经成为联盟体系中一个不稳定因素。苏联希望在不涉及1978年以来在任教皇的故乡②，以及1980年以来一直活跃在东欧的第一个工会运动的情况下，与它在中欧的模范生建立有效联系。因

在V 200建成七年后，"国有"企业制造了第一个类似的设计V 180。该型号拥有更加朴素的外观，只有两个前窗。

① 译者注：指德文名称仍沿用 Deutsche Reichsbahn。
② 译者注：此处指1978—2005年在任的教皇约翰·保罗二世（John Paul Ⅱ），他是波兰人。

此，1980年，在吕根岛（Rügen）的穆克兰（Murkran）开始建造另一个高效的港口和一个带换线设施的轮渡站。它们于1986年10月2日启用。然而，用六艘渡船每年运输530万净吨往返于立陶宛苏维埃共和国的克莱佩达［梅梅尔（Memel）］的目标没有实现。具有讽刺意味的是，20世纪90年代后，随着苏联占领军从德国撤军，它们在苏联军事运输史上获得了新的地位。

德国联邦铁路和西欧铁路管理部门建立了联合货运车库EUROP，德国国营铁路和东部邻国建立了与之相对应的联合货运停车场OPW。图为一辆货运敞车正在用模版印上相应标志。

民主德国铁路之国

与西面相比，德国国营铁路在人们日常生活中更长时间无可替代。居民的汽车供应一直处于战后的强制管理，公路网的状况甚至从未超越战前。上班族乘坐双层火车，学生乘坐快车前往大学城，度假者乘坐夜间快车前往波罗的海或"旅游线（Tourex）"前往保加利亚，人民军队的士兵们乘坐拥挤的直通快车前往军营。更不用说区间交通了：专政政府只给予退休人员前往西面的自由，因为他们从"阶级敌人"

当德国联邦铁路早已停止蒸汽机车开发工作时，德国国营铁路对现有机车的"重建"仍然取得了进一步的成功。20世纪60年代被改装成新锅炉和燃油燃烧的01和0310，无疑属于欧洲后期蒸汽机车经典之作。

就像德国联邦铁路和联邦德国工业界"划分"V 200 一样，民主德国的同行们也将 V 180 的驱动技术归类于支线 V 100。

那里回来不会产生任何经济利益。而且民主德国的养老金最无法满足购买私人汽车的需要。但在相反方向的来访者中，老年人也占多数，他们仍然怀念过去的亲情和友谊。直到 20 世纪 70 年代，民主德国禁止他们开车入境；在那之后，也并不是每个人都有车辆或信心，可以在民主德国的道路上行驶。德国联邦铁路曾经取得的杰出运营成就，就是掌握了从联邦德国到西柏林的严格管制的过境交通。35 台在专业领域里已被遗忘的 015 型特快蒸汽机车，是"重建"的顶级产品，大部分为这种交通服务，即运行不对民主德国居民开放的列车。

1989 年 11 月 10 日
迫于人民的压力，德国统一社会党（SED）政权开放了边境。区间列车和柏林 S-Bahn 的空前拥挤给两边的铁路管理部门均带来了难以想象的挑战，客运列车也被用于边境口岸的货运，机车和车辆深入对方网络。

1990 年 5 月 27 日
首条德国境内的城际列车（IC）线法兰克福（美因河畔）—莱比锡开通；在 1945 年至 1961 年期间中断的线路上，首次正式闭合艾辛格—阿伦斯豪森（Eichenberg – Arenshausen）缺口。

1990 年 7 月 1 日
随着德国境内取消边境管制，柏林市内的 S-Bahn 也重新开始不中断运营。

1991 年 6 月 2 日
城际快车（ICE）开始按计划运营；德国国营铁路接纳了德国联邦铁路的列车种类；战争结束后，第一次有了全国统一时刻表。

德国国营铁路可以夸耀它的交通服务，但无法夸耀它的速度。当日本、法国和联邦德国正朝着 160、200 和 250 千米 / 小时的方向发展时，民主德国的科学界却有一个理想化的认识，即在这个小国家没有必要将时速提高到 120 千米以上。落后的安全技术、轨道系统现状、网络的极高利用率和机车车辆的技术水平，迫使许多线路降低限速。从 1980 年开始，线路上部建筑的碱性损伤变得特别明显。有问题的混凝土枕轨碎裂了。必须缓慢运行的点和必须立即更换的枕轨，使计划性和预防性维护成为一种幻想。就像国民经济的许多领域一样，铁路也倒退回了 20 世纪 60 年代。人们曾为"中央上层建筑更新"（ZOE）计划感到非常自豪，试图通过它将紧急维修过渡到计划维修，此后却又变成月复一月，一千米复一千米的临时安排。

图为 1975 年 5 月 1 日，在战争结束 30 周年之际，拉德博伊尔东（Radebeul Ost）火车站挂着的标语牌。

德国国营铁路最后的繁荣以及矛盾的记忆

1989 年底，德国国营铁路的负担突然再次加重。柏林墙的开放和 1989 年 11 月 9 日起开始的旅行自由，引发了前所未有的旅行潮。在 11 月 11 日和 12 日那个周末，就有 200 万民主德国居民出发前往柏林，100 万人越过边界进入德意志联邦共和国。东德的交通系统处于崩溃边缘。11 月的最后一周，DR 部署了数百列加班车，并与德国联邦铁路商定每天增加 24 列客运列车。很快，双方开放了更多的过境点，并自发达成协议，将动车部署到对方领地上。1990 年，德国内部以及柏林的边界又开始了建设，这次不再是墙壁、围栏和瞭望塔，而是新的轨道。

1990 年 5 月，在格尔布斯特 – 海利根塔尔（Gerbstedt-Heiligenthal）线维尔夫斯赫尔兹（Welfesholz）的一个无栅栏平交道口，一辆"卫星车"（Trabi）为柴油机车 110 867-9 让行。

苏联为民主德国开发的最后的柴油机车是130/131/132系列。照片上图林根的一列快车前配置的是132机车。甚至直到2010年，该机型对于德国铁路公司和一些私人承运商来说，仍然是很有价值的重型货物列车牵引机车。

但此后不久，铁路货物运输开始迅速走下坡路。1990年的前5个月，DR的货物运输量就已经比1989年同期减少了1770万吨。由于发电厂改用天然气，煤炭运输量下降特别明显。消费品现在都用卡车运输，铁路军事运输和将混凝土构件大规模用铁路运往柏林的可怕做法也已不再需要。1990年7月1日经济货币同盟的引入标志着一个重大转折点：民主德国开始使用德国马克，东欧的市场崩溃了。运输需求萎缩并越来越多

驻扎在国内的苏联军队有大量运输需求并且每年开展大规模演习，因此德国国营铁路在军事交通方面的投入要远高于德国联邦铁路。人民的勇气和政府迟来的洞察力确保了巨大的武器库没有被用来维持分裂和专制统治。对此的感激比对统一后不平衡的抱怨更有分量。

地转移到公路上，随着德国国营铁路提高货运收费，情况更加糟糕。在私人旅行方面，此前四十年受政治制度和经济条件限制的民主德国居民们，拥有德国马克让他们对汽车迸发了极高的热情。

随着铁路改革的深入，"德意志国家铁路"于 1993 年 12 月 31 日结束独立运营。嘲笑德国国营铁路的员工和嘲笑德国联邦铁路过时的公务员铁路一样不恰当。德国国营铁路的员工与训练有素的专业人员一起工作，在不需要他们负责的情况下取得了让人吃惊的成绩。铁路爱好者，尤其是来自西方的铁路爱好者都喜欢德国国营铁路，因为它的自我定位不像德国联邦铁路那么尴尬，德国联邦铁路在 20 世纪 70 年代一直努力树立接近航空公司的"形象"。1954 年至 1970 年在任的民主德国交通部长埃尔温·克莱默（Erwin Kramer）的出身让人倍感亲切：他的祖父有四个儿子和四个女儿，所有儿子都成了机车司机，所有女儿都嫁给了机车司机。但这位拥有铁路工程师基因的专家，同时也是一位适应能力很强的干部，他一直在掩盖前任克里克迈耶（Kreikemeyer）数十年沉默和被捕后不久就死于非命的事实。人们对于德国国营铁路将心爱的蒸汽机车坚持开到最后的好感，不应与它在哪个国家以及为哪个国家而开的判断相混淆。一台漂亮的 18 201 型快车机车，或者对窄轨的美好回忆从来不会因为岁月的动荡而减少。

新德国联邦铁路的行政中心和交通枢纽位于柏林。柏林墙倒塌二十年后，德国联邦铁路在首都管理着长途和短途交通网络，这是1945—1989年任何人都无法想象的。尽管梅多恩系统导致市郊快速铁路存在安全缺陷，但是投资还是有价值的。图中第一道风景是向西看，那里是德国统一和现代技术的象征——火车总站，第二道风景是向东看，穿过长长的模糊的边界，能看到以前的弗里德里希大街控制站。

从亏损到铁路改革

德国统一后颇有争议的交通政策

现代社会需要铁路。这种认识增加了政策调整的勇气。"老的"德国联邦铁路也没有闲着。随着德国的统一,采取行动势在必行。1994年的"新"铁路构想其实并没有那么糟糕,但立即成为新一代企业咨询的牺牲品。梅多恩(Mehdorn)系统激起了公众舆情并证明了交通部长的失败。私有化和上市成为仇恨口号。信仰之争几乎没有胜者,在此我们尝试做些回顾和展望。

旧貌换新颜

　　1986 年，德国联邦交通部和德国联邦铁路总部开始了超越单列火车和单条轨道的规划思考。如果想要适应日益增长的生态保护要求，适应自 1982 年以来一直以经济为导向的政府（赫尔穆特·科尔带领基民盟/基社盟和自民党组成的联盟取代了赫尔穆特·施密特带领的社民党和自民党联盟）要求，并采取一些措施来缓解已经不堪重负的公路网络［它们甚至把最忠诚的德国汽车俱乐部（ADAC）成员的耐心都耗尽了］，那么就必须转向铁路交通。以供应为导向的时刻表取代了客运中保守的需求监控。不再像几十年来一直做的那样，在工作日的 5 点 52 分、6 点 28 分、8 点 17 分、11 点 04 分、14 点 12 分、17 点 59 分和 19 点 03 分提供奇怪的固定班次，周六和周日取消其中两趟车并让人焦躁地等待，有时还会因运力不足将工作日的班次也减少到四个，现在的时刻表间隔调整为一小时或两小时，这是为了确保人们一早就能在工厂开始工作或看完最晚的演出后仍能返程。如果"公务员铁路"在"旧联邦共和国"时就

慕尼黑火车总站里一台"东方红"的 103 在蓝白相间的"区际列车"前，在德国铁路股份公司（DB AG）时代，仍让人想起私有化前 80 年代的创新。由于这种深受公众欢迎的列车无法在长途交通和短途交通间划分，而长途交通是自行承担费用，短途交通则由联邦各州补贴，因此不得不废除。用纳税人的钱购买的车辆必须避免被竞争对手买去，所以只能报废。

能实施"DB90"方案，那它可能就没那么糟糕了。新的设计当然要与新的信息相匹配。顶级的长途交通"城际列车（Intercity）"外观变成了白色和覆盆子红色，更舒适的"区际列车（Interregio）"车厢设计独特，以具有亲和力的蓝色调引人注目，短途交通列车以一种像游泳池池水一样的绿色闪亮登场，而 S-Bahn 是特例，以橙色和黄色为主。这种配色在 20 年后是否仍然符合每个人的喜好，可能还有待商榷，但它一定是新征程的信号。交通运输部和铁路管理层也有勇气充分利用技术、企业管理以及知识能力。例如，卡尔 - 迪特·博达克（Karl-Dieter Bodack），区际列车之父，总是强调要注重"社会和流动性"这一主题更高的维度。1991 年 6 月 2 日是德国交通史上一个伟大的日子。城际快车（ICE）开始按计划正常运行。这种白色的动车虽然在长线上运行速度不如法国的竞争对手，但它们更为舒适。新高速交通的主轴线是斯图加特 - 曼海姆和维尔茨堡 - 卡塞尔 - 汉诺威的新线路。铁路终于能从国内航空夺回部分市场份额了。

货物运输则落后了。在大规模关停时许多支线只留下与工厂的一点连接，现在这一块收得更紧了。关于铁路和卡车之间的关系，我们希望能在欧洲层面看到方向变化，但布鲁塞尔仍乐于为卡车游说团服务。小

现代交流电技术使制造电力动车成为可能，它可以跨越欧洲主要铁路四个不同电力系统间的任何边界。相比之下，德国联邦铁路在 1974/1975 年生产的 181.2 型机车已经是双系统机车的经典之作，图为该机车在前往卢森堡的科布伦茨 – 居尔斯（Koblenz–Güls）途中。

铁轨上的德国

　　1989 年 9 月，布拉格大使馆的难民乘坐德国国营铁路火车，经德累斯顿到霍夫（Hof）后获得自由。几乎没有人能预知未来几个月的历史动态。仅仅一年多以后，霍夫就不再是一个边境站了。政治家们面临的任务是，将两个独立的国有铁路转化至同一种法律和经济形式下，以应对欧洲不断变化的交通市场。

从亏损到铁路改革

关于允许私营承运商进入国家网络的激烈讨论，有时会让我们忘记，德国国营铁路和德国联邦铁路以外的铁路交通其实一直存在着。它的多样性令人着迷。图中的两台绿色机车之间的反差再大不过了。2002年，双轴内燃机车从巴德费恩巴赫附近的沼泽地收取泥炭，2006年，四轴电力机车从科隆以西的矿区收取的褐煤是以往的一千多倍。

汽车和卡车的竞争优势是允许沿着道路行驶却不用分担费用，这一点仍然没有受到影响。道路变得更加拥挤。诚然，当时公众的看法和现在一样错误，他们认为"没有人"也"没有东西"需要铁路了。如果观察慕尼黑－奥格斯堡连接线或美因茨和科隆之间莱茵河双线的情况，就会发现情况恰恰相反。但交通的增长量继续流向了汽车和飞机。铁路的财政问题，即赤字，从阿登纳时代起就一直没有解决。让纳税人在每年年底补足亏空，并不是只要政府愿意就行得通。

通过德国统一获得推动力

最终，波恩必须想出新的办法，而且需要他们考虑经济前景的不再只是有贡献的德国联邦铁路，还有令人沮丧的德国第二大国有铁路——

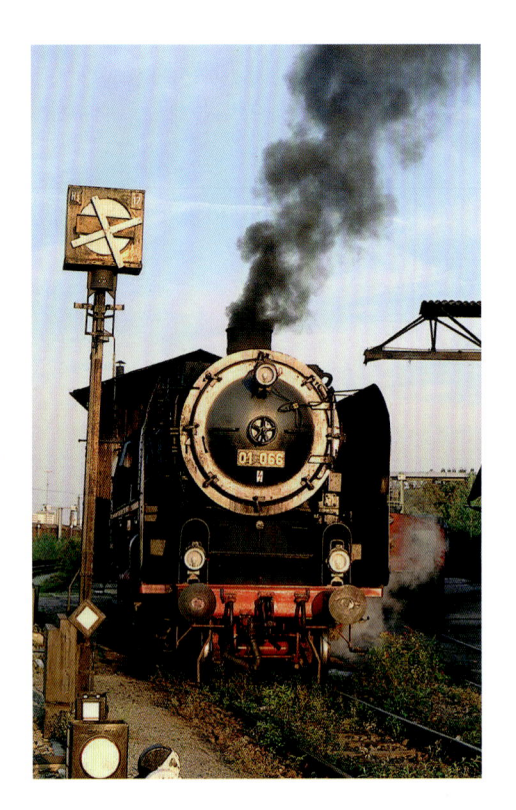

铁路改革使铁路博物馆协会从20世纪70年代不受欢迎的申请者变成了"相当正常"的交通服务提供者。只要出示联邦铁路局为其列车和工作人员颁发的必要证书，就可以在联邦网络局的保护下在德国联邦铁路的轨道上行驶。图中巴伐利亚铁路博物馆（私人资助）的01 066型车早已跑遍了德国各地。

德国国营铁路。自1990年10月3日起，已解散的民主德国的国家铁路也成为联邦的特殊资产。联邦德国铁路爱好者们随后发现了一个更加丰富多彩、分支广泛的铁路帝国，在这个帝国中，许多铁路历史"群落生境"仍占有一席之地。然而，与联邦德国和西欧标准相比，铁路、车辆、信号和通信技术的落后，以及在第二次世界大战前就已多次修复的设施设备的损伤程度，着实令人震惊。德国国营铁路在它最好的线路上运行时速只有120千米，而且由于桥梁和线路上层建筑严重损坏，在许多路段只能以60或80千米的时速蠕动，这样在摆脱了计划经济束缚的交通市场上是没有机会的。与此同时，民主德国正在迅速赶上西方40年来的发展。在萨克森和梅克伦堡也一样，此前一直很难获得的汽车意味着一种自由。货物的生产和分配也必须适应新速度，即使在卡车发展落后的省份，速度也要快于铁路货运站每天交货一次。在向世界市场开放后，萨克森州或图林根州狭窄山谷中的小型金属加工或陶瓷工厂很快倒闭了，这些企业一直靠1904年的直流发电机水力发电，之前因为其他地方的生产瓶颈而幸存下来。小规模的铁路货运已不再需要。

自20世纪90年代以来，铁路爱好者、德国国营铁路员工、道路交通的反对者、媒体和左翼政治派别一致认为民主德国所有铁路政策均应受到谴责。原西部的比尔森（Büchen）、海姆斯泰特（Helmstedt）、贝布拉（Bebra）和路德维希施塔特（Ludwigsstadt）以及原东部的柏林、莱比锡和德累斯顿之间，在原有轨道上建造了时速160千米和200千米的全新线路，要维持运营且必须将150年铁路史上的污染物（这是一份礼物！）清理出地基，因此十分困难。但是，勃兰登堡的许多支线上已经没有火车了，这是永远无法原谅的！总拿首都的长途铁路和S-Bahn网络与1989年的状况比较，难道很有趣吗？是的，好吧……但是火车总站的屋顶被故意缩短了。众所周知，"典型的德国式"做法就是首先思考这东西是否是"典型的德国式"。但是，毫不客气地直接承认自己表现相当好，也有点让人不好意思。1913年整个帝国和1996年变小的德国铁路货运总量均为约620亿吨千米，而且这一数字2019年增加到660亿吨千米，可见德国铁路股份公司并非所有的活动都是错的。

尽管有着180多年历史的铁路早已不再需要蒸汽机车，但蒸汽机车的受欢迎程度却有增无减。将老的蒸汽快车纳入节拍式交通和常规线路的电子监控中，变得越来越困难。这使博物馆支线的收藏更有价值。有些老式机车年复一年地做着艰苦旅行，比如巴伐利亚地方铁路协会的70 083型机车，2005年人们在弗兰肯的维森塔尔（Wiesenttal）见到它，2006年又在基姆高（Chiemgau）的奥宾（Obing）见到它。

新线和城际快车（ICE）——一个妥协和富有经验的项目

批评者看来一切都很简单。快速交通建得不够多或者根本没必要。线路太贵，站点太多或太少。车辆太多了……瑞士和法国的一切当然都更好。"新线"这个亿元工程引发了各种各样的思考。

1960 年后德国联邦铁路出现了运能和速度问题。为了建立南北交通，它致力于将货物列车从莱茵河畔/鲁尔区、北海港口和斯堪的纳维亚半岛向美因河/内卡河、巴伐利亚、布伦纳和陶恩方向发展。传统的解决方案无法显著提高长途客运速度。车辆技术使 200 千米/小时成为可能，但是在原有的丘陵线路上却无法达到这一速度。103 系列在多瑙沃特和卡尔斯鲁厄以南，才能展示它的能力。

旧联邦共和国的高性能轴线

沃尔茨堡-汉诺威和斯图加特-曼海姆两条新建线是一种补救措施。根据需求，它们被设计为重型货物列车和快速客运列车复合使用。这使该项目耗资巨大，因为高速行驶所需的细长走线坡度不能超过千分之12.5。几乎没有一千米轨道能直接铺设在地平面上；长隧道、深路堑、高路坝和大桥梁才是新线路的特点。在项目规划和建设过程中，人们始终对这两项巨大的工程能否完成持怀疑态度。但 1991 年它们完工了。没有人能预料到，规划的交通地理会发生偏离。从 1990 年起，从慕尼黑、法兰克福（美因

2018 年的城际快车（ICE）网和发车间隔及最高速度。

河畔）、汉诺威和汉堡到柏林的高速线路甚至比之前联邦德国地区的新线更加缺乏。第一个补救措施是柏林－汉诺威新线。为了解决柏林－汉堡线扩建在政治上遇到的阻碍，花费了大量时间。因为原本这里计划建磁悬浮线，德国联邦铁路最初不具竞争力。新的纽伦堡－埃尔富特－哈勒/莱比锡线建了很长时间，困难的地形带来了许多问题。

比预想的更复杂：混合交通

技术人员和政治家们一致认为，在全国范围内新建连接线既没有必

1970—1991年的联邦德国高速交通由103系列电力机车（图右）主导。后来在整个德国范围内被城际快车（ICE）（图左）取代。慕尼黑曾有过一个特例，2010年一列来自民主德国国营铁路的"蓄电池牵引车"被涂成了城际快车（ICE）的颜色。

1998年6月2日发生在埃舍德（Eschede）的事故至今让人无法忘记，正因如此，城际快车（ICE）3上出现与安全相关的轮组问题才会这么令人愤慨。尽管如此，1991年开始常规运营的城际快车（ICE），现在仍然是德国铁路史上最成功的高速交通系统。

所有线路每天乘客数量约为18万人，这与战前柴油快速动车每年的乘客数量相当。

上一页和左边的照片是在盖斯林格格陡坡（Geislinger Steige）和慕尼黑－奥格斯堡线上拍摄的。

要也负担不起。新的长途快车（推迟了很久后最终选择了头部动车和无发动机的中间车辆组成的动车组）除新线外将继续在传统线路上行驶。在新线上以 250 千米/小时的速度飞驰，然后在蜿蜒的老线上不断地在 120、160 和 200 千米/小时之间转换，显然会造成高性能车辆的严重磨损。此外，还要与货物列车共享轨道。东欧的货车已经很久没有进过维修厂了，在本国以时速 50 或 60 千米运行不会有什么问题，在德国以时速 80 或 100 千米连续运行虽然不会出轨，却会使轨道产生几乎不到测量的变形。理想轨道位置的连续最小偏差虽然不会导致后面的城际快车（ICE）出轨，但会让它的轮毂在高速运行时出现不明显的裂痕。那么东欧的车辆呢？那些一心想要节约成本的铁路公司只关心，自己的货运车在如今的速度标准下会不会被淘汰。

过山车轨道

法国对高速列车（TGV）线路一贯采取不同的做法：专有客运交通允许设置的坡度，在最初根据蒸汽机车性能设计的欧洲铁路网中是无法想象的。如果德国联邦铁路在 1973—1991 年新建的线路上在这方面还有所保留，那么在法兰克福（美因河畔）– 科隆线上它已经远超法国的先例。它将连接线的最大坡度设置为 40/1000，在这样的线路上只可以使用一种类型的动车：ICE 3。这种特别轻巧和高端的列车对于以下情况特别敏感：以时速 330 千米在"过山车"轨道上不停地加速和制动以及在货物列车使用的老线上运行。而令人窒息的公司理念又一次奏效了。如果人们将极端要求和不合理的建议相结合，即以尽可能少的能源消耗运行，并且偏偏节省在轮对轴上，那就危险了。

尽管多次尝试，在 1997 年 4 月 1 日将从鲁尔区到南蒂罗尔的交通转移到新联邦州的机动车上并未成功。

由于城际快车（ICE）交通需要在法兰克福（美因河畔）、汉堡和慕尼黑设立全新的维修厂，以便对车辆的受电弓、乘客车厢和转向架进行全面检查。除了厕所和空调系统外，图上打开着的沙芬堡联轴器（Scharfenbergkupplung），尽管经历了几十年的考验，也并不总是能够正常运转。

1980—2000年，政治家们不得不为是否建造新线而辩论，而在此期间两种立场就都过时了。一个强大的游说团体认为在磁悬浮技术中看到了快速轨道交通的未来，并宣称对传统铁路的投资已经不合时宜。而现在磁悬浮列车已成为博物馆的一件藏品。很多人认为，采用倾斜技术的"潘多利诺"（Pendolino）设计即便在老线路的弯道上也能快速行驶。直到现在，一个真正可靠、操作安全且舒适的系统尚未出现。

快速交通何去何从？

唯一正确的未来设计并不存在。如果你去比较那些自认为能识别出未来设计的文章，会觉得有点可笑。要求新线路必须与激进的提速挂钩，而且没有像哥廷根或曼海姆甚至林堡和蒙塔布尔这样的省级中间站（《明镜周刊》2010年6月7日第23期第104页），这一段读起来就像《铁路黑皮书》[Ch. 艾瑟尔（Ch. Esser）和A. 兰德拉斯（A. Randerath），贝塔斯曼2010]里"为大型高速项目支出数十亿"一样可信。就像生活中一样，差异化是必不可少的。如果没有已建成的新线路，铁路仍然无法在斯图加特－科隆或汉诺威－柏林等线路上与航空竞争，而《铁路黑皮书》中"长途交通乘客数量最好的情况是停滞不前，可能会进一步萎缩"（数字：1990年为337亿人千米，2019年为518亿人千米）的大胆预测必然会成为现实。德国不是瑞士，瑞士在苏黎世、伯尔尼和日内瓦之间有一个小规模的大都市群。对于法兰克福（美因河畔）到汉堡或慕尼黑到多特蒙德这样的距离，160到200千米/小时的速度显然不够。

但德国同时也是一个拥有许多重要的中大型城市的国家，因此其交通地没有结束的迹象：升级后的线路也需要大量投资。2005年秋天，这些巨大的起重机在慕尼黑－奥格斯堡线的格恩林登（Gernlinden）附近拆除一座桥。这座桥在35年前取代了带栅栏的平交道口，如今却妨碍此处的铁路扩建至六条轨道。

理状况与《明镜周刊》用来比较的法国完全不同。在德国，从首都辐射出来的交通线上没有卫星城。莱茵地区希望与北海港口以及慕尼黑相连；哈雷、莱比锡和德累斯顿需要与首都建立联系，就像需要与内卡河、莱茵河和美因河的经济区建立联系一样。"系统停靠点"不仅仅是出于地方利益而设的。如果巴伐利亚多瑙河和阿尔特穆尔地区的居民不得不为新的慕尼黑－纽伦堡线牺牲景观，那么在一个民主联邦制国家，他们也可以要求城际快车（ICE）在英戈尔施塔特（Ingolstadt）这样的重要中心城市停靠。此外，新的线路为区域连接开设了额外的站点，直接体现了技术和经济的智慧。

民主比联邦制更重要，价值数十亿的投资必须有扎实的规划并获得大多数选民支持。从这个角度来看，"斯图加特21"可能是新时代以来最值得怀疑的铁路建设项目。州政府希望在州首府地下建立一座未来式车站，但这个城市的居民却不同意。斯图加特市中心地下蜿蜒起伏的隧道线建设和运营方案碰到了许多技术问题。可以不用在终端站费时地改变方向和更换带制动测试装置的机车，这一设计出发点在动车和穿梭式列车不停驶入和驶出的时代已经过时了。

投资复合的长途交通和投资高效的区域交通之间一直存在矛盾。未来的铁路需要下一代城际快车（ICE）根据需要在复合的高速网络上运行。下巴伐利亚和东弗里斯兰线上具有吸引力的车站之间的线路需要升级。这就是为什么德国需要一项权威和果断的交通政策，而在将近四分之一个世纪里交通部长斯托尔佩、蒂芬西、拉姆绍尔、多布林德和舍尔均未能实现。能否从能源和土地消耗、农村结构和城市发展、防噪以及最重要的气候问题角度，在联邦政策中给予交通这一高度相关的主题相应的地位，仍需观望。

被低估和被高估的：铁路改革

君特·萨斯曼斯豪森（Günther Saßmannshausen）博士被认为是德国铁路现有系统结构的倡议者，他是联邦政府 1990 年 5 月成立的一个委员会的负责人，但他其实不是第一个提出该倡议的。1991 年 12 月 21 日，在一份长达 70 页的报告中，他建议将东西两边的德国铁路改造成根据私法组织的德国铁路股份公司。他接受了德国联邦铁路和德国国营铁路的主席海因茨·迪尔（Heinz Dürr）的理念，即希望从"公共服务法的桎梏"中解脱出来，领导一家公司，而非一个公共机构。

1992 年 7 月 15 日，联邦政府决定将特殊资产德国联邦铁路和德国国营铁路以及柏林（西）的所谓存量资产转让给一家股份公司。由于选择了 1994 年 1 月 1 日这一日期，联邦政府不再需要根据统一条约将原民主德国铁路员工转为公务员身份，他们的伎俩成功了。在州长们、交通部长维斯曼（Wissmann）和总理科尔就改革方案的融资问题进行谈判后，《基本法》修正案和《铁路改革法》于 1993 年 12 月 3 日在联邦议院通过，只有几票反对。联邦参议院也通过了，尽管汉堡投了反对票。

1992 年 5 月 31 日
德国首批"潘多利诺"动车投入使用（采用弯道倾斜技术的 610 系列）。

1994 年 1 月 1 日
铁路改革相关法律开始生效，德国联邦铁路和德国国营铁路管理机构被移交给德国铁路股份公司（DB AG），以企业方式经营；政府主管部

后蒸汽机车时代的铁路美学：2009 年 1 月的一个清晨，120 130 车和一列城际快车（IC）正通过伍珀塔尔－沃温克尔站（Wuppertal-Vohwinkel）。

门为联邦铁路局;"联邦铁路资产"(Bundeseisenbahnvermögen)管理处成为公务员的雇主和非经营性资产的管理者。联邦政府接管了德国联邦铁路几十年的债务和德国国营铁路网络特有的投资负担。

自 1994 年起

铁路的职权不断地在德国铁路股份公司的新业务领域和承包商之间转移,其速度甚至连业界和德国铁路(这一年开始 DB 变成了 Deutsche Bahn 去掉联邦二字)自己的员工都觉得太快了;政界和媒体的反应越来越焦躁。私营运营商在国家轨道上运营,业绩各不相同。

1998 年 6 月 2 日

下萨克森州埃舍德(Eschede)附近发生城际快车(ICE)脱轨事件,这起 1945 年以来最严重的铁路事故造成了 101 人死亡。

改革的核心内容是将铁路从公共服务和预算法中分离出来,通过债务减免进行重组,调整资产负债表并承担德国国营铁路因技术落后而造成的人员和材料额外负担。同样重要的还有,承担生态方面的历史责任并为德国国营铁路追加投资,为联邦政府新建和扩建线路以及轨道更换提供资金。基础设施和运输的分离、向第三方开放铁路线、对公共服务采用"订购原则"以及地方铁路客运的区域化,这些从根本上改变了交通市场。1994 年 1 月 5 日,德国铁路股份公司(DB AG)在柏林-夏洛腾堡地区法院商业登记处注册。

时至今日,铁路爱好者的专业刊物一直有全盘否定改革的习惯。然而,作为公共服务的一部分,将铁路置于严格的主权国家管理和自由发展的市场之间,并非致命的错误。在这样一个混合系统中,能源和通信网络能成功经营,医院和废弃物管理公司也能维持运营。没有任何自然法则告诉我们,校车、公交车、垃圾车或客轮必须由公务员驾驶;那么,为什么私人运营商不错的经验不能用于铁路呢?在本书中,我们已经了解 19 世纪公共和私营铁路所有权成功结合的经历。

财务管理上专项分离的想法也是合理的。长途货运和客运要在与对手的竞争中实现盈利,而本地交通则终于能从这个不现实的任务中解脱出来。为此才引入了这种模式。会"订购"服务并为其付费的联邦州,正是那些希望能减少道路上的汽车并确保动车能直达他们的旅游胜地的州,其结果是乘客支付的钱仅仅作为成本分摊入账。征收卡车过路费后对公路货运的补贴减少了。

如今铁路网络应向各类私营运输公司开放,将铁路网络的全部处置权赋予铁路公司就变成了结构性错误。这就好比将所有德国超市不动产都集中给奥乐齐(Aldi),然后希望它能让腾格尔曼(Tengelmann)也适当地展

示商品。如果选择业务分拆这条艰难的道路，那么网络应该归于联邦铁路管理局，而德国铁路股份公司应该加入权利平等的线路订购商行列。

公司消失了，顾问们还在

铁路改革恰好发生在全球经济史和意识形态史上的新自由主义时期，这一时期咨询公司正横扫已经一体化的全球公司和机构。业主的短期利润，即"股东价值"，现在就是一切。对市场的长期看法、员工的积极性、公众的肯定、新产品的研究和新员工的培训，所有这些现在都不算什么了。但是，由于巧克力工厂、银行、连锁酒店及图书出版商和旅行社、有轨电车、机车制造商以及铁路运营商一样，都无法每年稳定实现营业额和利润的两位数增长，因此不得不采用一种类似某种宗教信念，相信只有重组和重新命名才能产生价值和利润。在"协同效应"这个咒语下，什么都可以跨越大陆和海洋进行合并，而同一个顾问又以相同的说服力证明，一张办公桌、一台电脑、一个德国小火车站的功能必须被分解为多少个独立的部分，而且每一个新的结构都必须拥有一个美国名字。对德国铁路来说结果一片混乱。在20世纪90年代曾经在东部或西部"与铁路打交道"的人，也分不清他的雇主是德铁旅行和旅游公司（DB Reise & Touristik）、巴伐利亚特快和柏林P.库恩有限公司（Bayern-Express & P. Kühn Berlin GmbH）、德铁汽车列车有限公司（DB-Autozug GmbH）、德铁电话服务有

欧洲长途快车服务发展的最重要一步是过渡至穿梭式列车运营。在20世纪70年代，专家们仍然认为机车不可能以200或250千米/小时的速度带动10节或12节车厢。图为2013年夏天，一列城际列车IC在战前的高架触线下正从班贝克（Bamberg）赶往纽伦堡。

限公司（DB-Dialog Telefonservice GmbH）、德铁法国旅行和旅游 S.A.R.L 公司（DB-France Voyages & Tourisme S. A. R. L.）、德铁英国有限公司（German Rail UK Ltd.）、中欧卧车和餐车股份公司（MITROPA AG）、柏林市郊铁路有限公司（S-Bahn Berlin GmbH）、德铁列车－公交威斯特法伦控股有限公司（DB-Zug-Bus Westfalen Holding GmbH）、BME 火车站管理和发展有限公司（BME Bahnhofs-Management-und Entwicklungs-Gesellschaft mbH）、杜伊斯堡客户服务中心（Kunden-Service-Zentrum Duisburg）、BTT 铁路油罐运输有限公司（BTT Bahn-Tank-Transport GmbH）、国际联合货运运输有限公司（Transfracht Internationale Gesellschaft für kombinierten Güterverkehr mbH）、德铁铁路建设有限公司（DB-Bahnbau GmbH）、德国轨道和地下工程有限公司（Deutsche Gleis-und Tiefbau GmbH），还是德国统一铁路建设规划公司（Planungsgesellschaft Bahnbau Deutsche Einheit）。这些名字不值得用心去了解，因为明天一切又会改变。

分裂的认知

当改革反对者第一时间看到他们的怀疑被证实时，经济期刊的编辑们却在大肆宣扬铁路所取得的成功：现代化的车站、新的车厢、广泛的投资、工作人员对顾客态度的改变。其实这些大都是德国联邦铁路下属机构长期以来的标准做法。时至今日，编辑们仍在嘲笑古老的"公务员铁路"，嘲笑乘客们在 1993 年 12 月 31 日前得向穿制服的联邦铁路高级公务员鞠躬致意。在梅多恩（Mehdorn）辞职时，人们在《南德意志报》（2009 年 3 月 31 日第 75 期）上读到《梅多恩辞职》这篇报道，文章称，梅多恩 1999 年加入铁路时，它还是"一个行政机关和社会主义企业的混合体"，是"一个封闭的运输机构"。

结构调整大师们才不在乎批评和掌声，而是专注于迅速创造出新的事实。现在，"一切都要有回报"，任何不产生利润的都得停止。这首先影响到货物运输。连接线关闭了，调车场关闭了，一般货物运输被转移到道路上。几十年来，人们一直努力让动摇的客户相信货运列车的优势，现在正用同样的说服技巧将货运推给道路交通。曾经资助甜菜装载设施的铁路，现在要花大价钱为自己换取不用向这些设施提供货运车辆。盈利能力界面设置得很高：整车以下的所有订单都被认为无利可图。每周在侧线上准备和提取几个货运车厢——这是不可能的！正如在许多行政和商业领域一样，改革也意味着裁员。1993 年年底的 377471 人降至了

1998 年年底的 217372 人。并非每次裁员都是因为旧国家铁路网人员过剩这个公认的理由。咨询顾问们在全球范围内传播的智慧也包括依靠非技术或半技术兼职工人，这也可以省下那些需终身雇佣的技术工人工资。

德国铁路股份公司与私人竞争者打交道的这部分不怎么光彩。私人运营商的列车仍放在"官方"时刻表中，告示牌上的时刻表和广播会提及它们，也有出售无缝衔接的车票，所有这些都是通过无数斗争和诉讼争取来的。私人运营商会很乐意购买德国铁路股份公司为瘦身而大规模淘汰的库存机车和车辆。但这是白费力气！为了不给竞争者提供任何材料，德国铁路股份公司严格报废移交车辆，理由是这些车辆是用纳税人的钱买的。一些铁路爱好者所掌握的信息正以一种奇怪的方式得到证

对于铁路爱好者来说，铁路改革给铁路网络带来了令人惊讶的多样性。私人运营商有的使用外国的动车类型，有的使用定制变体，有的使用从小铁路继承来的车型，有的使用德国国营铁路或德国联邦铁路的老式机车。在 20 世纪 80 年代，谁能想到 21 世纪会在上卢萨提亚（上图）和勃兰登堡州北部（下图）再次看到已经消失的 DB798 系列铁路客车！这也是德国的一大特色。

调车机车 DR-106 型从东部来到了西部，如今属于一家私人车辆租赁公司，正在慕尼黑分流集装箱货车。

明：他们知道哪些被联邦铁路局原则上批准报废的机车型号仍在保加利亚、波兰或乌克兰运行，或在哪个博物馆协会的仓库中生锈。掌握了这点，私人运营商就能毫无争议地在德国铁路股份公司的轨道上运行 20 世纪 70 年代的苏联柴油机车。生态目标当然与在架空接触线下运营的老柴油机车没有关系，过去没有，现在也没有。德国铁路股份公司在拆除设施时，秉承以下理念进行最终销毁："我们不再行驶的地方，竞争对手也不应该行驶"。客户有自己的体验。上巴伐利亚的一家公司提出了将慕尼黑的交通转向铁路的方案。人们不相信那些必要的轨道和道岔真的还存在。尽管请愿者们今天早些时候还看到过这些设施，但是第二天早上，预留的商业连接线就已经被切割机彻底切断了。

铁路改革的目的是让铁路部门在完成保护环境和节约能源政治任务时既承担起义务又有回旋的余地，不应该再出现冷冰冰的关闭线路和削减供应。但逐渐变得挑剔的公众惊奇地发现，如今铁路部门自己制定的交通政策远远多于改革前。集团总部决定货运报价和路线，决定人事结构和竞争对手的命运。

当罗兰贝格[①]化在德国很大程度上已失去魅力时，顾问们的业务仍在增长。唯一的亮点是在 2002 年 12 月德国铁路股份公司宣布了一个新的长途交通费率系统。其基本原则是，在提前预订的条件下能获得诱人

---

① 译者注：罗兰贝格国际管理咨询公司，是源于德国的全球最大的战略管理咨询公司。

的低价，同时取消了其他几乎所有的省钱机会。15 年前引入节拍式交通时就已经考虑的原始体验被抛诸脑后，即铁路服务能提供令人愉快的选择，人们可以在商务会议、技术讲座或家庭庆祝活动结束后，漫步到车站然后乘坐下一班火车，无论是运气好的时候等 5 分钟，还是散个步或喝点茶等上 55 分钟。当然，哈特穆特·梅多恩（Hartmut Mehdorn）从汉莎航空挖来的项目组的 120 人对此一无所知。这也是新自由主义顾问信念体系的一部分，即只有当新的力量对要被颠覆的事物过时的固有规律一无所知时，才能真正颠覆一个现有结构。3 个月后，尘埃落定，但那些被吓跑的乘客们却没有回来。一个真正的顾问没有理由怀疑自己，反正他已经拿到了报酬。

缺位的交通部长

在继续罗列铁路负责人的罪状之前，必须要指出不常被提及的政府控制力不足问题。如果纳税人和联邦议院给铁路布置特定任务，那么只有在联邦政府的监督下，它们才能完成。社会民主党人的自我形象让人期待他们愿意并能够致力于公共利益和生态责任，然而他们在

一台早期的德国联邦铁路柴油机车更换了主人和颜色。这台 1965 年首次生产的 216 现在属于 H.F. 维贝（Wiebe）公司。这张照片是 2008 年 7 月在上巴伐利亚的特劳恩施泰因（Traunstein）附近拍摄的，这些架空接触线电线杆已经有超过 80 年历史。

这方面却完全失败了,这既令人遗憾,也令人费解。无论是 1998—2005 年的总理施罗德(Schröder),还是克里姆特(Klimmt)、博德维格(Bodewig)、斯托尔普(Stolpe)或蒂芬斯(Tiefensee)等名字已被遗忘的交通部长,他们都把与铁路负责人的关系解释为"男人间的友谊",而非监督关系。

只有这样才能解释,为什么铁路理事会能不受质疑地将德国铁路股份公司作为自己的中型企业来经营。像其他财产继承人一样,哈特穆特·梅多恩可以卖掉"祖传银器",稀释核心业务,在国外收购新的子公司,拉拢并限制一个工会(德国铁路员工工会,Transnet),再利用老员工之间的敌意引起另一个工会(德国机车司机工会,GDL)的罢工,所有这些就像他自己拥有这家公司一样。铁路负责人将网络还处于公共控制下妖魔化为铁路的"解体",并将这一说法强加给 Transnet 理事会以及社民党(SPD)。即使在梅多恩卸任后,蒂芬泽部长仍坚持这一措辞(《前进》,Vorwärts 2009 年第 6 期)。如今德国政治的原则是记住纳粹的罪行并纪念受害者。德国铁路股份公司却能够在没有政府索赔的情况下,用大价钱将"记忆的列车"(Zug der Erinnerung)[①]推到边缘轨道上,并刁难其他运营商们。

瑞士联邦铁路的一台机车在莱茵河右线的布劳巴赫(Braubach)和(St.Goarshausen)圣·阿姆斯特朗之间运行!在跨境开放的交通市场上它表现得像布伦纳南坡(Brennersüdrampe)上的德国机车一样自然。

新闻和铁路:语言上的拒绝

是的,火车司机只能按喇叭。交通灯可能显示绿色。然后,拖车也出轨了……同样的记者在报道其他交通事故时,会不会写航行器司机、出租汽车司机、公交车船长或船司机?他会把在工作台上放着的机器叫作电脑吗?当然不会。相反,他会觉得使用外行或过时的语言令人尴尬。如今用貌似大量专业知识去证明像铁路这样既不酷又过时的交通工具,同

---

① 译者注:"记忆的列车"另指德国和波兰 2007—2013 年举办的滚动展览,主题为被火车运送至集中营的犹太儿童。

样令人尴尬。如果像心理学文章根据无限想象力分析的那样，把梦想成为机车司机或玩铁路模型看成是个人不成熟和某种思想固化的缩影，那么还会有人在孩提时代梦想成为机车司机或在地下室玩铁路模型吗？不，所以最好在写到司机、喇叭和红绿灯时表现得通俗一些。

其实这真的一点都不难。人们总是恰如其分地称呼驾驶机车的男人（即使今天也很少是女性）为机车司机，因为现在大多为动车，所以正式叫法应该是动车司机。列车的后部由列车长（现在也称为列车经理）负责，处理乘客要求和预订问题，与下一个车站沟通中转列车的衔接问题，当然不存在新闻媒体反复提及的问题，即列车长在火车第五节车厢无法识别平交道上的障碍物或信号。这里说的动车本身包含乘客车厢；而机车后面跟着由车厢构成的列车，19世纪以来人们不再需要用尽可能标准的法语来说"车厢"（Waggons）这一词。车厢不是连在一起的，而是挂在一起。列车不是在铁轨或车道上运行，而是在主要由道砟、枕木和铁轨组成的轨道上。当机车司机看到障碍物时，就会鸣笛。不会这些通用术语的还包括报纸和电台的记者们，他们一直拒绝使用现代的日常用语。

从铁路到妄想：股票发行！

当总理和部长们不再制定铁路政策目标时，梅多恩定了一个目标：上市。在本书的开头，我们在研究200多年前的早期工业化时发现，股

来自瑞士的火车驶过几分钟后，巴斯夫（BASF）集团内部的交通车随之而来。在本书的开头，将道路、固定运营服务和列车乘务员的统一责任作为150年铁路历史的结构性原则。现代通信技术使来自不同供应商的列车能用电子方式确保其通道的安全。早在轨道尽头出现下一个信号之前，机车司机就在屏幕上看到信号提示了。

在铁路改革过程中，允许私营铁路公司进入国家网络引发了激烈的争论。意外和事故助长了各种冷嘲热讽。但是，爱瑞发（Arriva）运营的"ALEX"列车就很好地在林道、霍夫和布拉格之间证明了自己的实力。

票的分配是一个筹集投资资本极其有效甚至不可替代的方法。对于否定这种方法，而主张将铁路新技术早就过度的融资进一步算作公共债务，我也持保留态度。但上市不应该是企业活动的主要目的。当德国铁路股份公司用德铁全球国际货运代理公司（DB-Schenker）组建最新的货运分支企业时，2008 年它成为**欧洲公路**上最大的运输商，**全球航空货运**第二大运输商和**全球海运**第三大运输商，这样的成功却是用出售德国铁路交通区域换来的，而且因为节省高速列车上安全轴的必要经费，而拖累了德国的铁路交通。这样的国家铁路公司即使能上市，也失去了它的意义。人员能力下降能通过较长时间弥补，但路线能力的削弱却难以恢复。如果缺少机车司机，调度室夜间无人值守，如果没有更多用于特殊列车的车厢，没有更多的停放线和待避线，即使是最有吸引力的订单也只能拒绝。个别情况下逆转需要高昂的费用。德国铁路公司刚刚彻底拆除一些车站来适应刚性的动车发车间隔，并把巴伐利亚州南部的图青－加米施－帕滕基（Tutzing-Garmisch-Partenkirchen）单轨线路拆除，就提出让纳税人付钱扩建双轨线的建议，这让政界感到吃惊。

全都错了？21世纪的德国铁路

自1994年铁路改革以来，特别是21世纪，德国铁路的状态一直处于冷热交替中，一边是报告丑闻和事故，另一边是成功实现收支平衡。政治、科学和媒体各种相互冲突的影响以及群体协商的要求十分令人费解。政府声明、交通部长的方案、铁路公司老板的公告、教授的预测和重量级的专家报告，几乎都不值得一读，因为几个月或几年后，又出现变化了。

新自由主义刀耕火种下的公共服务

在铁路改革方面，德国铁路系统因官方和私底下的政治目标不一致而受到严重影响。20世纪90年代的新自由主义思潮要求依靠企业家的力量来完成公共任务，而这神奇的力量是咨询行业在意识形态上赋予企业家的。从有轨电车到供水系统，从大学到墓地，从养老保障到刑法制度，从住房保障到公共安全保护，如果去除国家"官僚机构"中每部讽刺作品都会提及的官僚主义，并委托给私人资本，那么所有的一切都应该更方便顾客、更灵活、更迅速、更现代、更优雅、更敏感、更简单、更便宜地运作。当发现他们的市政企业出售给南太平洋岛上某家避税公司后不再认真护理基础设施和对待员工，而那些低价出售的公寓牺牲了租户利益让买主获得超额利润，市议会不得不陷入失望。

因此，铁路想要证明自己并在开放的国际交通市场中占有一席之地，而且要与1945年后的半个世纪相比开始盈利。公众不知道，联邦政策和一直紧跟时尚的经济学为此正计划对市场进行彻底的"瘦身"。铁路部门应该放弃在全国范围内提供各种距离的客运和货运，只发展三个业务部门：

1998年6月2日埃舍德（Eschede）发生了第二次世界大战后最大的铁路事故以来，城际快车（ICE）的车轮和轮毂一直在应用X射线和超声波技术持续监测。2010年慕尼黑城际快车（ICE）工厂的这幕场景，让人联想到医疗诊断中心。

在反对增长和生态意识盛行的年代，反对"斯图加特21"的抗议活动成为政治文化象征。斯图加特（并不太好看的）老火车站旧塔楼和城市公园里高大的树木是城市规划和环境友好相结合的典范。这是摄于2011年的照片。

— 不受孩子、行李和其他障碍物束缚的快速商务交通；

— 由联邦各州资助的大都市地方交通；

— 企业、矿场、集装箱处理中心和港口之间日运量在100车皮以上的大宗货运。

根据新自由主义的要求，人力、基础设施和车辆容量应降至有利条件下正常运行所需的最低程度。那些外面来的顾问们很少考虑公共假期前后的峰值负荷和中欧可能出现的极端天气状况。客户对客运和货运列车的特殊要求被引向道路交通，小型货运客户被赶走了，设施被削减到最低限度。已经关闭的基础设施被立即拆除，这也清楚表明：这里永远不会再有火车运行了。但是，无论是在冰雨还是暴风雪中，无论是在干线还是被政府忽视的支线上，逐渐被削减的火车都应该准时运行并配备礼貌的工作人员。如果没做到，就会被认为是"公务员铁路"老思想在作祟，尽管它在1945年如此艰难的时期都很好地满足了重要需求。

从根本上削减人事费用的要求也得到默认。股东价值派主张，那些拥有特殊资格或"仅仅"因为几十年忠诚工作而获得较高报酬的人提前退休后，只能由年轻的半熟练工代替。根据这种理念，公共服务提供者不需要特殊的专业知识。思考的工作未来将由计算机负责。如有必要，企业可以随时从私人那里购买技术知识。这可能比以往自己积累经验更费钱，但毕竟咨询行业也要活下去嘛。

企业私下目标——越位的企业目标

铁路意味着大量看似多余的土地储备，这些可以很快出售给房地产商，也许是有点便宜，但私营企业也要生存嘛，这个在财政部长看来不错的想法并非竞选活动和政府声明的主题。因此，他们出售了铁路旁的狭长地块，而后为了增加轨道又不得不买回这些土地。而且是以更高的价格，但这不重要，因为土地投机者也要生存嘛。

此外，他们还让铁路成为前部长或前党内高级官员高薪提供者之一。对这类人事任命高度关注的汽车和航空业，自然也很清楚哪位政治家会在一定程度上限制铁路的业务成就。

业务成就？究竟凭什么？以前从事糖果、卫浴陶瓷、艺术印刷或体育用品生产的公司，可以自由地拓展业务或完全变更业务领域，转而生产医疗制品、塑料薄膜、冷冻食品或自行车配件。然而，当法律和政府政策未对国有公共服务企业的业务发展进行严格约束时，就等于允许出现重大失误。哈特穆特·梅多恩1999—2009年担任理事会主席的十年，不知何故成了完全放手让企业家行动的十年。德国铁路股份公司在全球卡车和集装箱船运输中上升至第一位。然而却并未能从中获得必要的利润，因为有人认为，利润不能用于翻修上普法尔茨或勃兰登堡倒塌的车站，而应用来购买英国的公共汽车公司或波兰的运输企业，再用它们的收益在别的地方购买船只和管线……

1998年6月15日
汉诺威-柏林新线开通。

1999年9月24日
外行的管理者哈特穆特·梅多恩成为德国铁路股份公司总裁。

2000年2月6日
布吕尔车站施工交通改道的准备工作存在严重缺陷，导致脱轨事故，造成9人死亡。

2000年11月6日
设计时速为330千米的ICE 3开始定期服务。

2002年6月15日
1961年8月13日修建隔离墙时中断的S-Bahn环线重新开放，边境开放后经过12年的密集建设，柏林及其周边地区的S-Bahn网络已基本恢复。

2002年8月1日
法兰克福（美因河畔）-科隆新线开通，德国开始了时速300千米的公共交通。公共交通此前自1991年起限速250千米/小时。

2002年8月11日至13日
捷克和萨克森地区的极端降雨，对易北河两岸巴特山道（Bad Shandau）和马格德堡（Magdeburg）之间广大地区的铁路网造成严重破坏。许多线路交通不得不暂停。部分路段经过多年重建后才重新启用。

2004年6月10日
099 721号机车在拉德博伊尔东-拉德贝格（Radebeul Ost-Radeberg）窄轨线上完成了德国国有铁路蒸汽机车最后一次计划运行。此后，所有蒸汽机车运营均由私人运营商和市政运营商执行。

2004 年 12 月 12 日
　柏林 – 汉堡线升级改造完成，这在德国快速交通史上具有重要意义。在 230 千米/小时的速度下，该线路现在全程只需 90 分钟。

2005 年 10 月 17 日
　纽伦堡的一个机车棚发生火灾，烧毁了博物馆库存的 39 辆珍贵历史机车。一些蒸汽机车经过多年努力可以修复。但动车和内燃机车的损坏已无法挽回。

困境中的政策

　　媒体、科学界和议会对所有这些反常现象的不断批评当然让人无法忽视。火车摄影爱好者和他们在铁路部门工作的朋友们的专业知识常常会让管理层不舒服。政府的政策激起强烈反响。紧缩政策和短期行动计划交替出现，成功报告和改善誓言交替出现。在德国联邦铁路这个难以管理的公司网络中，各"铁路子公司"的经理们转变方向的速度越来越快。

　　然而，有一点常常被忽视：投资当然还得继续。交通部长和铁路公司总裁来了又走，但统一后的三十年里普罗布斯特泽拉、贝布拉、海尔姆施泰特、斯特拉松和德累斯顿之间的长途网络几乎完全是在旧线上重建的，柏林中心被赋予了新的生命，和它一样有价值的还有这一时期开通的新线路：斯图加特 – 曼海姆、维尔茨堡 – 卡塞尔 – 汉诺威、柏林 – 汉诺威、法兰克福（美因河畔）– 科隆、英戈尔斯塔特 – 纽伦堡和班贝克 – 埃尔福特 – 哈勒/莱比锡。即使存在一些故障，也不应掩盖这样一个事实，即德国联邦铁路经营着一支现代化的车队，可以经得起任何国际比较。必须一再强调的是：2010 年或 2020 年，德国联邦铁路和私人运营商在德国铁路上运输的乘客和货物比以往任何时候都多得多，而且比智库在 1980 年或 1990 年预测的也要多得多。

并非所有的交通规划和投资都是无稽之谈。纽伦堡 – 因戈尔施塔特新线［2013 年 9 月摄于金丁（Kinding）附近］十分必要，其价值已得到证实。图中急于南下的 ICE 3，尽管最初有一些故障，但并非有缺陷的设计。西班牙、俄罗斯和中国的列车都使用 ICE3 的技术运行。

ICE 4 集合了测试和 1985 年以来日常运营的经验。外观上醒目的变化是，前端摒弃了既昂贵又容易损坏的全景车窗。该列车于 2021 年 3 月开始在慕尼黑和奥格斯堡之间运行。

图为 2015 年，一列长途列车和一列短途交通动车在德国铁路交通最重要的中心之一的纽伦堡火车总站。

1990—2005 年
德国铁路网已经缩减了 16.5%。在欧洲国家网络中降幅最大。

2006 年 5 月 13 日
英戈尔斯塔特 – 纽伦堡（Ingolstadt–Nürnberg）新线开通，以 300 千米/小时的速度运行。

2006 年 9 月 2 日
西门子在慕尼黑为奥地利联邦铁路公司制造的 1216.050 机车，在英戈尔斯塔特 – 纽伦堡线上创造了 357 千米/小时的机车世界速度纪录（许多动车明显更快）。

2006 年 9 月 22 日
在下萨克森州的试验线上，磁悬浮列车"Transrapid"的样车与一辆维

2013年11月，一列长途列车和一列S-Bahn在柏林火车总站的老线路上，自1882年开通以来，这些线路经历了战争和破坏、德国分裂和统一、衰败和重建等闻所未闻的城市、国家和世界史。

修车发生碰撞。造成23人遇难。虽然这起事故与新技术无关，但这项长期以来备受争议的传统铁路交通替代技术却失去了所有媒体和政治的同情。

2007年6月10日

巴黎和法兰克福（美因河畔）/斯图加特/慕尼黑之间开始高速交通，由法国国家铁路的法国高速列车（TGV）和德国铁路的城际快车（ICE）交替运行。

2007年9月1日

长期以来在短途交通上实施的禁烟令范围扩大至所有长途列车。自铁路交通早期就普遍存在的将车厢分为吸烟区和非吸烟区的做法已经成为过去。

世界观之争

在这个消费者和用户需求不断增长的时代、在这个互联网上到处都是评论网站和恶评并且政治骚动的时代，对铁路的不满、嘲笑和批评，变成了一个巨大的领域，充满政党间政治攻击、学术的不确定性、保留节目、草率的挖苦讽刺、文化悲观和新闻热点。有了"讨厌火车"这样的关键词，一本充满敌意的口袋书就能进入畅销书排行榜。但是，把铁路交通最罕见的故障、服务短板和技术错误集合在一起，意义何在？毋庸置疑，每个同胞都能为讨厌酒店、讨厌餐馆、讨厌邻居、讨厌使用道路、讨厌高速公路或讨厌学校的人撰写的书提供最不可思议的素材，它们具有很高的消遣价值，而且不会产生社会后果。顺便说一句，即使不用"说谎的媒体"这一点，你也可以为讨厌记者的书找到其他素材。

2008/2009 年

大量的设计缺陷、生产缺陷、磨损和损坏、备件短缺以及车间能力不足导致城际快车（ICE）交通的严重危机。许多列车不得不用机车牵引方式来代替，导致行程时间延长。

2008 年 3 月 27 日

巴伐利亚州政府放弃了在慕尼黑中央车站和机场之间修建磁悬浮短线的计划。数十年来对基于气垫或磁场的轮轨以外交通系统的研究，对整个欧洲来说就这样结束了。

2009 年 3 月 30 日

在发生了监视和恐吓员工严重丑闻后，长期以来因商业冒险主义和技术清算而臭名昭著的铁路负责人哈特穆特·梅多恩（Hartmut Mehdorn），被吕迪格·格鲁贝（Rüdiger Grube）博士取代。

2009 年 8 月

柏林 S-Bahn 危机达到顶峰。梅多恩时期就已暴露的对人员、车辆和维修厂容量的过于限制问题，导致动车故障频发。交通状况有时不得不退回到类似战后 1945 年夏季的水平。

讽刺、危言耸听和傲慢是当代铁路不得不承受的指导原则。批评者们在政治上呼吁重视受教育机会较少的人的职业发展，但他们却对火车售票员达不到牛津英语水平感到不高兴。而说方言的人也在铁路上工作，这在他们看来简直是太匪夷所思了。

坚决拒绝

1965 年，无论在东方还是西方，如果有人对建造煤电、水电或核电

在每个国家边界更换机车的繁琐日子早已被遗忘。图为 2012 年法国国家铁路的法国高速列车（TGV）行驶在慕尼黑和奥格斯堡之间。尽管整个欧洲从比利牛斯山脉到白俄罗斯和乌克兰西部边境都采用 1435 毫米统一标准轨距，而且电力系统的多样性长期以来一直可控，但快速动车仍是轨道上一台复杂的计算机，它必须可靠地应对国际交通中的各种安全、信号和信息系统，确保在任何天气情况下以及在长隧道中均能以 315 千米/小时的速度行驶。

站、绕行公路或高速公路、郊区铁路隧道或汽车厂、奥运会体育场或造船厂提出担忧，人们会怀疑他们的理智。任何这样的投资都将带来就业机会，从而带来繁荣、国际声望和技术进步，并将使这个乌托邦社会更接近 2000 年，人们认为在这一年将过上没有体力劳动、致命疾病、恶劣天气、经济困境和内心忧虑的生活。

20 世纪 70 年代，人们意识到增长存在极限。更密集的道路建设并没有解决持续的拥堵；大城市周边的土地使用已经变得岌岌可危；科学界越来越关注滥用化肥、杀虫剂、重金属和放射性物质对人类、动物和植物造成的后果。1975 年和 1977 年，州长们和能源公司高管们不得不惊慌失措地面对，从帝国时代、纳粹暴政和阿登纳时代专制模式中解放出来的一代人大声抗议建设新核电站。人们期待和欢迎民主从议会立法工作扩展到社会决策的方方面面，因此关于交通、能源、生产和军事项目前所未有的公众讨论很快变得不言而喻。

2010 年，抗议活动达到高潮，人们反对用容量有限的地下环形铁路系统取代斯图加特高效的火车总站，认为该系统在铁路运营方面属于多余，在城市规划方面值得商榷，而且生态成本高，技术存在风险，此后抗议公共基础设施项目成为全国常态。"愤怒的公民"一词诞生了。这不是第一次失去合理的批评、理所当然的发言权、科学能力的贡献以及对个人利益全方位的保护。对不关注结构和机制的资本主义的公式化批评，极端右翼对"系统"的仇恨以及对动植物、生物区、地下水

2011 年 11 月，这列 ICE 在从萨尔布吕肯（Saarbrücken）到巴黎的途中，刚刚越过法德边境，即将到达福尔巴克（Forbach）。1871—1918 年被德意志帝国吞并的阿尔萨斯－洛林回归 100 年后，法国国家铁路（SNCF）的列车仍然在那里的铁路网中靠右行驶，与本国标准相反。

国家边界已不再让人害怕。铁丝网和守卫已经消失，在格兰博（Grambow）以东最北端的德波边境，有两个标志桩就足够了。

和气候保护激进的立场，在对国家或市政规划基本荒谬的判断中毫不费力地结合了。

2007—2010 年
　　德国交通政策广泛关注的是，如何通过"股票市场浮动"，在永久的国家所有权中完成铁路改革私有化项目，从而将铁路系统完全托付给市场力量。政治理智和铁路专业知识尽一切努力来防止胡作非为。

2010 年 9 月 30 日
　　随着警察对一次示威活动的粗暴干预，关于极具争议的火车站项目"斯图加特 21"的冲突升级。州政府、市政厅和房地产行业组成的联盟希望用一个冒险的、容量有限的地下车站取代高效的终端站。该项目在公投的过程中仍在继续，10 年后也远未完成。

2010 年 12 月 7 日
　　德国公共交通首列机车驱动列车行驶 175 周年。为了这个周年纪念举办了各式各样的活动和展览。您面前这本书的第一版亦在此刻面世。

2011 年 1 月 29 日
　　在马格德堡－哈尔伯施塔特（Magdeburg-Halberstadt）线的霍尔多夫（Hordorf），一列动车与一列货运列车迎面相撞，造成 10 人死亡。货运列车的司机无视了停车信号。为更多线路配备"点式列车运行控制系统"（PZB），以便在这种情况下触发紧急制动，成为政府优先考虑事项。

2013 年 1 月 1 日
　　长途巴士市场开放了。国家投资的高速公路上，今后将允许私营公司以倾销价格与国家补贴的铁路公司相竞争。

如今要担心的远不止铁路交通规划问题，原教旨主义的不信任对民主来说是危险的。那些声称完全站在蜜蜂、鸟类、树木（当然也包括曾经或正在受压迫的少数人、普遍人权和绝对和平）一边的人，很容易被认为是好人，而政客、管理者、企业家、工程师和记者据此被认为是纯粹的坏人，好人们放弃了在对话中代表利益和平衡的原则，忽视了社会总是在一个多边形中发展，每个人和每个群体都能代表他们的利益和观点，但这些观点并非绝对正确。在绝对道德自信派出现的同时，世界范围内形成了另一个派别，这个派别如今在每个德国议会中都有代表，而且领导了世界上最大的经济和军事强国长达四年之久，他们完全放弃道德，无耻地宣布放弃道德价值观、历史真相和生态责任，到处都能看到他们纯粹为了特权和财富精英的中期利益拉票，这绝非偶然。

然而，有一种论据比任何对自然和未来的担忧都更有力，即要求（最终可能并非完全不可或缺的）电线、全日制学校、超市、精神病急救救护车、太阳能公园、风力涡轮机、商业区，洪水蓄水池，当然也包括铁路，随便建在哪个地方，只要在自己阳台上和房门前看不见和听不见就行。

对自我为中心的"抵抗"的过度悲悯是一种疏远，也是一种对历史的漠视。政府及其行政部门根据联邦法律和州法律、欧洲法律和技

在气候灾难的征兆下，从干旱和洪水到令人窒息的高温和大规模降雪等极端天气状况正变得越来越频繁。2013年6月，罗森海姆－萨尔兹堡（Rosenheim–Salzburg）线因一座桥的基座被冲毁而完全关闭长达数周。

术标准制定的项目，采用透明的程序，有多层次公共解释，并经两到三个主管机关审批。针对这些项目我们当然可以尽全力一再提出反对意见。

2015 年 9 月至 10 月
  大量难民从叙利亚和伊拉克经匈牙利和奥地利涌进来，使得铁路必须加开许多专列。火车站，特别是慕尼黑的火车站，被改造成临时接待中心。

2015 年 10 月 13 日
  新的埃尔富特－哈勒／莱比锡（Erfurt-Halle/Leipzig）线开通。

2016 年 2 月 9 日
  在上巴伐利亚的巴特艾布林（Bad Aibling）附近，由私人运营商运营的两列动车因调度员的严重失职而相撞，导致 12 人死亡。随后铁路加强了对有效信号例外失效的管理。

国家网络中私营运输的多样性：巴伐利亚高原铁路的柴油动车从慕尼黑运行至阿尔卑斯山脚下。

只在 1914 年的线路上修铁路？

  在铁路问题上，除了笼统的批评之外还存在着一种教条，即认为原则上只需要强化 1914 年前建的铁路网络上的交通。总有专家向公民倡议行动组织和行政法庭上的原告们确认，通过一些额外的道岔和数字信号技术，能在少算需求的情况下使列车数量适度增加。从这个角度来看，有必要回顾一下如今被认为理所应当的基础设施曾经的坎坷之路。

  以火车总站为中心的柏林线路交叉点如今每天处理巨大的交通流量。20 世纪 90 年代，许多交通研究人员、城市规划者和铁路怀旧主义者认为，将南北通道整合到东西部城市铁路里，然后扩建动物园站、弗里德里希大街站和火车东站就足够了。面对所有的阻力，被嘲笑的管理者们建造了一座预计每天有 24 万名乘客的火车总站。2019 年该站每天乘客为 33 万人。

  几十年来，慕尼黑和纽伦堡之间的运力和速度一直被认为不足。从地图上看，英戈尔斯塔特（Ingolstadt）向北有直线路径。在这种情况下，国家网络中私营运输的多样性：梅特罗诺姆（Metronom）公司的穿梭式列车经过汉堡的上港（Oberhafen）桥。

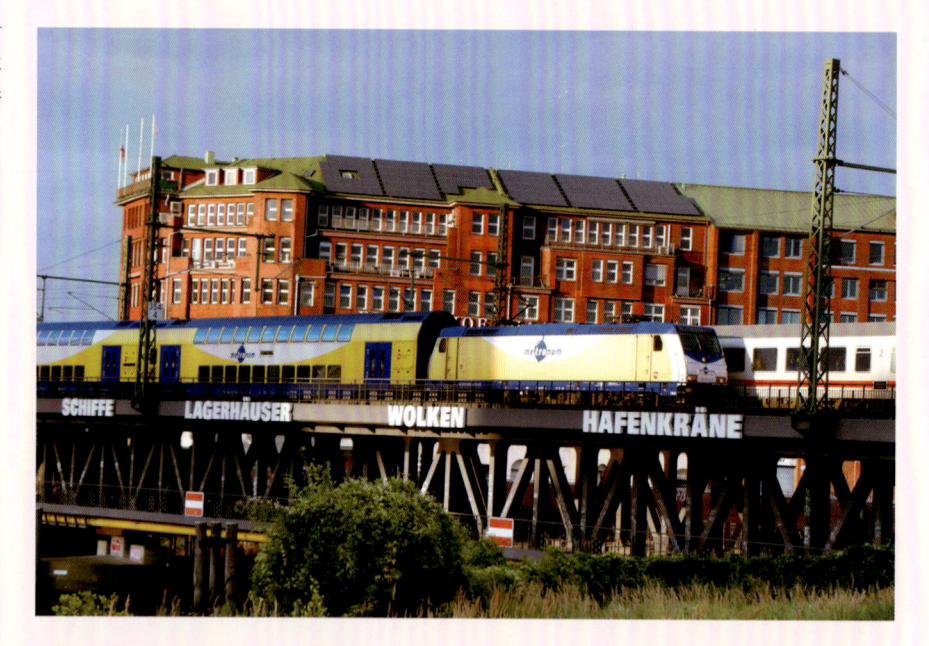

也有很多专家认为，经奥格斯堡（Augsburg）将多瑙河和特鲁奇林根之间的一些曲线改直，这样的交通组织完全足够了。如今，英戈尔斯塔特–纽伦堡（Ingolstadt–Nürnberg）新线成为巴伐利亚必不可少的长途交通中心轴，在区域交通方面也有重要的地位。

目前，夜间集会、烟火、敲锣打鼓、请愿和威胁采取法律行动主要针对阿尔卑斯山脚下布伦纳基线隧道的北入口路段。一直以来这条线路的规划都是不惜代价几乎全部建为隧道。但即使这样也不能让人满意。就算在房子下面20米的岩石上铺设铁路线，也被认为是闻所未闻的无理要求而遭到坚决反对。让人觉得有点奇怪的是，因河谷（Inntal）的高速公路似乎没有困扰到任何人。当然，在人们看来，布伦纳高速公路边上居民的生活质量也是无关紧要的。毕竟，他们离得很远。

而针对近五十年里逐步落实的新铁路线方案，有一位作家对被居民强迫改为隧道线的情况分析后发现，管理者和隧道建设公司之间的私下联系对改为地下具有决定性影响。

在许多社会事务中，如养老保障和解决长期失业问题，老年人护理和学校系统数字化，当然包括2020—2021年抗击新冠疫情和垃圾分类，看看我们的邻国总会有助于我们了解现实情况。瑞士总被认为是德国交通政策中所有错误的一个光辉反例。作为一个小国，北面有一些紧密相连的城市中心，南面则是道路不通的高山，因此，它只适合作为平原国

铁路不只是运送匆忙的商务人士和日常通勤人员。2015年夏末成千上万来自中东的难民的到来将载入史册。图为慕尼黑的一个场景。在人道主义之后，德国议会中种族主义的排外情绪也被煽动了起来。

家的部分范例。奇怪的是，那些谴责德国精心设计的长隧道新线是纯粹错误投资的分析家们，却对瑞士价值数十亿的阿尔卑斯山地下新通道赞誉有加。但如果现在去看结构上更有可比性的国家，如英国、法国、意大利、奥地利、捷克或波兰，我们看到的也绝非交通政策的天堂。我们注意到，所有这些国家的高速线路网不断建设和升级，但各省的网络却停滞不前甚至解体。任何乘坐过法国高速列车（TGV）的人——无疑是令人钦佩的高速——都不会再抱怨德国城际快车（ICE）不够舒适。任何在巴黎乘坐地铁从一个TGV终点站去到另一个终点站的人，都会很

一个由残障青年组成的旅行团，2020年夏天在纽伦堡旅行后返回慕尼黑。这个快乐的旅行团，在区域快车的自行车车厢里找到了安放轮椅的位置。

柴油机车的发展并没有停滞。图为2020年3月慕尼黑－布克罗伊线上的240系列机车，它有四台发动机，每台发动机可根据运营需要单独启动。

快停止抱怨德国城市快速铁路网中换乘方面的无障碍设计、清晰度、照明度、清洁度以及空气质量。

2017年1月30日
理查德·卢茨（Richard Lutz）博士接替吕迪格·格鲁贝（Rüdiger Grube）博士担任德国铁路股份公司总裁。

2017年12月10日
从埃本斯菲尔德（Ebensfeld）[靠近班贝克（Bamberg）]到埃尔富特（Erfurt）的新线路开通。有了英戈尔施塔特－纽伦堡（Ingolstadt-Nürnberg）和埃本斯菲尔德－埃尔富特－哈勒（Ebensfeld-Erfurt-Halle）这两条新线路，慕尼黑和柏林之间的城际快车（ICE）行驶时间缩短至4个半小时。在这样的距离上，航空交通已经没有必要，政府只是出于声望和游说原因而继续给予航空补贴。ICE 4经过多年测试后开始按计划运行。

2018年12月21日
德国的硬煤开采结束，它在铁路的运营和货物运输方面都发挥了无与伦比的作用。

2020年3月起
受到众多安全条例影响，新冠疫情导致客运量急速下降。工作转向家庭办公和在线会议所带来的交通行为永久变化，仍有待观察。

2021年4月29日
联邦宪法法院责成联邦议院和联邦政府采取更严厉的气候保护措施。德国的高速公路没有限速，国家又以各种方式补贴航空交通，这种情况下铁路客运和货运交通的前景正变得比以往任何时候都不确信。

是的，我在这里提到了城市快速轨道交通。德国铁路交通的荣耀和苦难并不局限于德国铁路股份公司的成败。私营铁路交通公司，包括许多下属企业参与到日常交通中的博物馆协会，正不断地在短途客运、长途客运和货运交通中创新。市政有轨电车公司业务在全国范围内呈上升趋势。更不用说有轨电车行业了。采用德国最先进的交流电技术的机车和动车在奥地利、瑞士、波兰、西班牙、芬兰、意大利、以色列、土耳其、俄罗斯和中国运行。庞巴迪、西门子和福斯罗等制造商享誉全球，尽管它们的所有权和公司结构频繁变化让我们难以了解全局。像博尔西希、亨舍尔或玛菲那样的百年企业，当然已经是过去时。

电动车和柴油车之间过去的系统界限已不复存在。除了配备受电弓和变压器或装配柴油机的输入件外，动车现在能通过可更换模块配置为带接触导线或不带接触导线运行。同样有趣的是"最后一千米"方案，它允许电力机车在非电气化的工厂或港口轨道上使用辅助柴油机或蓄电池行驶。

驶向天堂？驶向未来！

绝对民主合法化的、在气候政策方面无可挑剔的、经济上稳固的、没有利益冲突的交通政策，以及总是在它的保护下运行的、让每个人都满意的、能增加社会幸福感的铁路，这一设想就像理想的社会、劳动力市场、能源、住房和税收政策一样，是不符合现实的幻想。那些希望政府能带领他们进入天堂的人，往往会在通往地狱的路上醒来。永远不会有一条铁路能全面满足快速商务旅行者、度假大家庭、城市通勤者、热爱景观的怀旧者、集装箱公司、钢铁厂、矿物油公司、轨旁居民、铁路员工以及铁路爱好者。汽车机动化主要发生在社会中层。

许多来自民主德国和联邦德国前国有铁路的机车，在国内外的私营铁路公司、轨道建设公司和博物馆度过了漫长"余生"。2021年4月，匈牙利–中国物流公司的295 014内燃机车从慕尼黑集装场向奥格斯堡方向运行，开始了它作为德国铁路公司V90 014机车的职业生涯。

德国铁路下一条新线路将与高速公路平行，从乌尔姆到斯图加特，绕过运行困难的盖斯林格陡坡（Geislinger Steige）和人口稠密的内卡河谷地区。如果没有新路线，铁路交通将无法实现生态上以及政治上要求的交通转折。完全拒绝铁路的公民倡议组织，正在用生态的悲哀为汽车交通游说。

在2021年，没有人能够预见，新冠疫情结束后私人和专业旅行将如何发展。没有人能够预测横贯大陆的货物运输是否会延续几十年来的上升趋势。

为了人和货物的流动，交通政策必须付出相应的生态代价。它们不得不进行宣传，同时也通过法律的作用来确保铁路在交通中的份额增加。愿意承担这一责任的管理者和科学界将来可以依靠铁路员工和铁路爱好者们。

现在，德国的硬煤开采已经结束，褐煤开采和国内及进口煤发电也将很快结束。褐煤火车出现在科隆以西莱茵河左岸的景象，2015年还很常见，却即将成为历史。这一划时代的变化对铁路的意义怎么高估都不为过，因为在长达一个半世纪里，煤炭一直是铁路运营最重要的能源，同时也是它最重要的货物。

多下属企业参与到日常交通中的博物馆协会，正不断地在短途客运、长途客运和货运交通中创新。市政有轨电车公司业务在全国范围内呈上升趋势。更不用说有轨电车行业了。采用德国最先进的交流电技术的机车和动车在奥地利、瑞士、波兰、西班牙、芬兰、意大利、以色列、土耳其、俄罗斯和中国运行。庞巴迪、西门子和福斯罗等制造商享誉全球，尽管它们的所有权和公司结构频繁变化让我们难以了解全局。像博尔西希、亨舍尔或玛菲那样的百年企业，当然已经是过去时。

电动车和柴油车之间过去的系统界限已不复存在。除了配备受电弓和变压器或装配柴油机的输入件外，动车现在能通过可更换模块配置为带接触导线或不带接触导线运行。同样有趣的是"最后一千米"方案，它允许电力机车在非电气化的工厂或港口轨道上使用辅助柴油机或蓄电池行驶。

驶向天堂？驶向未来！

绝对民主合法化的、在气候政策方面无可挑剔的、经济上稳固的、没有利益冲突的交通政策，以及总是在它的保护下运行的、让每个人都满意的、能增加社会幸福感的铁路，这一设想就像理想的社会、劳动力市场、能源、住房和税收政策一样，是不符合现实的幻想。那些希望政府能带领他们进入天堂的人，往往会在通往地狱的路上醒来。永远不会有一条铁路能全面满足快速商务旅行者、度假大家庭、城市通勤者、热爱景观的怀旧者、集装箱公司、钢铁厂、矿物油公司、轨旁居民、铁路员工以及铁路爱好者。汽车机动化主要发生在社会中层。

许多来自民主德国和联邦德国前国有铁路的机车，在国内外的私营铁路公司、轨道建设公司和博物馆度过了漫长"余生"。2021年4月，匈牙利 – 中国物流公司的295 014内燃机车从慕尼黑集装场向奥格斯堡方向运行，开始了它作为德国铁路公司V90 014机车的职业生涯。

德国铁路下一条新线路将与高速公路平行，从乌尔姆到斯图加特，绕过运行困难的盖斯林格陡坡（Geislinger Steige）和人口稠密的内卡河谷地区。如果没有新路线，铁路交通将无法实现生态上以及政治上要求的交通转折。完全拒绝铁路的公民倡议组织，正在用生态的悲哀为汽车交通游说。

在2021年，没有人能够预见，新冠疫情结束后私人和专业旅行将如何发展。没有人能够预测横贯大陆的货物运输是否会延续几十年来的上升趋势。

为了人和货物的流动，交通政策必须付出相应的生态代价。它们不得不进行宣传，同时也通过法律的作用来确保铁路在交通中的份额增加。愿意承担这一责任的管理者和科学界将来可以依靠铁路员工和铁路爱好者们。

现在，德国的硬煤开采已经结束，褐煤开采和国内及进口煤发电也将很快结束。褐煤火车出现在科隆以西莱茵河左岸的景象，2015年还很常见，却即将成为历史。这一划时代的变化对铁路的意义怎么高估都不为过，因为在长达一个半世纪里，煤炭一直是铁路运营最重要的能源，同时也是它最重要的货物。

在我们有限的人造景观中，生态兼容的交通线仍然是不可或缺的。我用这张 2008 年 5 月摄于多瑙河流域上游的弗里丁根（Fridingen）照片，祝愿你们一路顺风，祝愿德国铁路在接下来的 180 多年里一切顺利！

在 2010 年的周年纪念活动中，纽伦堡德国铁路博物馆首次举办了"阿德勒、火箭 &Co."展览，将来自不同国家的所有重要先锋机车集中在一起。当时还非常有气氛地展示"阿德勒"的仿制品，并搭配了一场让人印象深刻的多媒体秀。